U0612331

教育部新世纪人才支持项目
浙江大学"211工程"第三期重点学科建设项目，司法部委托项目
余杭区委区政府委托项目，浙江大学光华学者支持项目
中国法治研究院支持出版

中国法治指数报告

（2007-2011年）
——余杭的实验

THE REPORT OF CHINA RULE OF LAW INDEX

钱弘道 主笔

中国社会科学出版社

图书在版编目(CIP)数据

中国法治指数报告（2007—2011年）：余杭的实验／钱弘道主笔.
北京：中国社会科学出版社，2012.12
ISBN 978 - 7 - 5161 - 1719 - 4

Ⅰ.①中⋯ Ⅱ.①钱⋯ Ⅲ.①区（城市）—社会主义法制—建设—
研究报告—杭州市—2007～2011 Ⅳ.①D927.551

中国版本图书馆 CIP 数据核字（2012）第 263528 号

出 版 人	赵剑英	
选题策划	张 林	
责任编辑	孙晓晗	
责任校对	孙洪波	
责任印制	戴 宽	

出 版	中国社会科学出版社	
社 址	北京鼓楼西大街甲 158 号（邮编100720）	
网 址	http://www.csspw.cn	
	中文域名：中国社科网 010 - 64070619	
发 行 部	010 - 84083685	
门 市 部	010 - 84029450	
经 销	新华书店及其他书店	

印刷装订	三河市君旺印装厂	
版 次	2012 年 12 月第 1 版	
印 次	2012 年 12 月第 1 次印刷	

开 本	710×1000 1/16	
印 张	23.5	
插 页	2	
字 数	360 千字	
定 价	56.00 元	

凡购买中国社会科学出版社图书，如有质量问题请与本社联系调换
电话：010 - 64009791

法治评估课题组
法治指数评审组

项目主持人：钱弘道

专家组成员（按姓氏笔画为序）：

王公义　　　中华人民共和国司法部研究室主任，教授（课题组、评审组）

石泰峰　　　原中共中央党校副校长，教授，博士生导师，现任江苏省委副书记（评审组）

江　平　　　原全国人大常委，原中国政法大学校长，中国政法大学终身教授，博士生导师（评审组）

吕庆喆　　　国家统计局统计科学研究所研究室主任（课题组、评审组）

刘作翔　　　中国社会科学院法学所研究员，中国法理学研究会副会长（评审组）

孙笑侠　　　复旦大学光华法学院院长，教授，博士生导师，中国法理学研究会副会长（课题组、评审组）

张志铭　　　中国人民大学法学院教授，博士生导师（课题组、评审组）

李　林　　　中国社会科学院学部委员，法学研究所所长，研究员，博士生导师，中国法学会副会长（课题组、评审组）

李步云　　　中国社会科学院名誉学部委员，法学所研究员，博士生导师（课题组、评审组）

武树臣　　　北京市法学会副会长，北京大学法学院教授，山东大学一级教授，中国法治研究院副院长，曾任中国法律思想史研究会会长、中国比较法学研究会副会长（评审组）。

邱　本　　　中国社会科学院法学所研究员，中国法治研究院副院长（课题组、评审组）

郑成良　　　上海交通大学副校长，教授，博士生导师（课题组、评审组）

孟祥锋　　　中纪委《中国纪检监察报》原总编，博士，现任辽宁省纪委副书记、监察厅长（评审组）

林来梵　　　清华大学光华法学院教授，博士生导师，中国宪法学研究会副会长（课题组、评审组）

胡虎林　　　原浙江省司法厅厅长，现任浙江省人大法工委主任委员（课题组、评审组）

胡建淼　　　国家行政学院法学部主任，教授，博士生导师，曾任中国行政法学研究会副会长，中国比较法学研究会副会长（课题组、评审组）

钱弘道　　　浙江大学光华法学院教授，博士生导师，中国法治研究院院长，中国比较法学研究会副会长（课题组、评审组）

夏立安　　　浙江大学光华法学院教授，博士生导师（课题组、评审组）

梁上上　　　浙江大学光华法学院副院长，教授，博士生导师（课题组）

戴耀庭　　　香港大学法学院副教授，博士生导师（课题组）

课题组其他成员：

毛新利　　　杭州市余杭区司法局局长

马其镖　　　杭州市余杭区司法局原局长

郑　红　　　杭州市余杭区司法局原副局长，现任余杭区科技局副局长

马永年　　　杭州市余杭区司法局副局长

戈含锋　　　中国社会科学院法学研究所博士，浙江大学光华法学

　　　　　　　天津科技大学讲师

王朝霞　　中国人民大学博士，浙江大学光华法学院博士后

肖建飞　　吉林大学博士，浙江大学光华法学院博士后，新疆大学副教授

刘大伟　　辽宁大学副教授，博士

目　录

序　言

　　2006 年，中共中央、国务院转发的"五五"普法规划提出，要积极探索和推进地方、行业和基层依法治理的实践形式，深入"开展法治城市、法治县（市、区）创建活动"。随后，区域法治创建活动在全国蓬勃兴起。这是依法治国基本方略的有效贯彻落实，是广大人民群众在党的领导下，依照宪法和法律，管理国家经济、政治、文化和社会各项事务的法治创新实践。

　　法治城市、法治县（市、区）的创建，没有成功的套路和固定的模式，需要在实践中探索规律，在实践中总结经验。南京市、深圳市、余杭区等地都是较早开展"法治城市、法治县（市区）创建"工作的典型地区。它们具有的一个比较突出的特点，就是能够适应新的形势和任务的要求，坚持以人为本，更新理念，通过理论的创新带动创建工作的实践创新，产生效果十分明显。

　　在"法治城市、法治县（市区）创建"活动中，我们会不可避免遇到这样一个问题，即普遍开展这项活动就需要有一个衡量标准，就有一个法治究竟达到什么状况的问题，这个问题是无法避免的。换言之，法治需要进行量化考核，需要设定指标进行相互比较。

　　杭州余杭区在这方面先走了一步。余杭从 2006 年起，就开始规划建设"法治余杭"。当地政府注重借用外脑，依靠专家，"科学种田"，与中国社会科学院、浙江大学等多个单位的专家密切联系，委托专家团队制定法治评估体系，对当地的法治发展水平进行量化评价，对余杭法治进程起到了很大的推动作用。

余杭区在中国内地首次推出法治指数，至今连续五年在中国社会科学院的《法治蓝皮书》、司法部的《中国司法》上发布法治指数报告，对其他地区产生了良好的引导作用。余杭作为司法部创建法治县（市、区）活动的联系点、全国首批"全国法治县（市、区）创建活动先进单位"，工作思路清晰，方法得当，措施得力，成效明显，其经验值得各地学习和借鉴。正是在这个意义上，我们说，余杭是全国法治实践的"试验田"

区域法治创建活动评价体系是民主机制在法治实践中的具体运用，是人民群众发挥法治建设主体作用的重要形式和途径，也是区域法治创建活动向纵深发展的客观要求。通过制定区域法治创建活动评价机制，可以及时获取人民群众的意见，了解人民群众的要求，把握人民群众可接受的程度，制定出台科学有效的工作措施，实现党和政府的意志与人民意志的统一。

法治指数的研究和制定是非常有意义的法治创新活动。我们要让法治指数充满发展的活力，运用法治指数指导法治实践，谋划法治建设，了解各个地区的法治建设的基本水平，提升各个地区法治建设的主动性和积极性。制定法治指数，必须坚持实事求是原则，如实反映本地区法治建设的实际情况。只有实事求是、科学合理的法治指数才能经得起时间和实践的检验，才能有效指导法治建设。

经过几年的探索和创造性实践，"法治余杭"建设已取得了比较丰富的可喜经验，余杭法治课题组的同志对这些经验和探索进行阶段性的总结，并出版研究成果，这对全国各地的法治城市、法治县（市区）的创建会有很好的参考价值。

区域法治创建既是一个有效的普法过程，也是一个深入开展社会主义法治理论研究、因地制宜探索法治模式的过程。在这个过程中，我们相信并期待，符合中国法治国情的新成果新经验不断涌现。

法治指数课题组编辑出版《中国法治指数报告》，并且计划每年出版，成为系列，这是一件富有远见的很有意义的举措。希望这个报告系列将来不仅是对余杭个案的研究，而且是对整个中国法治的研究，不仅在国内具有影响力，而且在国际上也具有影响力。

张苏军（司法部副部长）

2012 年 11 月 5 日

第一部分

2007 年余杭法治指数报告[*]

一 余杭法治指数的产生和基本思路

（一）余杭法治指数产生的背景

余杭法治指数产生的一个国际背景是社会指标运动。这场运动涉及到社会的计划、规划、管理、政策以及生活水平质量等各方面的问题，其目的在于强调：搞好社会指标的收集、分析和研究工作，建立国家社会指标信息系统，重视社会指标在决策实践中的作用，对研究或解决上述问题具有重要意义。[①]

世界银行报告的法治指数对余杭法治指数的产生有直接影响。世界银行从 1996 年开始连续推出年度《全球治理指数报告》，成为全球决策者和民间团体衡量政府施政水平的一个重要依据。其中，对不同国家的法治

---

 * 钱弘道主笔。法治余杭课题组和余杭法治指数评审组参与讨论。余杭区法治建设办公室和司法局为指数测定创造条件。浙江大学吴亮、滕之杰、金卓、王帅、钱无忧、裘璐米、邵佳、姜斌、聂瑜、胡淑丽、吴文超等协助数据收集、民意调查以及报告的写作和修改。

① 20 世纪 60 年代中期，美国的一些经济学家、社会学家、统计学家和规划、计划、管理、未来研究等方面的专家学者，在社会研究（Social study）领域中掀起了一场社会指标运动（Social indicator movement）。这场运动涉及到社会发展战略，国情评估，社会的计划、规划、管理、政策，生活水平和生活质量等方面的问题。参见秦麟征《关于美国的社会指标运动》，《国外社会科学》1983 年第 2 期，也可参见郑杭生、李强、李路路《我国社会指标研究的几点探索》，发表在《中国人民大学学报》1987 年第 2 期。

状况进行评估并计算相应的法治指数构成世界银行全球治理指数的重要内容。世界银行 2006 年出版的《国家的财富在哪里》在分析国家资本财富问题时，将法治指数作为国家无形资产余额的重要组成部分，指出：一个中等收入的国家，其无形资产平均有 36% 取决于教育水平，57% 取决于法治程度。[①] 这个报告的相关结论对中国产生了影响。

余杭法治指数产生最直接的背景是市场经济带来的中国法治发展。余杭法治指数的测定与发布并不是偶然的，它实际上是杭州市余杭区深入贯彻落实中央依法治国方略的一个带有必然性的结果。

2006 年 2 月 23 日，中共杭州市余杭区委发布《关于建设"法治余杭"的意见》，提出"党委依法执政、政府依法行政、司法公平正义、权利依法保障、市场规范有序、监督体系健全、民主政治完善、全民素质提升、社会平安和谐"的总体目标。2006 年 3 月 4 日，余杭区十二届人大四次会议上审议并通过了《关于推进"法治余杭"建设的决议》，强调了法治余杭建设的重要意义及其工作原则。这样的行动在全国范围内都属于是先行一步的。在余杭区委提出"法治余杭"之后，浙江省委提出"法治浙江"。

在 2006 年 4 月 15 日的建设法治余杭工作座谈会上，浙江大学钱弘道教授专门就法治量化评估问题作了发言，并提出测定法治指数设想。多位专家代表以及余杭区委书记何关新发表自己的观点，赞同钱弘道关于建立法治评估体系的建议，认为通过具体可量化的指标来衡量和评价余杭区的法治进程与成就是可行的。

余杭区委区政府启动了法治余杭系统工程，而这个工程的枢纽是法治指数。

下图描述了法治余杭、余杭法治量化评估与余杭法治指数之间的关系。如图所示，"法治余杭"是余杭区当前以及未来政府工作的主要目标。法治的量化评估是实现法治余杭的可行途径或"核心手段"之一，而集中表现出来的就是每年度的一个法治指数。

---

① 参见世界银行官方网站：http://info.worldbank.org/governance/wgi/index.asp，2011 年 11 月 5 日。

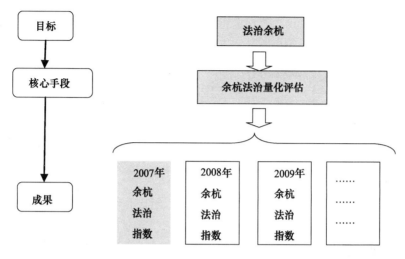

图 1-1 法治余杭与余杭法治指数

客观上讲，余杭法治指数的产生是政府和学者联手推动的结果，这恰好印证了转型期政府主导型的中国法治发展的模式。在这种模式中，专家学者发挥着重要的作用。

（二）课题的研究过程

余杭区委区政府聘请 10 位专家学者成立了法治余杭专家委员会[①]。2006 年 4 月"建设法治余杭工作座谈会"之后，余杭区委区政府委托浙江大学牵头成立法治余杭课题组[②]。

课题组全面收集了与课题相关的中外文献资料。这些资料内容涉及国

---

① 2006 年 4 月，余杭区委在召开"建设法治余杭工作座谈会"会议期间，成立了"法治余杭专家委员会"。专家委员会成员包括（以姓氏笔画为序）：浙江大学光华法学院院长孙笑侠教授、中国社会科学院法学研究所所长李林教授、中国人民大学张志铭教授、浙江大学光华法学院林来梵教授、上海交通大学党委副书记郑成良教授、浙江省司法厅厅长胡虎林、浙江大学副校长胡建淼教授、浙江大学光华法学院副院长夏立安教授、浙江大学光华法学院钱弘道教授、浙江省高级人民法院副院长童兆洪等十位全国知名法学家和实务部门的同志。

② 余杭区法治建设办公室与浙江大学光华法学院签订合同，委托浙江大学光华法学院开展关于法治余杭评估体系课题的研究，钱弘道教授为课题负责人，专家委员会全体成员参与课题组。

内各个领域的绩效考核、各地法治评估的探索、香港的法治指数、世界银行报告等国际上通行的指数测定方法等等，翻译大量外文文献。

课题组多次赴余杭各政府部门、乡镇、村进行实地调研，收集第一手数据和资料，组织了大大小小 30 余次课题研讨会。课题组向全区 48 个部门、14 个乡镇街道收集了一千多条有关法治建设的考核条目、指标数据，比如干部选拔任用的规范程度、政府各部门对群众投诉案件的办结率、社会安全感等群众较为关注的法治问题等等，作为测定法治指数的参考数据。

课题组负责人钱弘道教授率领调研组人员赴香港考察，与香港廉政公署、香港律政司、香港大学、香港中文大学、香港社会服务联会进行了交流，与香港大学法学院副院长戴耀庭教授、香港中文大学中国研究服务中心主任关信基教授等专家一起研讨课题，并就有关法治指数的设计形成共识。课题组邀请戴耀廷教授、关信基教授加盟。

2007 年 11 月，课题组初步完成《法治余杭量化评估体系》，在余杭举行了"法治余杭量化评估体系论证会"。来自全国 10 多位专家学者对评估体系进行了认真论证。[1] 专家们一致认为，法治余杭量化评估体系的出台，开创了全国地方法治建设的先河，走在了全国、全省的前列，为各地的法治建设提供了参照系，标志着余杭区的法治建设进入"质"的提升期。[2]

2008 年 6 月，课题组完成 2007 年法治指数测定程序，召开新闻发布会，中国内地第一个法治指数出台，引发社会广泛讨论。本报告旨在阐释2007 年法治指数报告的编制过程，提供相关数据，并对 2007 年的余杭法治水平进行客观合理的评价。

（三）余杭法治指数的基本设计思路

余杭法治指数的基本思路是"设计一个法治指数、建立四个评估层次、

---

[1] 专家学者在论证会上的发言参见《中国法治增长点——学者和官员畅谈录》，中国社会科学出版社 2012 年版。

[2] 相关专家学者观点参见《中国法治增长点——学者和官员畅谈录》，中国社会科学出版社 2012 年版。

进行九项满意度调查"的"149"结构，即：1（一个法治指数）＋4（区本级＋区级机关部门＋乡镇街道＋农村社区）＋9（9 个方面问题的民调）。所以这是一个横向到边，纵向到底的法治指数测定模式。这种模式综合考虑了余杭区政府的整体以及各级机关部门的法治水准，同时考虑了民众的判断。设计这种模式的目的是意图通过一个指数的测定带动民众和官员参与法治、推进法治。

2007 年的余杭法治指数是通过数字方式对余杭区 2007 年度法治建设水平的直观概括。这种概括可以作为此后年份余杭法治指数的比较基础，也可以作为与其他地区法治指数比较的基数值。2007 年余杭法治指数在一定程度上能够相对客观地反映出法治余杭建设的行动结果是否达到预期目标，普法宣传和法治教育的行动结果是否达到预期目标，法治余杭的政策是否对于作为目标群的余杭社会民众、特定群体产生影响。

法治满意度调查充分了考虑了民众对于余杭区政府法治水平的主观认知。这项满意度调查涉及的九个方面内容民众评价的基础性指标，是课题组根据余杭区委《关于建设"法治余杭"的意见》和余杭区人大《关于推进"法治余杭"建设的决议》，并经过一系列调研确定的。这九项指标分别是：民众对党风廉政建设的满意度，民众对政府行政工作的认同度，民众对司法工作的满意度，民众对权利救济的满意度，民众的法治意识水平，民众对市场秩序规范性的满意度，民众对监督工作的满意度，民众对民众政治参与的满意度，以及民众对社会平安的满意度。

二　2007 年"法治余杭"指标的设计

在企业绩效管理的方案设计中，鱼骨图战略分解法是一种广泛运用的绩效指标确定方法。这种方法的主要原理是：藉由组织的战略目标逐步推演出考核指标。具体来说，这种方法的主要思想是对企业战略目标进行层层分解，寻找出组织成功的关键因素（Key Success Fator），继而确定公司级的关键绩效指标（Key Performance Index），再由公司级 KPI 分解到部门级 KPI、每个岗位的 KPI，使 KPI 形成一个因果关系网络，共同支持组织战略目标的实现。鱼骨图分解法最大的优点就是能够确保设计出来的绩效考核指标不偏离组织的绩效目标，是战略导向、结果导向的考核方式，能够有效的使绩效考核指向绩效目标的实现及绩效改进，是一种战略管理工具。

这一管理学科中的考核指标确定方法同样适用于法治指标的确定。因为，余杭法治评估的最终目的是在判断法治现状的基础上，促进余杭区法治建设的未来走向。同时，法治量化评估指标也是严格围绕余杭区委制定的九大法治建设目标进行的。如何将法治目标进行层层细化、分解呢？

(一) 根据九项目标明晰法治建设重点

确定法治指标的第一步就是梳理余杭区法治建设的九大目标，明晰其法治工作的目标重点。这是下一步分解法治指标的基础。

首先对余杭提出的九项法治目标进行解读。

(1) 党委依法执政。依法执政是对政党活动方式（也即党的执政方式）及执政能力的基本要求。政党活动方式法治化是现代民主政治的基本特征，也是现代政治文明的重要内容。这一目标是余杭法治的基础，它要求基层党委必须改进党的执政方式，提高党的执政能力，从而进一步确立政党执政的合法性，巩固党的执政基础。

(2) 政府依法行政。依法行政就是行政机关行使行政权力、管理公共事务必须有法律授权并依据法律规定，法律是行政机关据以活动和人民对该活动进行评判的标准。依法行政是现代法治政府普遍奉行的基本准则。一个国家能不能走向法治，首先是政府是否做到守法。

(3) 司法公平正义。司法活动是保障法律公正的最后一道关口，也是保障法律公正的最重要和最有实效的一种手段。司法公正是依法治国的必然要求。

(4) 权利依法保障。权利作为现代法律的核心概念，其内容涵盖了个人在生命、财产、人身自由、享受医疗保健、接受教育、文化和保持信仰、就业、迁徙、保护个人隐私、参与诉讼、表达意愿等方方面面的利益诉求，构成了法律人格的基本内容。权利是现代法律秩序的基石。个人权利是否在法律范围内得以保障是检验法治成效的重要依据。

（5）市场规范有序。市场秩序是保障现代经济持续、快速发展的有效机制。要形成良性的市场秩序机制要求政府完善各类市场主体公平发展的政策规定，形成公平有序竞争、要素合理流动、市场发挥配置资源基础性作用的发展环境，依法维护各类市场主体的合法权益，并强化对市场的有效监管，整顿和规范市场经济秩序，完善市场机制，加强社会诚信建设，保障社会公共秩序的安全，为经济稳定良性发展创造良好的环境。

（6）监督体系健全。法律监督是保证法律实现的贯穿性机制，是法的统一、权威和尊严的保障性机制。法治建设要求加强对公权力的监督，强化党委的组织监督职能、人大的法律监督职能、政府的行政监督职能，发挥社会和民主监督职能，提高监督的效能。

（7）民主政治完善。民主政治的完善所涵盖的内容较为广泛，包括：①坚持民主与法治的有机统一和良性互动，推进社会主义民主的制度化、规范化，不断健全民主制度，丰富民主形式，保证人民依法实行民主选举、民主决策、民主管理、民主监督；②强化对公共权力的制约，建立健全结构合理、配置科学、程序严密、制约有效的公共权力运行机制；③改进执政方式，各级党组织必须在宪法和法律范围内开展活动，坚持科学执政、民主执政、依法执政，强化立党为公、执政为民意识，强化以人为本和社会主义法治理念，确保执政的合法性；④完善党领导的多党合作和政治协商制度，继续推进人民政协政治协商、民主监督、参政议政的规范化、制度化。

（8）全民素质提升。中国的法治实现采取的是政府自上而下的推进式模式，这有别于西方自下而上的渐进式模式。在这种模式下，公民法律意识的形成和发展在很大程度上依赖于政府对法治意识、权利意识的宣传与推动，而不能单单依靠市场经济自身的培育。近 20 年的普法教育对我国公民法律观念的现代化、形成科学的法律知识、法律情感及法律思维方式与行为模式都产生了极为深刻的影响。因此，考察政府在普法宣传及法制培训上的物质投入及运作方式可以从侧面折射出当地法治观念可能达到的层次，也进一步佐证法律意识所达到的层次。

（9）社会平安和谐。社会平安和谐是法治所要达成的终极目标。和谐安定的社会秩序表现为较少的群体性暴力行为、群众有较强的安全感、社会矛盾冲突能够通过法律途径得到解决或缓和、公众对未来的生活可以做出大致预测并相对乐观等方面。这些特征中既有法治社会的客观表现，也有人们对法治效果的直接感受，可以用来直观地评估一个地区的法治水平。这要求政府继续深入打击违法犯罪，强化治安防控体系建设，完善矛盾纠纷调处机制，加强社会治安综合治理，健权重大突发事件应急机制，努力创建平安余杭，维护社会的和谐稳定。

通过对余杭法治九大目标的解读，可以发现这些目标既包括政府自身的要求，又包括对公众与市场主体的利益实现。在政府的要求中，既有行为要求，也有工作方式要求。既有对利益主体的权益保护，也有对全民素质及法律意识提升的要求。

解读完余杭区法治目标后，可以运用平衡计分卡的方法明晰法治建设的工作重点。平衡计分卡也是一种重要的战略管理工具，其主要思想是超越了传统的仅从财务角度来衡量企业绩效的测评方法，创新性地通过对企业在财务、客户、内部运营和学习与成长四个维度的共同绩效考核，将抽象的战略有效地转化为具体的行动计划，从而大大提高战略的执行能力和绩效表现。在这次法治评估中，课题组就将余杭区九大法治目标分别归入四项测评维度中。

图1-2是平衡计分卡的完整结构。在这个结构中，围绕着组织的愿景与战略目标，可以分解为财务、客户、内部运营、学习与成长四个方面。这四个方面都是组织愿景与战略的具体体现。就这四个方面而言，也存在紧密的因果关系及驱动关系。财务方面属于结果性指标，客户、内部运营、学习与成长面属于过程性指标，是达成财务目标的三种驱动手段。具体来说，客户面主要是关注客户（包括内部客户与外部客户）的满意度，内部运营主要涉及组织的流程管理及营运方式，学习与成长主要是指组织内部人力资源的素质状况。

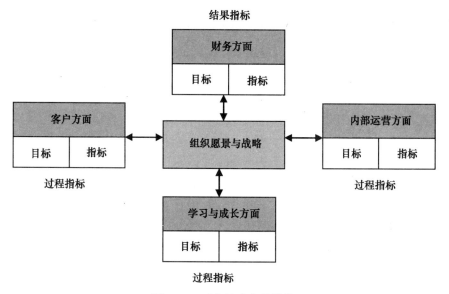

图1-2 平衡计分卡的结构

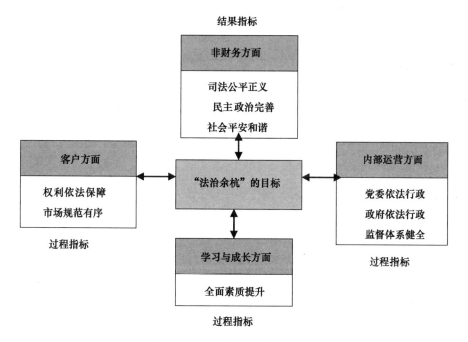

图1-3 余杭法治的平衡计分卡

对于法治建设来说，其愿景与战略目标就是政府的法治建设工作目标。围绕这一目标，政府主要以客户（主要是权利人，包括依法受到保护的民众与市场经济主体）、内部运营（政府执政、行政的行为方式与过程）以及学习与成长（政府自身的行政管理能力与民众的法制学习与法律素质提升）三个方面的工作为抓手进行法治建设，而并不涉及财务指标，这一点与营利性组织的战略目标有所区别。具体到余杭区法治建设的九项目标，可以近似地将其作如下归类：党委依法行政、政府依法行政、监督体系健全等三项指标属于内部运营面指标，权利依法保障、市场规范有序两项指标属于客户面指标，全面素质提升属于学习与成长面指标，司法公平正义、民主政治完善、社会平安和谐属于非财务面的结果指标。如图1-3所示的余杭法治的平衡计分卡。

对于法治余杭建设来说，可以认为，其战略重点是实现法律正义与公正的要义。这一法律要义主要体现为维护权利人的合法权益。这需要政府的法治工作中保证各行政管理环节的程序方式合法化，以及政府行政能力素质的提升。

（二）法治目标的指标化分解

在第一步的基础上，需要进一步分解法治建设目标，细化出评估指标。在这里，首先由目标分解出"法治余杭评估总指标"，然后再运用鱼骨图战略分解法层层分解到区级机关、乡镇与街道、农村与社区三个层次，最终形成四层次的评估指标体系（详见图1-4）。

1. 法治余杭评估总指标

以余杭法治的第九项目标"社会平安和谐"为例，说明从目标到指标的细化过程。首先，将该目标分解为依法打击违法犯罪、强化治安防控体系建设、完善矛盾纠纷调解与处理机制、加强社会治安综合治理四个方面的任务要素。这四个方面其实是对"社会平安和谐"目标的进一步阐释。在此基础上，根据这四个方面的任务再进一步分解，细化为7项指标。

2．三个层次的分指标

总指标对应于法治余杭的九项战略目标。但这九项目标是通过区级各职能部门机构各司其职，并辐射到乡镇与街道、农村与社区等基层行政组织，逐步贯彻与落实而实现的。也就是说，余杭区法治建设总战略目标的实现需要三层次主体的法治建设来支撑。作为政府依法治理的具体职能部门，各区级机构的工作目标主要是加强领导、认真开展普法教育依法治理工作、加强基础性工作等；作为基层行政组织，乡镇与街道直接面对广大民众，主要承担组织制度建设、依法执政、依法行政、依法管理以及法制宣传五个方面的工作；农村与社区层面的法治建设主要是保护农村现代化进程中农民的各种利益关系，逐步消除制约农村法治建设的阻碍因素，构建和谐社区。

根据九项目标与总指标、总指标与三层次法治建设主体间的关系，可以构建出余杭法治评估指标的鱼骨图。如下图1－4。

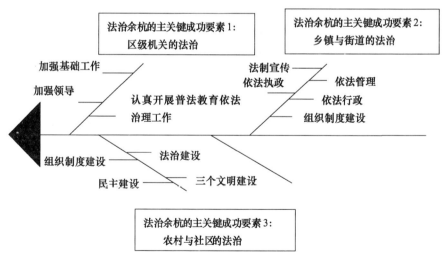

图1－4　余杭法治评估指标的鱼骨图

在鱼骨图中，鱼头表示法治余杭的战略目标重点，大鱼骨表示支撑法治余杭成功的三层面"主关键成功要素"；小鱼骨表示"次关键成功要素"，是对主关键成功因素的进一步分解，如图1－2所示，是对法治余杭建设工作的成功起关键作用的某项法治战略要素的定性描述，是满足法治目标重点所需的行政手段。在这里，也是制定法治余杭评估指标的依据。

根据余杭区法治建设工作的实际，某些次关键成功因素关键成功要素还能进一步分解。比如，"加强领导"还可以分解为三个方面的指标：(1) 制定本部门、本系统、本单位的法治建设和"三五"依法治区"五五"普法教育《规划》。明确目标任务，制定年度工作计划，切实抓好落实；(2) 建立健全依法治理普法教育领导机构和办事机构，有明确的领导分工和有专人负责，建立起明确的议事、办事制度并严格执行；(3) 加强普法依法治理工作的组织、协调和舆论宣传工作，营造良好的法制氛围等等的考核内容。

(三) 法治指标的标准确定

任何一个测评指标都需要通过"标准"来对其进行计量。标准即评分的准则及依据。鉴于余杭法治评估指标多为主观性指标，从理论上来讲，这类指标的标准确定需要评估小组在调查研究的基础上进行定性分析，根据专业经验，并结合当前实际确定。具体到余杭区的法治评估来说，标准的制定充分考虑了余杭区的法治现状及法治需求，课题组在充分调研的基础上，运用各政府部门的数据对指标作出了合理的量化规定，如余杭法治的第八个目标"深化平安余杭创建，维护社会和谐稳定"的子指标"依法打击违法犯罪"的标准分为 10 分，该指标的衡量标准为"依法打击违法犯罪，刑事案件的破案率不低于全市平均值，命案和五类案件的侦破率分别达到 90%、95% 以上。三项指标每少一个百分点均扣 1 分"。

表 1-1 完整显示了余杭法治九项评估目标所对应的子指标及标准。

2007 年法治余杭评估：九项评估目标所对应的子指标及标准

表 1-1

总体目标	党委依法执政 政府依法行政 司法公平正义 权利依法保障 市场规范有序 监督体系健全 民主政治完善 全民素质提升 社会平安和谐
基本内涵	以加强党的领导为保证，以建设法治政府和维护司法公正为重点，以规范公共权力和保障公民权利为核心，切实做到有法必依，执法必严，违法必究，努力提高余杭区经济、政治、文化和社会各个领域的法治化水平。
总体进程	2006—2010 年，按照"十一五"规划的总体部署，通过实施"三五"依法治区、"五五"普法教育"规划，全面落实法治余杭建设各项任务，初步实现区域法治化目标；2011—2015 年，巩固、发展法治余杭建设成果，全面提高政治、经济、文化、社会生活的法治化水平，基本建成开放型、法治型社会。

具体目标	主要任务	考评内容	考评标准	标准分	余杭数据依据及数据说明
	1. 创新执政理念，强化立党为公、执政为民意识，强化以人为本和法治理念，确保执政品质提升，确保人民生活品质提升，确保人民生活安定有序；	1. 组织机构健全，分工明确，责任落实。专职人员不落实的，扣3分，工作经费未列入财政预算的，扣2分；法治建设领导小组会议一年少于二次的，扣3分；年度法治建设任务部门责任不考核落实的，扣3分；法治建设简报录用率低于全省平均水平的，扣3分。	15	机构健全，人员、责任落实。工作经费列入财政预算；法治建设领导小组会议一年不少于二次，年度法治建设简报录用率高于全省平均水平。

续表

具体目标	主要任务	考评内容	考评标准	标准分	余杭数据及依据说明
一、推进民主政治建设，提高党的执政能力	1. 改进执政方式	2. 完善执政体制，坚持和完善中国共产党领导的多党合作和政治协商制度，保证决策更好地体现人民的意志；	2. 党委民主决策体系健全，在重大事项作出决策前，组织合法性论证达到100%。未达完全论证要求，每降一个百分点，扣2分。对党中央、国务院和省委、省政府明确规定，有令不行、有禁不止的，此项不得分。	15	民主决策体系健全，重大事项作出决策前策前组织合法性论证，未发生有令不行、有禁不止现象。
	2. 巩固执政基础	3. 支持人大、政府、政协依法律和章程履行职能，规范党委同人大、政府、政协和人民团体的关系；	3. 干部选拔、任用体系科学、程序规范、奖惩制度完善；重要人事任用未实行全委会票决的，扣2分；因违反党员民主权利保障条例，发生侵犯党员民主权利和事件的，每起扣2分；选拔任用不公，引起群众投诉被查实的，每起扣2分。	10	干部选拔、任用体系科学，程序规范，重要人事任用实行全委会票决，无侵犯党员民主权利和因选拔任用引起群众投诉事件。
	3. 依法保障人民当家做主	4. 保障检察机关、审判机关依法独立行使司法权； 5. 建立健全法治建设工作体制和机制，定期研究解决法治建设中的重大问题，明确年度法治建设任务，分解落实工作责任；	4. 党委分别听取同级人大常委会、政府、政协和法院、检察院党组工作汇报以及工、青、妇等人民团体党组工作汇报未达到一次以上的，均扣2分；执政体制不完善，党委在决策时，人大、政府、政协和民主党派参与协商比率不低于95%，每低一个百分点扣1分；人大代表建议和政协委员提案办复满意率低于95%的，每降一个百分点均扣1分。	10	按计划听取工作汇报，人大、政府、政协和民主党派参与协商比率不低于95%，人大代表建议和政协委员提案办复满意率分别为98.5%、98.17%。

续表

具体目标	主要任务	考评内容	考评标准	标准分	余杭数据及依据说明
一、推进民主政治建设，提高党的执政能力	1. 改进执政方式		5. 积极实施党务公开，注重党风廉政建设，促进勤政倡廉政优政。党政班子民主测评中，反腐倡廉工作评价等次达不到优秀的，扣2分；行风评议满意度低于全省平均水平的，扣2分；因不依法办案造成恶劣影响的，发生一起的扣3分；惩防腐败体系的领导体制和工作机制落实不到位的，扣2分。群众对党风廉政满意度达到95%以上。每降一个百分点扣1分。	10	党务公开，注重勤政廉政优政；制度健全，领导体制和工作机制落实到位，无不依纪依法办案造成恶劣影响的事件。
		6. 发展党内民主，保障党员权利，健全完善党内各项制度；			
		7. 积极实施党务公开，扩大党员群众对党内事务的知情权、参与权、选举权、监督权；			
	2. 巩固执政基础	8. 健全完善干部人事制度、科学考核干部政绩和能上能下的用人机制；	6. 支持和保障检察机关，审判机关依法独立行使司法权，无以组织或个人名义干预司法活动的。若出现干预独立司法正常活动的，此项不得分。	10	无
	3. 依法保障人民当家做主	9. 不断健全民主制度，丰富民主形式，保证人民依法实行民主选举、民主决策、民主管理、民主监督；	7. 选民实际参加人民代表选举的比率达到98%以上。每降一个百分点扣1分。	10	98.69%
		10. 对与群众利益密切相关的重大事项，实行公示、听证等制度，扩大人民群众的参与度；	8. 普通选民被推举为区人大代表候选人达到规定比率。每少一个百分点扣1分。	10	达到

续表

具体目标	主要任务	考评内容	考评标准	标准分	余杭数据及依据说明
一、推进法治建设，提高党的执政能力	1. 改进执政方式	11. 积极开展文明城市（城区）创建；以开展创建"民主法治示范村（社区）"等活动为载体，不断完善以村、社区民主选举制度、村务工作规则，深化村（居）务公开；	9. 未获得省级文明城市（城区）称号的，扣5分；省级文明城镇、文明村（社区）达标数低于5%的，均扣2分；星级"民主法治村（社区）"创建达标率低于全省平均水平，扣3分。	10	省级文明城市（城区）；省级文明镇15%，文明村5家，文明社区6家。
	2. 巩固执政基础的执政能	12. 坚持和完善职工代表大会和其他形式的企业民主管理制度，加强各种所有制企业工会组织建设，切实保障劳动者的合法权益。	10. 居（村）委会民主选举中发生贿选、暴力干涉事件的，每起扣3分。群众对民主政参与的满意度达到90%以上，每降一个百分点扣1分。	10	无贿选、暴力干涉事件。
3. 依法保障人民当家做主		1. 认真贯彻实施国家法律、法规，改革行政管理方式，充分运用间接管理、动态管理、事前引导和事后监督等手段管理经济和社会事务；	1. 行政执法主体明晰、体制规范，合法；无执法缺位、越位，错位等状况，每发生一起扣2分。实行电子政务对监督的行政审批机关应用的比例低于全省平均水平的，扣3分。	15	执法主体明晰、体制规范，合法；无缺位、越位、错位等状况，全面实行电子政务实时监督。

续表

具体目标	主要任务	考评内容	考评标准	标准分	余杭数据及依据说明
二、全面推进依法行政，努力建设法治政府	1. 转变政府职能，创新管理方式	2. 积极探索行政规划、行政指导等方式，实现行政管理目标；深入开展"依法行政示范单位"创建活动，覆盖率达到100%； 3. 建立健全各种预警和应急机制，努力提高政府应对突发事件的能力； 4. 推进政府信息公开，加快电子政务建设，完善行政服务中心体制机制；	2. 行政机关中法律专职工作人员达到一定比率，行政执法人员的持证率达到90%以上，每少一个百分点扣1分；发现不具备执法资格的人员从事执法活动的，每起扣3分；"依法行政示范单位"创建覆盖面未达到100%的，扣3分；"依法行政示范单位"达标数少于上年的，扣3分；没有"依法行政示范单位"的，加扣2分。	20	法制线上专职人员占比：71.6%，行政执法人员的持证率100%。"依法行政示范单位"从2008年开始全面创建。
	2. 完善决策机制，强化制度建设	5. 严格按照法定程序行使决策权，建立健全完善政府内部决策规则，专家论证和政府决定相结合的行政决策机制；	3. 制定和出台的规范性文件应向人大常委会备案和公众公布，报备和公布率分别达到100%，每少一个百分点均扣2分；规范性文件在备案审查中被撤销、变更的，每起扣2分。	10	报备和公布率分别达到100%，无被撤销、变更情况。
	3. 规范行政执法，加强执法监督	6. 完善行政决策程序，对社会涉及面广，与人民群众利益密切相关的决策事项，应当向社会公布，重大行政决策事项在决策过程中要过行合理、合法性论证；	4. 经行政复议确定为行政决策不当或规范性文件制定不当的，每起扣3分；制定和出台的规范性文件的合法率达到100%，未达到此项不得分。	10	无行政决策不当或规范性文件制定不当情况。规范性文件制定的合法率达到100%。

续表

具体目标	主要任务	考评内容	考评标准	标准分	余杭数据及依据说明
二、全面推进依法行政，努力建设法治政府	1. 转变政府职能，创新管理方式	7. 严格按照法定权限和程序制定规范性文件，建立和完善规范性文件的备案审查、定期评价、修改和废止制度； 8. 加强政府法制机构建设，强化政府法制工作。发挥政府法律顾问组织作用，为建设法治政府提供良好法律服务；	5. 行政部门工作人员无重大违法乱纪、失职、渎职的案件，发生一起扣2分，造成特大负面影响的每起扣5分。	15	发生失职、渎职一般案件4起。
	2. 完善决策机制，强化制度建设	9. 深化行政执法责任制建设，加快建立权责明确、行为规范、监督有效、保障有力的行政执法体制；加强对财政、税收、社保基金、住房公积金等公共基金管理；	6. 发生违法和不当行政行为引发重大群体性上访事件，每起扣3分；对群体性事件的办结率达到90%以上，未结率达到90%以上，每少一个百分点扣1分。	10	无重大群体性上访事件，办结率达到90%以上。
	3. 规范行政执法，加强执法监督	10. 科学规范执法职能，合理设置执法机构，坚决改变多头执法和执法缺位、越位、错位的状况；	7. 行政执法责任制的覆盖率达到100%，执行到位率达到95%以上，每少一个百分点扣1分。	15	100%
			8. 加强对乡镇公共事务决策的监督，发生未向社会公示和征求村级意见的，扣3分；未按中央规定公开乡镇政务事项的，扣3分；政府各部门对群众投诉案件的办结率达到100%，办结率每少一个百分点扣2分。	10	对乡镇公共事务决策实行监督，各部门对群众投诉案件的办结率达到100%。

续表

具体目标	主要任务	考评内容	考评标准	标准分	余杭数据及依据说明
二、全面推进依法行政，努力建设法治政府	1. 转变政府职能，创新管理方式	11. 健全行政执法案卷评查制度，建立行政执法绩效评估、奖惩机制，提高行政执法效能，降低行政执法成本，促进行政执法行为的规范化；	9. 经行政复议、行政诉讼被撤销、变更、确认违法或无效、责令履行法定职责的行政执法案件占当年行政执法件数比例高于全省平均水平的，扣5分；行政复议决定被裁判为撤销、变更、责令履行法定职责的，每起扣3分。	20	行政复议案件没有被撤销、变更、确认违法或无效、责令履行法定职责的情况。
	2. 完善决策机制，强化制度建设	12. 建立健全对政府规章和规范性文件实施的监督制度，强化对政府部门行政行为的监督，加强行政复议工作，严格执行	10. 发生行政诉讼，主要领导出庭率不低于90%，裁决处理到位率达到100%，当事人对法律文书（判决、裁定、调解书）自觉履行率达到90%以上，每少一个百分点均扣1分；超过规定履行期限的，每例扣5分；拒不履行的，发生一起，此项不得分。	15	2007年行政诉讼案件立案62件，撤诉2件；根据庭审要求，主要领导出庭率、裁决处理到位率、法律文书自觉履行率达到规定指标。
	3. 规范行政执法，加强执法监督	行政赔偿和补偿制度；着力解决民生问题，当年新增财力用于社会事业和解决民生问题的比例不低于三分之一。	11. 行政执法行为规范、程序合法。与群众利益密切相关的重大事件，未向社会进行公示、组织听证的，扣2分；超越规定权限、程序设定行政许可，行政处罚、行政强制措施和行政收费的，每起扣2分；发现对已取消的行政许可事项仍以其他形式进行许可的，每起扣2分。	10	执法行为规范、程序合法，无超越规定权限、程序设定行政许可，行政处罚、行政强制措施和行政收费现象，无对已取消的行政许可事项仍以其他形式进行许可的事件。

续表

具体目标	主要任务	考评内容	考评标准	标准分	余杭数据及依据说明
			12. 当年新增财力用于社会事业和解决民生判决； 保障问题的比例低于三分之二的扣 2 分；因对社保基金、住房公积金等公共基金管理不力造成重大损失的，每起扣 2 分；群众对政府行政工作满意度达到 95% 以上，每低一个百分点扣 1 分；政府领导班子民主测评中政府效能建设评价等级未达到优秀的，扣 3 分。	10	当年新增财力用于社会事业和解决民生事业和民生支出 54 亿元，增加 20.04 亿元，超过新增财力 80%。无因对社保基金、住房公积金等公共基金管理不力造成重大损失的。效能建设成效明显。
三、促进司法公正，维护司法权威，提升法治建设质效	1. 司法机关独立开展司法活动； 2. 实现司法公正和效率目标； 3. 加强司法队伍、制度建设，提升法治建设质效	1. 尊重和维护审判机关的司法判决； 2. 提高司法队伍素质，加强对司法活动的监督和保障，依法改革审判方式扩大简易程序适用范围，缩短诉讼周期，方便群众诉讼，提高司法效率； 3. 健全人民陪审员和人民监督员制度，加大生效裁判的执行力度，维护司法尊严和权威；	1. 审判机关、检察机关未按中央和省委要求对重点领域专项整治工作作出专项部署的，扣 5 分；法院立案大厅或检察院申诉控告接待室规范化建设未达到省级标准的，扣 3 分；当年司法救助基金低于上年水平的，扣 3 分；对按规定应减免收取的诉讼费仍以其他形式收取的，发现一起扣 2 分。	15	部署专项整治工作，专项司法救助基金不低于上年水平，无以其他形式收取诉讼免费事件。
		2. 大学法律本科以上的法官、检察官人数比例不低于全省平均水平，低于全省平均水平的扣 3 分。	10	省平均水平：76.65%；71% 区级比例：79.5%；88.5%

续表

具体目标	主要任务	考评内容	考评标准	标准分	余杭数据及依据说明
三、促进司法公正、维护司法权威	1. 司法机关依法独立开展司法活动 2. 实现司法公正和法公平、效率目标 3. 加强司法队伍、制度建设，提升法治建设质效	4. 积极探索司法权力制约机制，防范司法腐败； 5. 健全侦查、公诉、诉讼监督工作机制，保障诉讼参与人合法权益。加大查办和预防职务犯罪的工作力度，减少和预防职务犯罪的发生；	3. 法院案件执结率达 90% 以上，有效执结率达 65% 以上，每少一个百分点均扣 2 分；执行标的额到位率达到 95% 以上，每少一个百分点扣 2 分；发生为地方、部门局部利益摘执法特殊化事件的，每起扣 2 分；因地方保护主义或部门主义而提级执行的，每起扣 2 分。	15	案件执结率 93.27%，有效案件执结率 73.58%，执行标的额到位率 69.28%。区法院被省高院评为首批"破解执行难优秀法院"。
			4. 改判、发回重审案件占当年结案数的比例不高于全省平均水平，高于全省平均水平的扣 5 分。	10	省：0.78%；区 0.33%
	6. 完善司法救助制度，保障经济困难的群众平等参与诉讼。		5. 审判程序合法公正、公开。一审普通程序案件人民陪审员参审案件不低于 45%，每降一个百分点扣 2 分；一审后当事人服判息诉占全部审结案件的比例不低于 93%，每下降一个百分点扣 2 分；案件审限结案率未达到 100% 的，每降一个百分点扣 4 分。	20	人民陪审员参审案件 83.03%；服判息诉比例达到 95%；案件审限结案率达到 100%。

续表

具体目标	主要任务	考评内容	考评标准	标准分	余杭数据及依据说明
三、促进司法公正，维护司法权威	1. 司法机关依法独立开展司法活动。 2. 实现司法公正和效率目标。 3. 加强司法队伍、制度建设，提升法治建设质效。		6. 职务犯罪案件讯问全程同步录音录像率低于90%的，每降一个百分点扣2分；公诉案件被法院判无罪并做上级法院确认为错案的，每起扣3分；职务犯罪起诉率低于90%的，每降一个百分点扣2分。	15	案件讯问全程同步录音录像率为100%。全年法院提起公诉的有954件1637人，有罪判决率为100%。职务犯罪起诉率100%。
			7. 年度发生应予司法赔偿的案件兑现率达到100%，每下降一个百分点扣3分。	15	无司法赔偿的案件
			8. 信访案件办结率达到90%以上，每少一个百分点扣1分。	10	99.7%
			9. 发生司法工作人员非法侵犯当事人合法权益事件，每起扣5分；司法工作人员贪污贿赂、渎职犯罪的，每起扣5分。	10	无司法工作人员非法侵犯当事人合法权益事件和贪污贿赂、渎职犯罪现象发生。
			10. 人大会议对两院工作报告满意度达90%以上，人民群众对司法机关的工作满意度达到85%以上，每降一个百分点均扣1分。	10	人大会议对两院工作报告满意度达90%以上。

续表

具体目标	主要任务	考评内容	考评标准	标准分	余杭数据及依据说明
四、拓展法律服务，维护社会公平	1. 完善服务体系	1. 规范法律服务市场，完善律师、公证、司法鉴定、法律援助、基层法律服务体系； 2. 拓展法律服务领域、方式及功能，规范法律服务主体、行为和管理； 3. 依法规范律师与法官、检察官的关系，建立保障律师在刑事诉讼中依法执业的工作机制，发挥律师在司法监督中的作用；	1. 基层法律服务工作者的执业持证率达到100%，每少一个百分点扣2分。	10	100%
			2. 律师、法律服务工作者万人拥有数达到全省平均数以上，低于全省平均数的扣3分。	10	1.3/10000
			3. 律师行为规范，自律监督机制完善。法律服务单位从业人员有违规、违法行为被追究法律责任的，每起扣3分。	10	无
	2. 保障公民权利	4. 建立健全法律援助质量监督、经费保障机制，加强对弱势群体的法律援助工作，不断提高法律援助的社会效益。	4. 法律援助机构机构健全，服务体系完善。机构不健全、体系不完善的均扣2分。	10	机构健全，体系完善。
			5. 法律援助专项经费，专职人员得到切实保障。专项经费不低于上年水平，并随着标准的提高和人数的增加逐步增长。专职人员未落实的扣2分；专项经费未得到保障的扣5分。	10	经费落实，人员保障。
			6. 法律援助，基层法律服务渠道畅通，对应助的援助面达到100%。发生应助未助被投诉的，每例扣1分。	10	服务渠道畅通，做到应助尽助。

续表

具体目标	主要任务	考评内容	考评标准	标准分	余杭数据及依据说明
四、拓展法律服务，维护社会公平	1. 完善普法服务体系		7. 党委、政府法律顾问制度完善，覆盖率达85%以上，每降一个百分点扣1分。	10	顾问制度完善，覆盖率达到规定要求。
	2. 保障公民权利		8. 困难、弱势群体法律援助，司法救济率达到100%，每降一个百分点扣2分。	10	达到
			9. 群众对12348法律援助渠道的知晓率达到80%以上，每降一个百分点扣1分。	10	92.8%
			10. 群众对权利受损时依法得到救助的满意率达90%以上，每降一个百分点扣1分。	10	达到
五、深化全民法制教育，增强法治意识，提升各类普法对象的法律素养	1. 深入开展以宪法为核心的全民法制宣传教育	积极引导广大市民学习宪法和与公民生产生活密切相关的基本法律法规，进一步维护宪法和法律权威，法律面前人人平等、权利和义务相统一的基本观念；	1. 普法领导机构健全、普法办专职、兼职人员明确。机构不健全、人员不明确的，分别扣2分。	10	普法领导机构健全，普法办专职、兼职人员明确。
			2. 学法制度健全、实施的计划、步骤清晰（有计划、检查、总结）。没有计划或总结的，每项扣2分。	10	学法制度健全，实施的计划、步骤清晰（有计划、检查、总结）。
	2. 加强重点对象法治宣传教育		3. 普法重点对象法制教育覆盖面低于80%的，扣5分；"一学三讲六进两延伸"活动责任明确，工作落实，措施有力，未完成年度计划的，扣3分。	15	"一学三讲六进两延伸"活动责任明确，工作落实，措施有力，完成年度计划。

续表

具体目标	主要任务	考评内容	考评标准	标准分	余杭数据及依据说明
五、深入开展以宪法为核心的全民法制教育，增强法治意识，提升法律素养	1. 深入开展以宪法为核心的全民法制宣传教育　2. 加强对各类重点普法对象的法制宣传教育	2. 不断增强公民的民主法治观念，尤其是增强国家机关工作人员主权在民、执政为民、权力制约，尊重人权的意识，在全区形成崇尚宪法和法律权威、严格依法办事的社会环境和舆论氛围；3. 各级领导干部和公职人员要带头学法、守法、用法；4. 认真抓好中心组学法、领导干部法制讲座等各项学法制度的贯彻落实；5. 建立健全各级领导干部学法制度，人大常委会和人事部门要把法治意识和法律素养作为干部任命、使用和任职资格考核的重要内容；	4. 法制教育基础扎实，形式多样，普法教材征订任务完成率达85%以上，每少一个百分点扣2分；经费保障到位，增长幅度不低于当年财政增长幅度，每低一个百分点扣2分。	15	法制教育形式多样，普法教材征订任务落实，经费保障到位，增长幅度不低于当年财政增长幅度。
			5. 领导干部带头学法用法，中心组学法不少于4次；公职人员全年学法不少于40学时；区管在职干部、中层正职干部以上干部任期内法律考试少于1次；新进、新任公职人员必须经过法律考试。中心组学法少一次扣2分；公职人员少于40学时的扣2分；区管干部任命前未经法律知识考试的扣2分。区直属单位领导干部法律知识考试（考核）成绩合格率低于98%的，每降一个百分点扣1分；公务员法律知识考试合格率低于95%的，扣3分。	20	领导干部带头学法用法，区管在职干部、中层正职以上干部任期内法律考试达到规定要求；新进、新任人员做到必学。成绩合格率100%。
			6. 加强青少年法制教育工作，青少年违法犯罪率控制在1%以内，并实现逐年下降。青少年违法犯罪率整控在1%以内，每超过一个百分点扣1分。	10	青少年违法犯罪率低于全省平均水平。

续表

具体目标	主要任务	考评内容	考评标准	标准分	余杭数据及依据说明
五、深化全民法制教育，增强法治意识，提升法治对象的法律素养		6. 推动法制教育与道德教育相结合，全面加强青少年法制宣传教育；			
		7. 大力加强对企业经营管理人员的法制宣传教育，增强知法、守法的自觉性和依法维权意识；	7. 企业经营管理人员、农民、来余杭创业者及流动人口接受法制教育的面达到90%以上，每低一个百分点扣1分。	10	达到
		8. 全民法律意识不断增强，法制素养明显提升。	8. 群众对法治工作的满意度达到90%以上。每少一个百分点扣1分。	10	
六、依法规范市场秩序，促进经济良性稳定发展	1. 完善市场机制	1. 健全保障经济持续快速发展的机制，完善各类市场主体公平发展的政策；	1. 社会中介组织依法运作，服务市场规范有序，发生欺诈行为及时督办查处的，每发生一起扣2分。	10	依法运作，规范有序，及时督办查处欺诈案件。
	2. 建设信用余杭	2. 大力发展和依法规范审计、房产、法律服务等各类中介机构及其服务市场；	2. 土地承包、经营、流转等相关制度健全完善，无因违法、不当行为引发群体性事件，每发生一起扣2分。	10	无
	3. 保障经济安全性发展	3. 强化政府对市场的有效监管，健全和完善土地承包、经营、流转等相关制度，依法规范用工、交易、纳税等行为；	3. 维护公平、有序的市场竞争环境，避免发生在全省有重大影响的不正当竞争案件，每发生一起扣2分。	10	无

续表

具体目标	主要任务	考评内容	考评标准	标准分	余杭数据及依据说明
六、依法规范市场秩序，促进经济稳定良性发展	1. 完善市场信用机制建设。2. 建设信用余杭。3. 保障经济安全	4. 依法加强安全生产管理，实行对与人民生活密切相关的食品、药品、房地产等行业和自然垄断行业的有效监管；	4. 安全生产管理措施得力，确保各类产业的生产、经营安全。发生重大责任事故未及时督办处理的，每起扣2分；督办不力致使事态扩大的，每起扣4分。	10	无
		5. 按照政府主导、市场运作，社会参与的原则，加快建设以道德为支撑、产权为基础、法律为保障，覆盖社会经济生活各个方面的信用体系；	5. 无祖护破坏市场经济秩序、侵犯公私财产、危害经济安全的各种违法犯罪案件现象，发生一起扣2分。	10	无
		6. 政府率先加强诚信建设，努力提高社会公信力，大力培育良好市场和信用中介机构，加快企业中介组织和个人的信用体系建设；	6. "诚信守法企业"创建面达到100%的扣3分；"诚信守法企业"达标企业数低于全省平均水平的扣5分。	10	创建面100%；诚信示范经营户41家，诚信示范企业80家。
		7. 加强信用监督，建立守信激励机制和失信惩戒机制，全力打造信用余杭；	7. 保证商品质量，商品质量抽检覆盖面达到70%以上，合格率达到85%以上。每下降一个百分点扣1分。	10	按计划完成商品质量抽检，合格率95%
			8. 无影响重大的假冒伪劣商品案件发生。发生重大案件督办不力，查处不及时的，每起扣2分。	10	无

续表

具体目标	主要任务	考评内容	考评标准	标准分	余杭数据及依据说明
六、依法规范市场秩序，促进经济稳定良性发展	1. 完善市场机制 2. 建设信用余杭 3. 保障经济安全	8. 保护各类产业的生产经营安全，加强农、畜产品防疫检疫和有毒物质残留检验，健全与国际通行的。	9. 受理的群众关于产品质量投诉案件的回复率100%，受理消费者举报投诉案件结案率95%以上。回复率每下降一个百分点均扣1分。	10	投诉案件的回复率、结案率100%。
			10. 群众对市场秩序规范性的满意度达到95%以上，每少一个百分点扣1分。	10	
七、依法加强社会建设，推进社会各项事业健康有序发展，协调全面发展	1. 加强城乡规划、建设和管理 2. 推进社会建设，大力推进社会保障体系建设	1. 加大城乡各类建设规划编制和管理力度，健全并严格执行规划审批制度，完善制约机制，增强规划刚性； 2. 依法加强建设市场管理，强化质量监管，确保工程质量； 3. 依法健全和完善区、乡镇（街道）相互衔接、合理分工、规范高效的城市管理体系，逐步实现城市管理的规范化、制度化、科学化；	1. 城市管理体系健全，分工合理。对由于体系不健全、分工不合理而发生行政不作为或不当行为的，每起扣2分。	10	体系健全，分工合理。无行政不作为或不当行为问题。
			2. 环境保护、市容环境卫生管理、市政公用设施建设管理执法有力，重点工程建设质量达标，无违法、违章建筑行为，每发生一起扣2分。	10	管理、执法得到加强，注重工程质量监管，违法、违章建筑行为有效遏制。
			3. 加快中心村和新型社区建设，星级村（社区）的创建达标率达到上级要求；村庄整治率达到70%以上，每少一个百分点均扣1分。	10	全区262个村，93个星级村，达到要求；村庄整治率100%，达标128个村，达标48.8%。

续表

具体目标	主要任务	考评内容	考评标准	标准分	余杭数据及依据说明
七、依法加强社会建设，推进全面协调发展	1. 加强城乡规划、建设和管理	4. 加强环境保护、市容环境卫生管理、市政公用设施建设等方面的执法；拆除违法建筑等行为的执法；	4. 文化市场繁荣、健康、遗址、古镇、文物等保护，无破坏、盗挖等行为，每发生一起均扣1分。	5	文化市场繁荣、健康、遗址、古镇、文物等保护，开发工作有序，无破坏、盗挖等行为。
	2. 推进社会各项事业健康发展	5. 积极实施中心村和新型社区规划建设，加大村庄整治力度，进一步加快社会主义新农村建设；	5. 社会公共卫生管理到位，城镇、农村医疗保险覆盖率分别达到100%和95%以上，每少一个百分点均扣1分。	15	2007年，全区养老保险企业在职参保人数为208515人，完成区任务的115.84%；年实际净增33983人，完成市目标任务的339.83%。
	3. 大力推进社会保障体系建设	6. 积极实施文化名区规划，推进科技、教育、人才、卫生、体育强区建设； 7. 依法加大对知识产权和无形资产的保护力度，推进技术进步，形成吸引人才、高效配置各类专业技术人员充分发展的法治环境； 8. 深化教育体制改革，坚持依法治教、规范办学行为，促进教育事业健康发展。积极培育体育产业，规范体育市场行为，依法保障人民群众参加体育活动的权益；	6. 城镇社会养老保险覆盖率达100%，农村养老率提升，失业率整制在全省平均水平以下。养老保险覆盖率，每少一个百分点的扣2分，失业率高于全省平均水平的扣5分。	20	2007年，全区养老保险企业在职参保人数189420人，完成区目标任务的111.42%；年实际净增30049人，完成市目标任务的300.49%。2007年城镇登记失业率要求控制在4%以内，2007年，我区实际城镇登记失业率为3.86%。
			7. 贫困人口得到救助率达到100%，孤寡老人集中供养率达到90%以上，每少一个百分点均扣1分。	10	集中供养率城镇：100%；农村：95.5%。

续表

具体目标	主要任务	考评内容	考评标准	标准分	余杭数据及依据说明
七、依法加强社会建设，推进社会健康协调发展	1. 加强城乡规划、建设和管理	9. 改革文化管理体制，整合文化资源，培育和完善繁荣、健康、有序的文化市场。依法加强文物保护工作，积极实施良渚遗址、塘栖古镇等保护开发工程。 10. 完善医疗服务，预防保健，卫生监督执法体制，不断提高全民卫生保健和社会公共卫生水平。	8. 非公经济组织中工会组织组建率低于60%的，每降一个百分点扣1分；企业劳动合同签订率达到85%以上，每降一个百分点扣1分；因在劳动就业、工资待遇、子女入学等方面出台歧视性规定引发侵犯外来农民工合法权益事件的，每发生一起扣3分。	10	工会组建率72%；集体合同、工资协议、女职工专项协议签订率100%；关心外来人员就业、工资待遇、子女入学等，无因出台歧视性规定引发侵犯外来农民工合法权益事件。
	2. 推进社会各项事业健康有序发展	11. 落实社会保障措施，完善养老、失业、医疗、生育、工伤等基本社会保障制度，建立健全同经济发展相适应的社会保险、社会救济、社会福利、社会优抚安置和社会互助相结合的社会保障体系。 12. 依法加大对被征地农民的社会保障力度，促进农民的社会市化成果。协调劳动关系，依法保护劳动者特别是农民工的合法权益。	9. 农民素质培训完成年度计划，未按年度计划完成培训任务的扣1分。	10	完成
	3. 大力推进社会保障体系建设				

续表

具体目标	主要任务	考评内容	考评标准	标准分	余杭数据及依据说明
八、深化平安余杭创建，维护社会和谐稳定	1. 依法打击违法犯罪	1. 依法打击危害国家安全的犯罪活动、打击黑恶势力犯罪、暴力恐怖犯罪、严重经济犯罪等，切实解决群众反映突出的治安问题，坚决维护国家安全和政治稳定；	1. 依法打击违法犯罪，刑事案件的破案率不低于全市平均值，命案和五类案件的侦破率分别达到90%、95%以上，三项指标每降一个百分点均扣1分。	10	刑事案件的破案率市39.55%、区43.96%；命案和五类案件的侦破率100%。
	2. 强化治安防控体系建设	2. 深化"无毒"社区创建，依法遏制涉毒违法犯罪发展蔓延的势头；	2. 维护群众生产、生活环境安全稳定，严格控制重大公共安全事故、重大群体性事件，对公共安全事故、重大群体性事件不及时查处的，每发生一起扣2分。	10	无
	3. 完善矛盾纠纷调处机制	3. 进一步推广政府主导型、市场契约型、义务志愿型等群防群治模式，完善以110指挥中心为龙头、治安卡口控点、交巡警控线、群防群控力量控面的治安防控网络；	3. 涉毒违法犯罪案件明显减少，"无毒"社区（村）创建率达到100%以上，每少一个百分点扣1分。	10	案件实现零增长，创建率达到100%。
	4. 加强社会治安综合治理	4. 加大公共安全基础建设，大力开展平安镇（乡）、平安街道、平安单位系列创建活动，提高公共安全管理水平，实现社会长治久安；	4. 治安防控体系网络健全，政府财政投入到位，投入额随着经济和社会发展同步增长，未低一个百分点扣1分。	10	财政投入到位，投入额随着经济和社会发展同步增长。
			5. 平安村、平安镇（乡）、平安单位创建率达到90%以上，每少一个百分点扣1分。	10	95.6%

续表

具体目标	主要任务	考评内容	考评标准	标准分	余杭数据及依据说明
八、深化平安创建，维护社会和谐稳定	1. 依法打击违法犯罪	5. 进一步健全完善工作网络，加强行业调解和企业调解，努力形成民间调解、行政调解和司法调解协调发展的大调解格局，提升人民内部矛盾的自我化解能力；	6. 调解工作网络健全，调解机制完善，矛盾纠纷排查及时，纠纷调处受理率达到100%，每少一个百分点扣1分，调解成功率未达到95%以上的，扣3分。	10	调解工作网络健全，调解机制完善，纠纷调处受理率100%，调解成功率达到97%以上。
	2. 强化治安防控体系建设	6. 深入开展"四有五无"创建活动，大力加强两所两庭（派出所、司法所）一庭（人民法庭）建设；	7. 有效化解信访矛盾，年度信访、走访人数占当地人口总数的比例高于5%的，均扣2分；信访案件办结率达到上级标准要求的，未达到标准要求的，每少一个百分点扣1分。	10	接待来访775批4416人次，信访1565件，低于5%；信访案件办结率95%。
	3. 完善矛盾纠纷调处机制	7. 进一步落实社会治安综合治理责任制，完善网络机制，充分发挥综治中心作用；	8. 社会治安综合治理责任落实，机制完善，网络健全，考核达标率90%以上，每少一个百分点扣1分。	10	100%
	4. 加强社会治安综合治理	8. 切实强化流动人口综合管理服务，加强归正人员的帮教安置，社区矫正和轻微违法犯罪人员的教育挽救工作。	9. 流动人口综合管理服务不到位，责任不落实的扣2分；社区矫正、帮教安置扎实，发生人员脱管、漏管现象，每例扣0.5分，归正人员、社区矫正对象重新犯罪率在全省平均数以上的，扣2分。	10	服务到位，责任落实，无矫正、归正人员脱管、漏管现象，归正人员重犯新罪率0.53%，低于全省平均数。
			10. 人民群众安全感和满意度达到90%以上，每下降一个百分点扣1分。	10	99.7%

续表

具体目标	主要任务	考评内容	考评标准	标准分	余杭数据及依据说明
九、健全监督体制，提高监督效能	1. 加强监督体系建设	1. 建立健全并严格实施责任追究制度，构建全方位的监督网络，使公共权力置于严密的监督之下，确保有法必依、执法必严、违法必究；	1. 人大、政协对依法行政的评议和监督率分别达到100%，每少一个百分点扣1分。	10	人大、政协对依法行政的评议和监督率分别达到100%。
	2. 强化专门机关的监督职能	2. 区人大常委会要加强对行政机关制定的规范性文件及依法行政、公正司法的审查监督力度，强化对人民群众关注的热点领域监督；	2. 人大对政府和部门上报的规范性文件备案、审查率达到100%，对政府组成人员的评议率达到100%，两项指标每少一个百分点扣1分。	10	人大对政府和部门上报的规范性文件备案、审查率达到100%，对政府组成人员的评议率达到100%。
	3. 完善社会监督	3. 区人民政府要进一步加强行政执法监督、行政复议监督等层级监督，监督审计、监察等专项监督，强化对重要部门、重大事项和重要岗位的监督，实行严格的决策责任追究和行政绩效评估制度，确保行政部门依法严格履行职责；	3. 人大、政协对议案、提案的办结率分别达到100%，每少一个百分点扣1分。	10	人大、政协对议案、提案的办结率分别达到100%。
	4. 深入开展党风廉政建设		4. 人大代表、政协委员对政府工作的满意度达到90%以上，每少一个百分点扣1分。	10	满意
			5. 政府要加强评估制度，落实决策责任追究，确保无缺位、避免无作为、乱作为现象发生，每发生一起各扣2分。	10	落实决策责任追究和绩效评估制度，无缺位、避免不作为、乱作为现象发生。
			6. 举报网络完善，群众监督渠道畅通。公、检、法案源中来自群众举报、投诉的案件比率达到50%以上，每少一个百分点扣1分。	10	举报网络完善，群众监督渠道畅通。公、检、法案源中来自群众举报、投诉的案件比率逐年上升。

续表

具体目标	主要任务	考评内容	考评标准	标准分	余杭数据及依据说明
九、健全监督体制,提高监督效能	1. 加强监督体系建设	4. 加强人民政协以及民主党派、工商联、无党派人士的民主监督和工会、共青团、妇联等群众团体的监督,完善举报制度,加强信访工作,进一步畅通群众监督渠道;	7. 民主党派任人大、政协、政府中的任职比率未达到上级规定要求的均扣1分。	10	达到。人大常委2/27;政协副主席2/6;政府区管领导上级要求7人,实际8人。
	2. 强化专门机关的监督职能	5. 切实发挥新闻媒体的监督作用,加强舆论监督。	8. 切实发挥检察机关的法律监督和新闻媒体的舆论监督作用,监督面分别达到90%以上,每下降一个百分点扣1分;发生阻挠干涉新闻媒体监督作用事件的,每发生一起均扣1分。	10	法律监督和舆论监督作用明显,无阻挠、干涉新闻媒体监督作用案件。
	3. 完善社会监督	6. 认真贯彻《中国共产党党内监督条例》和《中国共产党党纪律处分条例》,以党的各级领导机关和领导干部特别是各级领导班子主要负责人为监督的重点对象,切实改革处各种违纪违法案件,切实纠正损害群众利益的不正之风;	9. 加强对司法人员及行政执法人员的监督和管理,加大教育力度和违法、违纪案件查处力度,教育面和查处率分别达到100%,每下降一个百分点扣1分。	10	达到
	4. 深入开展党风廉政建设	7. 坚持标本兼治,综合治理,注重思想道德教育,建立健全惩治和预防腐败体系,从源头上预防和治理腐败。	10. 人民群众对监督工作的满意度达到80%以上,每少一个百分点扣1分。	10	

三 2007 年法治数据的收集

在这里，法治数据是指评估主体在对法治评估指标进行逐次打分评价时，所依据的能够揭示相关指标表现情况的信息，包括直接数据和间接数据。直接数据直接反映了各评价指标的等级状况，间接数据主要是余杭区的法律实践背景数据资料；这些数据并不直接对应法治评估的每一项指标，因此不能直接揭示指标的属性。但是，对于评估主体客观、科学地评估 2007 年的余杭法治情况来说间接数据是必不可少的。因为这些数据有助于评估主体比如内部组、外部组以及专家组准确理解余杭区社会法治发展的实际状况，可以作为评分的辅助性参考信息。

课题组所选取的评估参考数据，包括余杭区政府机关提供的官方法律统计数据，以及通过民众问卷调查获得的相关数据。这些数据均截止到 2007 年 12 月 31 日。

（一）直接数据的获取

从平衡计分卡的维度来说，评价指标所涉及的直接数据包括非财务类结果指标、客户面指标、内部运营面指标以及学习与成长面指标。其中，客户面指标所涉及的数据主要是通过民众问卷调查获得的。问卷调查由课题组设计完成，较好地解决了涉及民众主观感知的满意度指标的数据搜集问题。并且，这种由中立机构进行的调查也能在一定程度上克服民众对官方数据可信度的疑虑，群众对于法治评估的参与能大大增强法治指数的信度。

（二）间接数据的获取

非财务面结果指标、内部运营面指标所涉及的数据主要是通过课题组直接获取的法律数据来间接反映的。获取的间接数据主要包括执政党及党员的清廉程度、犯罪和治安处罚案件数、权利救济案件数等三个方面。具体如下表 1 - 2、1 - 3、1 - 4。

表1-2　　　　"执政党及其党员的清廉程度"数据（2007年）

数据清单	数量
纪委的调查案件总数	96 件
反贪局的调查案件总数	17 件
纪委的调查案件被控犯罪的人数	15 人
反贪局的调查案件被控犯罪的人数	22 人
纪委的调查案件中，涉案的相关违法经济数额	730 万元
反贪局的调查案件中，涉案的相关违法经济数额	944.42 万元

表1-3　　　　　"犯罪和治安处罚案件"数据（2007年）

犯罪案件数	
贪污贿赂犯罪	27 人
渎职犯罪	1 人
罪行严重的犯罪（被判有期徒刑 3 年以上、无期徒刑、死刑）	508 人
司法人员徇私枉法、违纪违法案件	1 件
刑事案件	8008 件（破案 3520 件）
七类重大案件的比例	0.474%（破案率 100%）
治安管理案件数	
治安管理案件的总数	16123 件（查处 6130 件）
违反治安管理的行为和处罚	16123 件、6263 人
其中：扰乱公共秩序的行为和处罚	439 件、580 人
妨害公共安全的行为和处罚	230 件、210 人
侵犯人身权利、财产权利的行为和处罚	13909 件、2189 人
妨害社会管理的行为和处罚	1545 件、3284 人

续表

治安管理案件数	
每十万人治安管理案件发生率	1.93%
群体性事件	82 件
因欠薪引发的群体性事件	80 件
平安村、平安单位创建达标率	95.6%
按照犯罪人年龄分类的案件数	
14—18 岁犯罪人数	133 人
不满 18 岁违反治安管理法的人数	464 人
18 岁以上犯罪人数	1354 人
18 岁以上接受劳动教养人数	195 人
归正人员数	
归正人员帮教安置率	95%
归正人员诚信犯罪率	0.53%

表 1 – 4　　　　　　权利救济案件数（2007 年）

行政复议案件数据	
行政复议案件总数	16 件
行政机关败诉的案件数	2 件
行政机关败诉的案件占全部案件的比率（%）	0.032%
引发行政诉讼的复议案件数	6 件
引发行政诉讼的复议案件占全部案件的比率（%）	0.375%
信访案件数	
信访案件总数	26555 件（比去年上升 22%） 29701 人次（比去年上升 23.5%）
信访案件结案率	99.70%
引发重复信访的信访案件数	4387 件

续表

信访案件数	
引发重复信访的信访案件数占全部案件的比率（%）	16.52%
区级机关各部门受理信访投诉数	97688 件
乡镇、街道受理信访投诉数	5488 件
涉法进京上访案件数	2 件
法律援助案件数	
民商案件	354 件
刑事案件	148 件
困难、弱势群体申请法律援助案件数	335 件
法院指定法援案件数	146 件
批准公民申请提供法援的案件比率	69.64%
司法审判案件数	
一审案件数	6594 件
上诉案件数	368 件
抗诉案件数	1 件（1‰）
再审案件数	5 件
上诉案件在一审案件中的比率	5.58%
上诉案件中改判、发回重审案件占当年结案数的比例	0.33%
诉讼案件的二审改判率	1.18%
司法案件执结率	93.27%
执行标的额到位率	69.28%

四 2007 年"法治余杭"指标的评分

指标的评分是余杭法治量化评估的核心。在这个过程中，主要考虑的问题是评估主体的选择以及评分的过程。

（一）评估主体的选择

360 度全方位评估是 2007 年余杭法治量化评估的一大特色。360 度评估也是从管理学科中的绩效评估工具中借鉴来的，主要是指评估主体的来源多元化，包括与被评估者相关的组织内部上级、下级、平级甚至组织外部的客户、相关联系人组成评估主体，以得到被评估者更全面、完整的信息。内部工作人员、外部相关群体或民众以及权威专家，这种多元评估主体共同参与法治评估的主要优点就是能够较好地降低单一评估主体的主观性偏见带来的评估误差，最大程度的保证法治量化评估的客观准确性。

法治评估的内部主体（即内部评审组）主要是各机关职能部门中直接参与余杭法治建设的群体，他们对于现代法治理念、司法行政实务及余杭法治现状有更直接的接触与深入的了解，评价的准确性较高。外部评估主体（即外部评审组）主要是非政府组织机构、学术机构、新闻媒体以及参与过司法诉讼的当事人代表。成立外部评审组的主要原因在于这些人员虽然不直接参与余杭法治建设，但是作为余杭区法治建设的受众或"客户"，对余杭法治建设会有不同方面的认知，这种认知也在一定程度上反映了余杭区的法治水平高低。

除了内外部评审组，余杭区的法治评估还邀请了国内外权威的法学专家组成了"法治指数专家评审组"[①]。之所以增加专家组的评审，目的在于避免内部组和外部组评审出现法治评分不客观、不科学、不公正，而使得整个法治指数分值不合理的情况。同时，专家组的评审更具有公信力，更能让社会群众所接受，得出的法治指数也能更客观、更全面、更真实地反映余杭区的法治状况。

---

① 2007 年度法治指数专家评审组由 14 位具有高知名度和专业权威的学者专家组成，包括：原全国人大常委、原中国政法大学校长、终身教授江平，中国社会科学院荣誉学部委员李步云教授，中共中央党校副校长石泰峰教授，中国社会科学院法学所所长李林教授，上海交通大学党委副书记郑成良教授，中华人民共和国司法部研究室副主任王公义教授，中国人民大学法学院张志铭教授，国家统计局统计科学研究所研究室主任吕庆喆博士，浙江省人大法制委主任委员胡虎林，浙江工商大学校长胡建淼教授，浙江省高级人民法院副院长童兆洪博士，浙江大学光华法学院院长孙笑侠教授，浙江大学光华法学院林来梵教授，浙江大学光华法学院钱弘道教授。此后，钱弘道教授每年担任召集人。

在理解余杭区 2007 年法治量化评估的主体时，应该注意两点：一是多元化评估主体所具有的优越性；二是多元化评估主体中不同主体所扮演的角色。在此次评估中，专家评审组是最终意义上的法治指标评价者。因此，余杭法治指数不是政府自己评自己，而是来自不同层面的非政府评估主体评政府。

（二）评分的过程

评分的过程就是评估主体按照事先确定的评价规则对评价指标进行逐项打分的过程。在这个过程中，先由内部评审组、外部评审组单独评分，然后将外部评审组的评分结果与内部评审组做比照。在此基础上，由法治指数评审办公室邀请的学者专家组成专家评审进行指标评分。①

不管是谁作为评分主体，在评分的过程中，都需要对两个方面进行赋分，一是各指标的权重大小；二是各指标所对应的等级分值，如表 1 - 5。在这里，权重值的范围为 1—10 分，指标优劣的满分为 100 分。

表 1 - 5　　　　　　　　　专家评分表

	具体目标	权重值 1—10	分值 0—100
1	推进民主政治建设，提高党的执政能力		
2	全面推进依法行政，努力建设法治政府		
3	促进司法公正，维护司法权威		
4	拓展法律服务，维护社会公平		
5	深化全民法制教育，增强法治意识、提升法律素养		
6	依法规范市场秩序，促进经济稳定良性发展		
7	依法加强社会建设，推进全面协调发展		
8	深化平安余杭创建，维护社会和谐稳定		
9	健全监督体制，提高监督效能		

---

① 法治指数评审办公室设在浙江大学光华法学院。办公室由钱弘道教授负责。

需要说明的是，尽管之前课题组根据余杭法治的九项目标进行了指标的细化，但是在评估主体评价赋分时，主要是针对九项法治目标的重要程度给予权重值；在赋予指标分值时，也是只综合考虑九项法治目标的总体分值，各目标对应的细分指标只是作为对该目标完成程度进行评价的参考依据，并不直接对各指标打分，只给予一个目标分值即可。评审专家在作为最终的评审主体进行法治评价时，允许他们甚至鼓励他们借鉴已有的数据以及内外部评审组的打分情况，并结合自身对余杭法治的实际观感进行赋分。为了确保内外评估组和专家评审组赋分的规范性以及增强指数的公信力，参与测评活动的成员专家在对各指标进行赋分后，还要进一步对于赋分的依据或理由给出书面说明。

1. 内部评审组的评分

课题组随机抽取了 20 位[①]由党委、人大、政府及司法机构中直接参与法律实践的工作人员，比如法官、检察官、区发改局政策法规科工作人员等作为内部评审组成员。内部评审组成员的分布如表 1 - 6：

表 1 - 6　　　　　　　　余杭法治内部评审组成员构成

内部评审组成员构成	法官	检察官	公安人员	司法局人员	人大工作人员	区信访局、对外经贸局、交通局办公室、教育局、城管局、民政科、财政局
人数（位）	3	3	2	3	2	7（各1位）

内部评审组的评分结果见下表 1 - 7（各评审者的评分情况及理由见附录）：

----

① 课题组共向 46 位司法界工作人员发出了担任内部评审组成员的邀请，其中有 29 位工作人员回复，无效信件 6 封（在回复信件中，出现空缺表格或者没有评分理由的信件，一律视为无效），有效信件 23 封。对于这 23 封有效信件，按照回复时间的先后顺序（以邮件上的邮戳时间为准）选出最先发出的 20 封信件作为内部评审组成员意见，以这 20 封信件的评分及评分理由作为内部评审组的最终评分结果。

表1-7

内部评审组专家评分表

编号	推进民主政治建设，提高党的执政能力		全面推进依法行政，努力建设法治政府		促进司法公正，维护司法权威		拓展法律服务，维护社会公平		深化全民法制教育，增强法治意识，提升法律素养		依法规范市场秩序，促进经济良性发展		依法加强社会建设，推进全面协调发展		深化平安创建，维护社会和谐稳定		健全监督体制，提高监督效能	
	权重	分值	权重	分值	权重	分值	权重	分值	权重	分值	权重	分值	权重	分值	权重	分值	权重	分值
1	10	75	9	70	9	65	7	65	7	65	9	70	8	70	8	70	7	70
2	10	70	10	73	10	75	8	71	6	68	7	72	8	73	9	71	10	68
3	10	70	10	65	9	80	8	70	8	50	9	70	8	70	9	70	8	70
4	9	60	9	65	9	60	7	68	7	60	8	70	7	60	9	70	7	65
5	9	80	10	65	10	70	8	70	7	70	7	80	8	70	8	80	9	70
6	9	55	8	65	8	68	9	70	8	60	7	62	8	57	9	70	9	73
7	9	60	7	65	9	60	6	60	8	65	9	70	7	60	8	75	8	70
8	8	75	10	75	8	75	9	80	8	75	8	75	8	75	8	70	9	70
9	9	70	8	68	8	69	7	65	6	62	7	64	5	70	8	69	9	67
10	9	65	8	68	8	70	7	65	8	68	7	70	7	65	7	70	7	65

续表

编号	推进民主政治建设，提高党的执政能力		全面推进依法行政，努力建设法治政府		促进司法公正，维护司法权威		拓展法律服务，维护社会公平		深化全民法制教育，增强法治意识，提升法律素养		依法规范市场秩序，促进经济稳定良性发展		依法加强社会建设，推进全面协调发展		深化平安余杭创建，维护社会和谐稳定		健全监督体制，提高监督效能	
	权重	分值	权重	分值	权重	分值	权重	分值	权重	分值	权重	分值	权重	分值	权重	分值	权重	分值
11	10	75	7	70	7	80	6	85	10	90	8	90	10	75	10	85	8	80
12	10	68	10	65	8	60	7	61	7	60	7	65	7	68	7	65	10	60
13	10	65	9	68	7	62	7	66	10	61	7	68	7	67	9	69	10	63
14	10	71	10	72	10	76	9	70	6	69	7	76	8	74	9	77	10	69
15	9	62	8	65	8	65	7	58	9	58	8	62	8	62	9	65	9	60
16	8	45	10	40	7	50	7	60	7	55	8	50	6	60	7	55	8	55
17	8	80	9	78	9	75	8	70	9	77	7	80	8	70	8	80	9	72
18	8	85	7	70	7	75	6	65	8	60	7	70	8	75	7	70	8	80
19	7	70	9	65	5	65	4	65	7	70	6	60	6	65	7	75	9	60
20	9	66	8	70	8	68	7	75	9	70	7	62	8	65	8	70	9	65

2. 外部评审组的评分

外部评审组成员由课题组随机抽取的 20 位人员①组成。这 20 位外部评审组成员的分布如表 1 - 8：

表 1 - 8　　　　　　余杭法治外部评审组成员构成

外部评审组成员构成	大学教授	高中教师	记者	企业家	律师	博士生	保险人员、银行工作人员
人数（位）	3	4	3	3	3	2	2（各 1 位）

外部评审组的评分结果见下表 1 - 9（各评审者的评分理由见附录）：

3. 专家评审委员会的评分

在参考已有数据资料及内外评审组评分的基础上，法治指数评审专家委员会根据专业经验，对各指标进行评分，并写出了书面说明。表 1 - 10 展示了 13 位专家评审委员会的评分结果。

（三）民众对法治满意度调查

2007 年民众对余杭法治满意度调查采用课题组设计的每年通用的民众法治满意度调查问卷，分别对应于余杭法治建设的九项目标，每项目标的满意度调查都下设十道题目，均为单项选择题，每题满分 10 分，总分为 100 分。每项问题的满意程度都设为 5 级，从非常满意、比较满意、一般满意、不太满意到非常不满意，依次对应的分值为 10 分、8 分、6 分、

---

① 课题组共向 50 位外部相关人员发出了担任余杭法治评估外部评审组成员的邀请，其中有 30 封回复，无效信件 2 封（在回复信件中，出现空缺打分或者没有评分理由的信件，一律视为无效），有效信件 28 封。对于 28 封有效信件，根据回复时间的先后（以邮件上的邮戳时间为准）选出最先发出的 20 封信件，以这 20 封信件的评分和评分理由作为外部组评审的最终评分结果。

表 1—9

外部评审组专家评分表

编号	推进民主政治建设，提高党的执政能力		全面推进依法行政，努力建设法治政府		促进司法公正，维护司法权威		拓展法律服务，维护社会公平		深化全民法制教育，增强法治意识，提升法律素养		依法规范市场秩序，促进经济良性稳定发展		依法加强社会建设，推进全面协调发展		深化平安余杭创建，维护社会和谐稳定		健全监督体制，提高监督效能	
	权重	分值	权重	分值	权重	分值	权重	分值	权重	分值	权重	分值	权重	分值	权重	分值	权重	分值
1	10	70	9	65	10	70	6	60	8	70	8	70	7	65	7	65	8	70
2	10	65	9	65	10	65	5	70	6	75	7	70	8	65	9	60	9	60
3	9	66	9	72	8	59	5	68	7	52	6	60	7	67	6	72	7	63
4	10	65	10	70	8	70	8	75	8	65	7	60	8	60	8	70	10	65
5	10	70	10	65	10	60	7	55	8	50	7	68	7	65	7	65	9	60
6	9	70	9	60	8	60	6	63	7	60	7	65	7	61	6	63	8	60
7	10	60	10	60	8	65	6	65	10	65	10	75	10	75	7	75	8	65
8	8	50	8	50	10	55	8	50	6	65	7	70	3	75	5	70	9	40
9	6	60	8	70	10	50	5	60	6	65	7	60	5	65	5	65	9	50
10	9	60	7	65	9	60	6	60	8	65	9	70	7	60	8	75	8	70

续表

编号	推进民主政治建设，提高党的执政能力		全面推进依法行政，努力建设法治政府		促进司法公正，维护司法权威		拓展法律服务，维护社会公平		深化全民法制教育，增强法治意识，提升法律素养		依法规范市场秩序，促进经济稳定良性发展		依法加强社会建设，推进全面协调发展		深化平安余杭创建，维护社会和谐稳定		健全监督体制，提高监督效能	
	权重	分值	权重	分值	权重	分值	权重	分值	权重	分值	权重	分值	权重	分值	权重	分值	权重	分值
11	9	65	9	70	8	58	4	67	7	50	6	60	6	65	5	70	7	62
12	8	40	10	40	10	50	9	50	10	40	9	50	7	40	8	50	10	40
13	10	73	10	69	8	70	7	72	7	68	7	72	7	71	7	70	10	67
14	8	60	8	60	8	70	8	80	8	60	8	70	8	70	8	70	8	70
15	10	70	10	70	8	65	8	60	7	63	8	70	9	75	8	75	10	70
16	10	50	10	65	10	65	7	80	10	65	8	65	8	60	8	65	9	65
17	10	68	10	70	10	79	9	70	6	69	7	76	8	73	9	76	10	69
18	9	68	9	62	8	60	6	61	8	60	8	65	8	65	7	62	8	60
19	8	60	9	55	10	50	8	60	9	60	7	70	6	70	7	65	10	50
20	10	70	10	65	9	65	7	65	7	70	8	70	6	65	9	60	10	50

表1-10

法治指数评审专家委员会的评分

编号	推进民主政治建设，提高党的执政能力		全面推进依法行政，努力建设法治政府		促进司法公正，维护司法权威		拓展法律服务，维护社会公平		深化全民法制教育，增强法治意识，提升法律素养		依法规范市场秩序，促进经济稳定良性发展		依法加强社会建设，推进全面协调发展		深化平安余杭创建，维护社会和谐稳定		健全监督体制，提高监督效能	
	权重	分值	权重	分值	权重	分值	权重	分值	权重	分值	权重	分值	权重	分值	权重	分值	权重	分值
1	10	70	10	70	10	72	7	72	6	80	8	65	7	68	10	72	8	70
2	9	70	9	70	10	75	9	75	10	75	9	75	9	70	9	70	9	70
3	10	70	10	70	10	65	6	65	9	62	6	62	6	62	9	62	6	62
4	9	65	8	65	8	65	7	70	7	70	8	70	8	70	7	70	8	65
5	10	73	10	71	10	68	9	70	9	78	7	69	8	73	8	72	10	65
6	7	70	10	68	10	71	9	68	8	65	7	72	5	73	5	75	8	65
7	10	55	10	65	10	70	8	70	8	65	8	70	8	70	8	70	8	65
8	10	75	10	75	10	70	9	70	9	72	9	70	9	70	9	70	10	72
9	9	80	10	80	9	75	8	75	7	80	7	80	7	80	7	80	9	75

续表

编号	推进民主政治建设，提高党的执政能力		全面推进依法行政，努力建设法治政府		促进司法公正，维护司法权威		拓展法律服务，维护社会公平		深化全民法制教育，增强法治意识、提升法律素养		依法规范市场秩序，促进经济良性发展稳定		依法加强社会建设，推进全面协调发展		深化平安余杭建设，维护社会和谐稳定		健全监督体制，提高监督效能	
	权重	分值	权重	分值	权重	分值	权重	分值	权重	分值	权重	分值	权重	分值	权重	分值	权重	分值
10	10	70	10	70	10	72	7	72	6	80	8	65	7	68	10	72	8	70
11	10	70	10	70	10	75	8	70	7	70	9	70	9	65	8	70	7	65
12	10	85	10	81	10	82	9	80	8	78	8	85	8	75	8	80	10	80
13	9	77	10	80	10	80	8	75	9	77	9	78	8	75	9	78	10	78

4 分、2 分。2007 年的满意度调查共发放问卷 1003 份，选取的调查对象遍及调查区域内的党政机关、事业单位、各类所有制企业、外企的工作人员以及个体经营者、农民、在校大学生等，包括不同职业、年龄、文化程度，调查地点涵盖火车站、汽车站、广场、公园、街头巷尾、店铺摊吧、闹市乡镇以及群众家中等各种场所，调查方式包括实地调研、电话访谈以及网络调查等。

各项问题的满意度分值由各满意度等级所对应的反馈者比例与该满意度等级对应的分值之间的乘积的加总计算而来。如下表 1 – 11，以"人民群众对党风廉政建设的满意度"为例，有 25% 的民众对党风廉政建设非常满意，41% 的人比较满意，而 7% 的民众并不满意（5% 不太满意，2% 非常不满意）。则可以计算出民众对党风廉政建设的总体满意度为 76.4 分。

分值 = 0.25 * 100 + 0.41 * 80 + 0.27 * 60 + 0.05 * 40 + 0.02 * 20 = 76.4

表 1 – 11　　　"人民群众对党风廉政建设的满意度"调查结果

调查问题	对党风廉政建设的满意度如何？				
满意度等级	非常满意	比较满意	一般满意	不太满意	非常不满意
满意度等级对应的分值	100	80	60	40	20
被调查者的比例分布	25%	41%	27%	5%	2%

同样的方法计算出的民众对政府行政工作的认同度为 76.4 分，民众对司法工作的满意度为 78.4 分，民众对权利救济的满意度为 77.8 分，民众的社会法治意识程度为 86.8 分，民众对市场秩序规范性的满意度为 71.4 分，民众对监督工作的满意度为 74.6 分，民众对民主政治参与的满意度为 74.4 分，民众对社会平安的满意度为 76.4 分。根据九项指标各自对应的权重值，2007 年度民众对法治余杭的满意度为 76.96 分，计算方法如下：

2007 年度民众法治满意度分值 = （76.4 + 76.4 + 78.4 + 77.8 + 86.8

$+71.4 + 74.6 + 74.4 + 76.4$ ） $/9 = 76.96$

五 2007 年余杭法治指数的计算

在第三阶段的专家评分基础上，课题组计算出 2007 年余杭法治指数的分值。法治指数的计算包括两个步骤。首先是对内部专家组以及法治指数专家委员会的评分结果进行整理，包括对不同专家对各指标的权重分值以及指标分值的整理。这些评分结果的整理其实是对表 1 – 7、表 1 – 9、表 1 – 10 的数据进行的处理。处理结果见表 1 – 12 至表 1 – 14。

在这三个表中，都同时涉及了调整后的平均分与相对权重两个概念。对各专家对于每项法治目标及法治目标权重值的打分情况在分别去掉一个最高分与最低分 $S_{highest,j} = \max (S_{1j}, \cdots, S_{nj})$ $S_{lowest} = \min (S_{1j}, \cdots, S_{nj})$ 及 $W_{highest,j} = \max (w_{1j}, \cdots, w_{nj})$ 与 $W_{lowest,j} = \min (w_{1j}, \cdots, W_{nj})$ 后，再计算出其余分值的算数平均数。该算数平均数即为调整后的平均分。调整后的平均分的计算公式如下：

调整后的法治指标得分的均值：$\tilde{s}_j = \dfrac{\sum_{i=1}^{n} s_{ij} - s_{highest,j} - s_{lowest,j}}{n - 2}$。

调整后的法治指标权重的均值：$\tilde{w}_j = \dfrac{\sum_{i=1}^{n} w_{ij} - w_{highest,j} - w_{lowest,j}}{n - 2}$。

算出每一项的平均权重之后，我们要计算其相对权重，也就是每一项权重值在九项权重中所占的百分比。由此，再得出各法治目标的权重值：

$$\overline{\tilde{w}}_j = \dfrac{\tilde{w}_j}{\sum_{k=1}^{9} \tilde{w}_k}。$$

最后，将各法治目标的分数及权重值相乘便可得出 2007 年余杭法治的总指数即：

$$\overline{\tilde{s}} = \sum_{j=1}^{9} \overline{\tilde{w}}_j \tilde{s}_j。[1]$$

---

[1] 注：在实际的计算公式中，每一项的计算结果实际小数位为 4 位，为了在表格中显示方便，我们只取 2 位，所以，如果直接按照表格里的数据计算会有误差。而我们的最后计算结果实际上是按 4 位小数计算的。

表1-12

内部评审组专家评分的数据处理

编号	推进民主政治建设，提高党的执政能力		全面推进依法行政，努力建设法治政府		促进司法公正，维护司法权威		拓展法律服务，维护社会公平		深化全民法制教育，增强法治意识，提升法律素养		依法规范市场秩序，促进经济稳定良性发展		依法加强社会建设，推进全面协调发展		深化平安余杭创建，维护社会和谐稳定		健全监督体制，提高监督效能	
	权重	分值	权重	分值	权重	分值	权重	分值	权重	分值	权重	分值	权重	分值	权重	分值	权重	分值
1	10	75	9	70	9	65	7	65	7	65	9	70	8	70	8	70	7	70
2	10	70	10	73	10	75	8	71	6	68	7	72	8	73	9	71	10	68
3	10	70	10	65	9	80	8	70	8	50	9	70	8	70	9	70	8	70
4	9	60	9	65	9	60	7	68	7	60	8	70	7	60	9	70	7	65
5	9	80	10	65	10	70	8	70	7	70	7	80	8	70	8	80	9	70
6	9	55	8	65	8	68	9	70	8	60	7	62	8	57	9	70	9	73
7	9	60	7	65	9	60	6	60	8	65	9	70	7	60	8	75	8	70
8	8	75	10	75	8	75	7	80	8	75	8	75	8	75	8	70	9	70
9	9	70	8	68	8	69	7	65	6	62	7	64	5	70	8	69	9	67

续表

编号	推进民主政治建设，提高党的执政能力		全面推进依法行政，努力建设法治政府		促进司法公正，维护司法权威		拓展法律服务，维护社会公平		深化全民法制教育，增强法治意识，提升法律素养		依法规范市场秩序，促进经济稳定良性发展		依法加强社会建设，推进全面协调发展		深化平安余杭创建，维护社会和谐稳定		健全监督体制，提高监督效能	
	权重	分值	权重	分值	权重	分值	权重	分值	权重	分值	权重	分值	权重	分值	权重	分值	权重	分值
10	9	65	8	68	8	70	7	65	7	68	7	70	7	65	7	70	7	65
11	10	75	7	70	7	80	6	85	10	90	8	90	10	75	10	85	8	80
12	10	68	10	65	8	60	7	61	7	60	7	65	7	68	7	65	10	60
13	10	65	9	68	7	62	7	66	10	61	7	68	7	67	9	69	10	63
14	10	71	10	72	10	76	9	70	6	69	7	76	8	74	9	77	10	69
15	9	62	8	65	8	65	7	58	9	58	8	62	8	62	9	65	9	60
16	8	45	10	40	7	50	7	60	7	55	8	50	6	60	7	55	8	55
17	8	80	9	78	9	75	8	70	9	77	7	80	8	70	8	80	9	72
18	8	85	7	70	7	75	6	65	8	60	7	70	8	75	7	70	8	80

续表

编号	推进民主政治建设，提高党的执政能力		全面推进依法行政，努力建设法治政府		促进司法公正，维护司法权威		拓展法律服务，维护社会公平		深化全民法制教育，增强法治意识，提升法律素养		依法规范市场秩序，促进经济良性发展		依法加强社会建设，推进全面协调发展		深化平安余杭创建，维护社会和谐稳定		健全监督体制，提高监督效能	
	权重	分值	权重	分值	权重	分值	权重	分值	权重	分值	权重	分值	权重	分值	权重	分值	权重	分值
19	7	70	9	65	5	65	4	65	7	70	6	60	6	65	7	75	9	60
20	9	66	8	70	8	68	7	75	9	70	7	62	8	65	8	70	9	65
调整后的平均分①	9.11	68.72	8.83	68.00	8.28	68.78	7.28	67.56	7.67	65.17	7.50	69.22	7.50	67.72	8.17	71.44	8.67	67.61
相对权重	8.58	0.12	8.23	0.12	7.80	0.11	6.73	0.10	6.84	0.11	7.11	0.10	6.96	0.10	7.99	0.11	8.03	0.12
法治指数	68.27																	

① 在这里，调整后的平均分是指所计算的指标所权重及指标得分在去掉一个最高分及最低分之后计算的18位评审专家打分的平均值。

表 1 - 13

外部评审组专家评分的数据处理

编号	推进民主政治建设，提高党的执政能力 权重	分值	全面推进依法行政，努力建设法治政府 权重	分值	促进司法公正，维护司法权威 权重	分值	拓展法律服务，维护社会公平 权重	分值	深化全民法制教育，增强法治意识，提升法律素养 权重	分值	依法规范市场秩序，促进经济良性发展 权重	分值	依法加强社会建设，推进全面协调发展 权重	分值	深化平安余杭创建，维护社会和谐稳定 权重	分值	健全监督体制，提高监督效能 权重	分值
1	10	70	9	65	10	70	6	60	8	70	8	70	7	65	7	65	8	70
2	10	65	9	65	10	65	5	70	6	75	7	70	8	65	9	60	9	60
3	9	66	9	72	8	59	5	68	7	52	6	60	7	67	6	72	7	63
4	10	65	10	70	8	70	8	75	8	65	7	60	8	60	8	70	10	65
5	10	70	10	65	10	60	7	55	8	50	7	68	7	65	7	65	9	60
6	9	70	9	60	8	60	6	63	7	60	7	65	7	61	6	63	8	60
7	10	60	10	60	8	65	6	65	10	65	10	75	10	75	7	75	8	65
8	8	50	8	50	10	55	8	50	6	65	7	70	3	75	5	70	9	40
9	6	60	8	70	10	50	5	60	8	65	7	60	5	65	5	65	9	50

续表

编号	推进民主政治建设，提高党的执政能力		全面推进依法行政，努力建设法治政府		促进司法公正，维护司法权威		拓展法律服务，维护社会公平		深化全民法制教育，增强法治意识，提升法律素养		依法规范市场秩序，促进经济稳定良性发展		依法加强社会建设，推进全面协调发展		深化平安余杭创建，维护社会和谐稳定		健全监督体制，提高监督效能	
	权重	分值	权重	分值	权重	分值	权重	分值	权重	分值	权重	分值	权重	分值	权重	分值	权重	分值
10	9	60	7	65	9	60	6	60	8	65	9	70	7	60	8	75	8	70
11	9	65	9	70	8	58	4	67	7	50	6	60	6	65	5	70	7	62
12	8	40	10	40	10	50	9	50	10	40	9	50	7	40	8	50	10	40
13	10	73	10	69	8	70	7	72	7	68	7	72	7	71	7	70	10	67
14	8	60	8	60	8	70	8	80	8	60	8	70	8	70	8	70	8	70
15	10	70	10	70	8	65	8	60	7	63	8	70	9	75	8	75	10	70
16	10	50	10	65	10	65	7	80	10	65	8	65	8	60	8	65	9	65
17	10	68	10	70	10	79	9	70	6	69	7	76	8	73	9	76	10	69
18	9	68	9	62	8	60	6	61	8	60	8	65	8	65	7	62	8	60

续表

编号	推进民主政治建设，提高党的执政能力		全面推进依法行政，努力建设法治政府		促进司法公正，维护司法权威		拓展法律服务，维护社会公平		深化全民法制教育，增强法治意识，提升法律素养		依法规范市场秩序，促进经济稳定良性发展		依法加强社会建设，推进全面协调发展		深化平安余杭创建，维护社会和谐稳定		健全监督体制，提高监督效能	
	权重	分值	权重	分值	权重	分值	权重	分值	权重	分值	权重	分值	权重	分值	权重	分值	权重	分值
19	8	60	9	55	10	50	8	60	9	60	7	70	6	70	7	65	10	50
20	10	70	10	65	9	65	7	65	7	70	8	70	6	65	9	60	10	50
调整后的平均分	9.28	63.72	9.28	64.22	9.00	62.06	6.78	64.50	7.72	62.33	7.50	67.22	7.17	66.50	7.22	67.61	8.89	60.89
相对权重	0.13	8.12	0.13	8.18	0.12	7.67	0.09	6.00	0.11	6.61	0.10	6.92	0.10	6.54	0.10	6.70	0.12	7.43
法治指数	64.18																	

表1-14 法治指数委员会专家的评分数据处理

编号	推进民主政治建设，提高党的执政能力		全面推进依法行政，努力建设法治政府		促进司法公正，维护司法权威		拓展法律服务，维护社会公平		深化全民法制教育，增强法治意识，提升法律素养		依法规范市场秩序，促进经济良性发展，稳定		依法加强社会建设，推进全面协调发展		深化平安余杭创建，维护社会和谐稳定		健全监督体制，提高监督效能	
	权重	分值	权重	分值	权重	分值	权重	分值	权重	分值	权重	分值	权重	分值	权重	分值	权重	分值
1	10	70	10	70	10	72	7	72	6	80	8	65	7	68	10	72	8	70
2	9	70	9	70	10	75	9	75	10	75	9	75	9	70	9	70	9	70
3	10	70	10	70	10	65	6	65	9	62	6	62	6	62	9	62	6	62
4	9	65	8	65	8	65	7	70	7	70	8	70	8	70	7	70	8	65
5	10	73	10	71	10	68	9	70	9	78	7	69	8	73	8	72	10	65
6	7	70	10	68	10	71	9	68	8	65	7	72	5	73	5	75	8	65
7	10	55	10	65	10	70	8	70	8	65	8	70	8	70	8	70	8	65
8	10	75	10	75	10	70	9	70	8	72	9	70	9	70	9	70	10	72
9	9	80	10	80	9	75	8	75	7	80	7	80	7	80	7	80	9	75

续表

编号	推进民主政治建设，提高党的执政能力		全面推进依法行政，努力建设法治政府		促进司法公正，维护司法权威		拓展法律服务，维护社会公平		深化全民法制教育，增强法治意识，提升法律素养		依法规范市场秩序，促进经济稳定良性发展		依法加强社会建设，推进全面协调发展		深化平安余杭创建，维护社会和谐稳定		健全监督体制，提高监督效能	
	权重	分值	权重	分值	权重	分值	权重	分值	权重	分值	权重	分值	权重	分值	权重	分值	权重	分值
10	10	70	10	70	10	72	7	72	6	80	8	65	7	68	10	72	8	70
11	10	70	10	70	10	75	8	70	7	70	9	70	9	65	8	70	7	65
12	10	85	10	81	10	82	9	80	8	78	8	85	8	75	8	80	10	80
13	9	77	10	80	10	80	8	75	9	77	9	78	8	75	9	78	10	78
调整后的平均分	9.64	71.82	9.91	71.73	9.91	72.09	8.09	71.55	7.90	73.64	8.00	71.27	7.73	70.64	8.36	72.64	8.64	69.09
相对权重	0.12	8.85	0.13	9.09	0.13	9.14	0.11	7.40	0.10	7.45	0.10	7.29	0.10	6.98	0.11	7.77	0.11	7.63
法治指数	71.61																	

最后，通过上述公式分别计算出内部评审组、外部评审组以及专家评审组三部分的最后法治指数分值，结合群众满意度调查分值，计算出余杭法治指数最终分值。此四部分对余杭法治指数最终分值所占比率分别为：群众满意度调查分值占 35%，内部评审组与外部评审组共占 35%，专家评审组占 30%。2007 年余杭法治指数为 71.6。

六　2007 年法治评估的结果分析

（一）法治目标的重要性评估

1. 总体的评价结果

不同组别的评估者对于九项余杭法治目标的重要性评价具有整体上的一致性。如下表 1 - 15 所示（表中是根据内部组与外部组各去掉一个最高分与最低分后，对于九项余杭法治目标重要性分值的平均值），"推进民主政治建设，提高党的执政能力"是余杭区法治建设的重中之重（9.20 分），其次是"全面推进依法行政，努力建设法治政府"（9.06 分），以及"健全监督体制，提高监督效能"（8.78 分）。

2. 内外组的比较

可以从绝对数值和相对数值（序数值）两个角度比较内部组与外部组的权重评估情况。

（1）相对值的比较

从各权重值的次序来看，内外组对于九项法治目标的重要程度的认可基本一致，都倾向于认为"推进民主政治建设，提高党的执政能力"、"全面推进依法行政，努力建设法治政府"、"促进司法公正，维护司法权威"以及"健全监督体制，提高监督效能"是"法治余杭"的工作重点，应赋予较高的权重值。相应的，都认为"拓展法律服务，维护社会公平"与"依法加强社会建设，推进全面协调发展"这两项法治任务的重要性偏弱。

这样评价的理由何在呢？首先，关于"推进民主政治建设，提高党的执政能力"，专家普遍认为：我国政治体制决定了党的领导能力的重要性，"推进民主政治建设，提高党的执政能力"是中国共产党一直倡导的，民主政治建设在法治建设中尤为重要。一旦出现权大于法，法律制度将显得苍白无力，社会法治水平和民主水平将出现冰点。因此，必须强调该项工作在余杭法治工作建设中的重要地位。其次，关于"全面推进依法行政，努力建设法治政府"，普遍认为依法行政是"法治余杭"建设的重要组成部分，是政府正确行使权力的基本准则。政府必须建立完善一整套有效的制度，为依法行政提供支持和保障。而且，它与民主政治建设一样都与政府依法施政有关，都应该被赋予重要地位。再次，关于"促进司法公正，维护司法权威"，一致的观点是司法公正是社会主义法治的内在要求，只有保证司法公正，严格依法办事，才能不断地推进社会主义法治建设，使法治建设拥有广泛的社会基础。而且，其与"健全监督体制，提高监督效能"一样，都是关于确保政府依法行政的监察机制，是应该受到重视的法治建设工作。

除此之外，内部组评审者对于"深化平安余杭建设，维护社会和谐稳定"的重要性有着不同的判断。内部评审者强调了其在法治目标中的重要性，而外部评审专家并不认可。该法治目标的适用性有待进一步讨论。

（2）绝对值的比较

如果从权重的绝对数值来看，则外部组对于排序较靠前的重要性法治目标都给予了高于内部组的分值（外部组相对于内部组对第三项目标权重值的分值差额最大，为 0.72 分）；而对于重要性较弱的第 4、7 两项目标，外部组赋予的权重值偏低。

表 1-15　　　　　　　　　　权重的内部组比较

	法治目标	内部组的权重均值	外部组的权重均值	综合的权重均值
1	推进民主政治建设，提高党的执政能力	9.11 * (1)	9.28 (1)	9.20
2	全面推进依法行政，努力建设法治政府	8.83 (2)	9.28 (1)	9.06

续表

	法治目标	内部组的权重均值	外部组的权重均值	综合的权重均值
3	促进司法公正，维护司法权威	8.28（4）	9.00（3）	8.64
4	拓展法律服务，维护社会公平	7.28（9）	6.78（9）	7.03
5	深化全民法制教育，增强法治意识、提升法律素养	7.67（6）	7.72（5）	7.70
6	依法规范市场秩序，促进经济稳定良性发展	7.50（7）	7.50（6）	7.50
7	依法加强社会建设，推进全面协调发展	7.50（7）	7.17（8）	7.34
8	深化平安余杭创建，维护社会和谐稳定	8.17（5）	7.22（7）	7.70
9	健全监督体制，提高监督效能	8.67（3）	8.89（4）	8.78

*括号内数字表示该指标重要性程度在九个指标中的次序

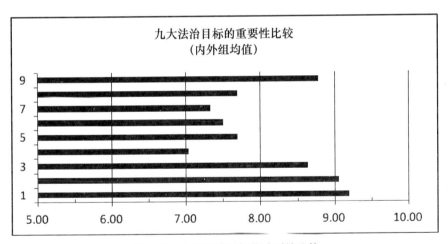

图1-5　余杭法治目标的重要性比较

（二）法治指标的评估

1. 相对值的比较

从各法治指标的分数高低这一相对比较的角度来看，内外评审组对于同一指标的认可不尽相同。在"全面推进依法行政，努力建设法治政府"、"依法规范市场秩序，促进经济稳定良性发展"和"深化平安余杭创建，维护社会和谐稳定"方面，内外评审组的判断非常一致，都认为余杭区政府在 2007 年的市场规范性治理及社会和谐稳定方面作出了较好的成绩，而在依法行政创建法治政府方面还有较大的改进空间。对于其他六项法治目标，内外组的评价则存在较大差异，尤其是无论是不同组别之间还是组内不同的评审者之间，他们对余杭区"推进民主政治建设，提高党的执政能力"这一法治目标的实际状况评估都存在较大争议。评估较高的评审者认为：余杭当地较为重视民主政治建设，近几年积极加强党的执政能力，在宣传党的理念、贯彻中央路线、执政为民和以身作则方面表现良好。评分较低者则认为：从横向比较，与台州椒东推行党代表常任制、温岭推行民主恳谈会等制度创新相比，余杭在民主政治方面的探索之路还很艰巨。更进一步的，从 2007 年余杭地区执政党及其党员的清廉程度可以看出，虽然纪委、反贪局调查案件数量较少、被控犯罪人数较低，但涉案的相关违法经济数额较为集中，高达 1600 余万元。按照案件数来粗略计算，几乎每件涉案案件涉及违法经济数额达 10 余万元。关于背后的原因，有评审专家提出了以下几个方面的影响因素：存在法治建设中的专制；审判机关、检察机关依靠余杭区财政预算收支，财政不独立，必然会导致司法不独立，必然会受到地方政府的影响；公务员考试的面试环节存在不透明之处；中共党员的文化程度有待提高；职务犯罪惩防体系落实不到位。有专家认为在当下的中国，没有党的强力推动，就无从提升民主政治建设水平，也无从提升法治水平，民主建设还有很长的路要走。

除了第一个法治目标的分值争议外，评审者在第 3、4、7 个目标的实现方面也存在较大的分歧，内部组对于余杭区在"促进司法公正，维护司法权威"目标上的排序较靠前，而对"拓展法律服务，维护社会公平"与"依法加强社会建设，推进全面协调发展"的评价相对较低。外部组对此却持相反观点，对于余杭区的法律服务于社会法治建设给予了较高评价，对于司法公正性评价较低。

具体来讲，内部组赋予"促进司法公正，维护司法权威"高分的理由主要是：他们认为余杭区政法各部门按照"严格执法、严管队伍"的要求，以社会主义法治理念教育和推行执法办案公开为突破口，全面加强执法规范化建设，提升司法权威，从源头和制度上保证了司法公正的实现。区法院充分发挥综合治理破解执行难工作机制，注重立执兼顾、审执兼顾，强化执行手段，有效地保护了当事人的合法权益，有效地解决了"执行难"问题。进一步完善与区政府法制办的固定联系制度，运用听证制和合议制依法审查行政非诉执行案件，继续对超审理期限和超执行期限案件进行通报、审判监督庭开展再审案件审理，对被二审法院改判、撤销或调解的案件进行督查，使审判执行工作得到监督，司法行为进一步得到规范。区检察院以《浙江省预防职务犯罪条例》的颁布实施为契机，切实做到"关口前移"，针对查办案件中发现的问题，与有关部门密切配合，采用检察建议书、案件剖析会、警示教育会等形式，帮助有关单位和行业系统查找和堵塞制度、管理上的漏洞，从源头上减少和预防职务犯罪。外部组的低分评价主要依据是：专项司法救助情况不明，法院案件执行标的额与标准额差距较大，案件情况不明，信访数量较多，法官素质有待提高，人情官司依然存在，反映了司法救济的不足，司法公信力不高，群众对司法机关的满意度较低。评审者也指出了造成该目标低实现程度的主要根源是我国司法不独立。

关于"拓展法律服务，维护社会公平"的目标实现程度，大多数内外组评审者侧重从余杭区每十万人所拥有的律师或法律工作者人数、法律援助机构及其服务体系的建设情况、法律服务的质量以及民众的满意度等角度进行评估，高分论者认为余杭区的所有乡镇都建立了司法所和法律服务所，人员配备齐全，12348热线服务效果好，服务意识较强，尤其是对于弱势群体的权益维护作出了较好的贡献；低分论者则认为法律服务的费用还相对较高，农村的法律服务领域和水平偏低，每十万人拥有的律师或法律服务者人数距离法治目标还相去甚远。

评审者对于"依法加强社会建设，推进全面协调发展"的判断主要是依据余杭区政府在公共服务基础设施建设（主要是城市合理规划）、公共服务设备配置及利用率、公共服务效率等方面，赋予低分的评审者认为余杭区的城区建设不当，浪费钱财物；社会建设不能合法、全面地保护外来务工者、乡镇农民等特殊群体的合法权益，大规模的征地拆迁、医疗卫生服务等对农村和偏远乡镇的考虑明显不够；高分评价者的理由是余杭区的各项社会建设一直走在前列，社会整体比较和谐。

2. 绝对值的比较

但是，如果从绝对数值的角度来看，可以发现，尽管内部组相对于外部组的目标分值排序与外部组存在或好或差的评价，但是，无一例外的，内部组对每一个法治指标的打分都高于外部组，有些指标甚至高出近7分（第9个法治目标值相差6.82分）。

表 1 – 16 内外组评分比较

	具体目标	内部评估组评分	外部评估组评分	差异
1	推进民主政治建设，提高党的执政能力	68.72*（4）	63.72（6）	5.00
2	全面推进依法行政，努力建设法治政府	68.00（5）	64.22（5）	3.78
3	促进司法公正，维护司法权威	68.78（3）	62.06（8）	6.72
4	拓展法律服务，维护社会公平	67.56（8）	64.50（4）	3.06
5	深化全民法制教育，增强法治意识、提升法律素养	65.17（9）	62.33（7）	2.84
6	依法规范市场秩序，促进经济稳定良性发展	69.22（2）	67.22（2）	2.00
7	依法加强社会建设，推进全面协调发展	67.72（6）	66.50（3）	1.22
8	深化平安余杭创建，维护社会和谐稳定	71.44（1）	67.61（1）	3.83
9	健全监督体制，提高监督效能	67.71（7）	60.89（9）	6.82
	法治分值	68.27	64.18	4.09

*括号内数字表示该指标分值相对于其他指标的次序。

七 根据评审结果对余杭法治的分析和建议

（一）余杭区社会法治状况呈良好发展态势

2007年余杭法治指数评估显示，余杭区在九项法治要素的建设中，有五项呈现良好的发展态势，其余四项存在着一定程度的问题。余杭法治指数显示的余杭地区社会法治状况的良好发展态势大致包括如下几点：

第一，社会稳定与经济发展同步提升，社会和谐安定的氛围初步形成。刑事案件持续实现稳中有降，安全生产继续保持平稳态势，连续三年实现三个"零增长"（各类事故起诉数、非正常死亡人数、直接经济损失数），实现了无影响较大的群体性事件发生，刑事发案数、安全生产各类事故数和直接经济损失数明显下降等"一无三下降"的可喜局面。治安防控体系建设以及社会治安综合治理绩效卓著，流动人口综合管理服务，归正人员的安置帮教、社区矫正、青少年犯罪预防和轻微违法犯罪人员的教育挽救工作开展情况良好。人民调解网络更加健全，调解联动机制更加完善，调解领域进一步拓展，调解成功率达到 97.7%；安置帮教、社区矫正工作组织和网络进一步健全，归正人员重新犯罪率为 0.193%，无脱管、漏管现象，为促进"五质"大提升、打造生活品质之城创造了比较稳定良好的社会环境。各类社会矛盾有效化解，人民群众安全感和社会平安情况满意度在杭州各区县中的排名较高。

第二，建立和健全了公共基础设施和较为完善的社会保障体系，为公民权益保护、经济发展和社会进步提供了坚实基础。在政府的主导下，通过区域规划、设施配置、服务效率、资源效益等方面齐头并进，建立了现代化公共服务网络，满足了人民群众最迫切的生活需求，促进了和谐社会建设。全区文教、公共卫生、医疗保健等公共基础设施的发展较为健全，建立了与经济发展相适应的社会保险、劳动保障、社会救济、社会福利、优抚安置和社会互助相结合的社会保障体系。

第三，区党委和政府的依法执政意识到位，在日常工作开展中形成了良好的法治氛围。区政府建立完善了一整套有效的制度，为依法行政提供支持和保障。一是建立并实行"政府法制工作联席会议制度"，为顺利推进政府法制的各项工作提供了稳定的制度平台；二是建立和完善行政决策程序，实行行政决策的听证制度、专家咨询制度和公众参与制度；三是制定出台了《余杭区人民政府行政问责制办法（试行）》、《余杭区行政执法责任制办法》等一系列文件，用制度规范执法行政；四是开辟行政复议网上申请与传真申请等渠道，由专人负责每日查收网上复议邮件，及时发现，及时立案，及时反馈，及时化解矛盾；五是在余杭区政府网上公布行政复议工作人员姓名、岗位、职责、联系方式，信息公开，受理行政复议，接受群众对行政复议的咨询与监督；六是建立有一套科学完善的部门工作评价体系，并且将法治列为重要的考核因素，这在全国基层政府中是不多见的。

政府还积极开展制度创新实践，例如，民主法治村（社区）创建和星级达标工作；率先实现党政专网通村通社区，启用全区视频会议系统，电子政务信息化走在全国前列；在全省率先建立了系统的联动执行机制，实现以司法系统为中心，其他政府部门配合的体制，对解决法院"执行难"的问题具有很大的借鉴价值；城管、交警执法较为文明和规范等等。

（二）余杭区社会法治状况的不足及其改进建议

2007 年余杭法治指数评估也显示出余杭区社会法治状况的发展中存在的一些不足，具体表现为以下几点：

第一，监督体系要进一步加强。加强对党员领导干部、政府官员的权力监督，加强惩治基层腐败的力度。

（1）监督体系的形式庞杂、制度烦琐与实施效果的低下形成了鲜明反差。例如内部组意见理由指出："监督机制看上去很全面，也很均衡，但问题就在监督的执行和监督的力度往往欠佳，于是很多社会矛盾因监督得不到落实而最终无法解决，同时也因事前监督乏力，很多贪渎行为屡打屡犯。社会失去公平，法律失去尊严。""监督体系较多，但效果还不明显，需要加强这方面的研究，提高监督的实效。……制度建设还有待加快、加强，措施务必得落到实处。就目前来看，监督成效尚不明显。"外部组意见理由指出，"要真正提高监督效能，必须把重点放在具体制度的落实上，要在制度的实施上下工夫，达到监督体制的真正实现，最终提高监督效能"。"感觉监督体制还是不够完善，监督也不是很到位。经常看到公车私用，公务员服务态度差，办事效率低，上班玩游戏现象。""应该加强对司法人员及行政执法人员的监督和管理，在举报途径等方面要完善，人大要更积极行使职权，政协要更积极参政议政，这两个部门都要破除自己是闲衙门、养老衙门的错误思想。""人民群众对监督工作的满意度有待提升。"

（2）惩治和预防贪污腐败的体系不成熟不完善，导致牵涉到前区委书记徐松林等一批重要干部的大案频发，引起非常恶劣的社会公众影响，影响到政府和党委的执政形象。例如内部组意见理由指出："惩治和预防腐败体系不成熟，总是要到问题非常严重不可收拾时，才下决心整治，给国家带来很大损失，在人民群众中造成严重的不良影响。""惩防腐体系落实不到位，前区委书记徐松林落马，为什么没有防微杜渐，一开始就发现？"例如外部组意见理由指出："从 2007 年余杭区执政党及其党员的清廉程度可见一斑，虽然纪委、反贪局调查案件数量较少、被控犯罪人数较低，但涉案的相关违法经济数额较为集中，高达 1600 余万元。按照案件数来粗略计算，几乎每件涉案案件涉及违法经济数额达 10 余万元。这就说明监督体系的低效运作造成严重的后果。"

（3）监督体制没有从一开始就获得足够的权限，权力没有得到来自社会多元性的监督，不可能有很高的监督成效。例如外部组意见理由指出："网络、电视、报纸都在国家强力监控之下，大众舆论受到压制，不能够充分发挥其监督作用。""监督的执行和监督的力度欠佳，国家政府的控制过于强大，舆论受到压制，监督没有权限也就不可能发挥其作用。"例如内部组意见理由指出："要推进民主政治建设，正是要将权力下放，加大对执政党权力使用的监督，权力分散也正是民主的实现方向。""媒体监督乏力。"

（4）政府的责任追究和绩效评估制度不尽完善。例如内部组意见理由指出："权力与利益挂钩、与责任脱钩的问题没有彻底解决，惩治和预防贪污腐败的责任追究机制不到位，党委组织部门的纪律审查失职责任没有得到认真追究。""政府的责任追究和绩效评估制度需要更加完善。"

我们建议应当采取多元化监督方式，引入外部的力量进行监督，强化对腐败的预防和惩治。通过人代会、工商联、消费者保护协会、信访办、报刊电视等新闻媒体共同构建完善的监督体系，及时发现问题并解决问题。同时，加强监察机关人员的职业道德修养，培养起刚正不阿、心存公正、不畏权贵、仗义执言的监督工作作风，做到严格守法执法，有法必依，违法必究。

第二，树立司法权威、司法公正的内部和外部环境不容乐观。

一方面，司法的公正性一定程度上值得肯定，从余杭区的抗诉案件、再审案件、改判、发回重审等一系列指标来看，审判程序方面能坚持维护公平。例如内部组意见理由指出："司法程序公正做得比较好，审判程序方面能遵守程序法的规定，且坚持维护程序公平。"

但是另一方面，司法不公的问题还在一定程度上存在，司法权威有待进一步树立。例如内部组意见理由指出："司法机关一方面缺乏独立的权力，受到党政机关干预而无能为力，另一方面自身缺乏有素质有法治精神的司法职业者。公正审判与执行的能力捉襟见肘，也难以赢得权威感与群众的信任。""群众对法治工作的满意度，余杭只有86.8%，省标准是90%，以余杭的区位看，说明距离不是3.2个百分比的问题。"

首先，树立司法权威的外部环境不佳。例如内部组意见理由指出："存在着司法审判受到某些行政部门、上级官员、新闻媒体影响的情况，司法审判不能完全摆脱外在因素的影响，实现独立判案。""目前的司法环境已经得到了很大的改善，但是，司法机关相对于行政机关的独立性还不够强，表现在行政诉讼中行政相对人的合法权利很难被关注。"又如外部组意见理由指出："行政干预司法是阻碍法治建设的最严重的原因之一。政府部门滥用权力侵犯公民权利，政府信息不公开，限制言论自由，违背依法行政的行为屡见不鲜。这也是我国民主建设的一大问题。政府官员的腐败日益严重，利用公权谋私大有人在。行政并且干预司法，导致司法不独立，这是司法改革所必须解决的问题。此项权重为9，打分为55分。政府的依法行政有待加强。"

其次，一些法官、检察官的业务素质和业务能力不过硬。例如内部组意见理由指出："法官、检察官的平均学历文化水平不高，还不如余杭区高中学校的老师。作为全国经济百强县第13名，司法人员的大专学历比例仅仅略高于全省平均水平，与经济发展极不相配。甚至出现了法官水平不如律师的怪现象。""法官、检察官是高专业含量的职业，余杭为什么这样低，值得考虑。"再次，存在着严重的执行难，"执行标的到位率很低，例如结案率仅为65%，说明法院没有做到执法必严"。

再次，"仍然存在着一部分人情官司、后门官司的现象"。例如，"法官和本地律师之间的关系比较微妙，本地律师存在着对法官的较强的人身依附性关系，导致有些当事人往往宁可请杭州市区的律师来余杭打官司"。"律师的作用太小，律师因需长期与法官、检察官打交道，从而产生依附关系，不能完全为当事人服务。"由此导致"一审案件上诉率还比较高，有些已经判决的案件经不起推敲"。因此，"司法的公正性一定程度上值得肯定，但司法的权威尚未很好的建立起来"。

我们建议应当为司法公正、司法权威营造良好的外部氛围，切实制止行政部门、官员或者舆论不当干预司法审判的"关系案件"的发生，维护司法权威，实现司法公正。另外，切实提升法官和检察官的文化素质、思想道德素质和职业素质。

第三，市场秩序诚信体系的建设步伐与市场经济发展不协调。

市场秩序诚信体系的建设步伐较慢，跟不上市场经济的快速发展。例如，群众对市场秩序规范性的满意度"，余杭得分只有71.4，是所有满意度调查中最低的，与浙江省标准有较大差距。例如内部组意见理由指出："政府的诚信建设需要加强。""如果包括对环境保护的重视、对环保法的遵守在内，就值得重视余杭在处理经济发展和环境保护上的问题，余杭工业发展地区的人居环境并不理想。""存在工商、卫生、城管等执法部门办事拖沓，服务态度差，部门之间相互推诿等亟需改正的现象。""规范市场秩序关键还要从建立诚信体系着手，这方面还要进一步加强。"

我们建议应当大力开展市场秩序诚信体系的建设，建设"依法运作，规范有序"的市场秩序。

第四，全区公众的法治意识还比较淡漠，无论是政府机关、公务员还是普通群众的法治素质尚有待提升。

由于对"法治意识"的理解存在歧异，在不同的调查中得出了差异很大的两种得分情况。第一种是在问卷调查中，"全区公众的法治意识"得分比较高，这反映出近年来，余杭区公民的法治意识的提升程度较高，通过"五五"普法等载体，市民法律素养得到加强。在确保重点对象的同时，重视开展全民看法教育，全民的法律意识、法治素养近几年提升较快。第二种是在内外组评估得分中，"全区公众的法治意识"得分比较低。这反映出无论是政府机关、公务员还是普通群众的法治素质尚有待提升。同时我们注意到，对"全区公众的法治意识"的看法因组别的不同而具有很大的差异。代表法律专业人士和余杭区政府公务人员的内部组倾向于肯定执法者的法治素质，而否定社会公众具有良好的配合执法的素质和意识。与此相反，代表一般社会公众的外部组则倾向于肯定社会公众具有良好的配合执法的素质和意识，而否定执法者的法治素质。这两种群体之间的观念差异说明了政府和社会对法治宣教的范围和定位产生了相当微妙的差异。但是无论如何，这至少反映出无论是政府机关、公务员还是普通群众的法治素质都具有尚待提升的必要。

首先，就政府机构而言，政府在具体实践过程中还是会出现一些有违背法治精神的行为，特别是在信息公开化、决策透明性、行政效率性方面还有待提高。例如内部组意见理由指出：

"对重大事项决策不够民主。如：临平城区的行车难、停车难已成为平安隐患。选拔干部存在不公。有些领导干部的能力、水平、形象欠缺，折射选拔的不公正。基层主要干部出现腐败现象，未对上一级监管的部门领导作出严肃处理，存在监管不力。"

"依法行政是建设法治社会的重要环节。从信访案件上升幅度（信访案件数和人次与上年度相比均超过20%）观察，余杭的依法行政水平还急需进一步加强。对行政案件的法律援助为0，而'民告官'却是百姓最难打赢的案件，这是一个最大的讽刺。"

"城市总体规划不当，没有系统性。如北大街刚刚建好不久，又在修改，浪费大量人力物力；游泳馆修建过程中因领导一句话就改建；花四千万修一阁，且远远超出预算，出手可谓大方。"

"在城市改造拆迁引发的争议纠纷这一热点问题中，基层行政机关的拆迁补偿措施不合理，没有依照现行的有关规定执行，规定不够公平合理，不重善后工作是一项激起矛盾的重要原因，这就体现出党委、政府层面依法行政能力和水平低下的问题。"

又如外部组意见理由指出：

"重大决策和政务公开透明度不高，未向社会公示和征求村级意见。政府部门行政干涉较多，行政作为程序复杂、决策不够科学。"

"余杭区在依法行政方面，还需要加强对市场规律的认识，对法律功能的认识和对政府限度的认识，尤其是在建立服务型政府方面，还有待进一步提高。"

"虽然我们的政府在这方面做得越来越好，但还是有一些令人遗憾的地方，违法行政的情况时有发生，如余杭临平城区马路上到处设立咪表，进行停车收费。这种做法并没有直接的法律依据，之前也没有进行过听证程序，听取广大市民的意见。我认为这种做法是与法治政府的理念不相符合的。"

其次，就普通群众而言，社会公众的法律素养和法治教育程度与发达国家相比还有一定的差距，提高对政府依法行政的认可程度还需要一个过程。

例如内部组意见理由指出：

"目前，我国的普法教育尚停留在较为初级的宣传阶段，还不够普遍和深入。在占人口多数的农村，人们的法律意识和法律素养的低下情况更不容乐观。虽然这几年政府花了大量的精力进行法制教育，但普法教育尚停留在较为初级的宣传阶段，还不够普遍和深入，有些纯粹是为应付上级的学习任务。普法的内容、对象、深度等方面还处于浅层次，群众接受的法律知识远远不能满足需要。尤其是一些特殊群体，如文化程度不高的外地务工人员、辍学的青少年等，更是普法教育的盲区。而法律素养的提高与经济水平、文化水平、文明程度等都有关联。因此，法治意识的增强并非一朝一夕可以完成。"

"在城市改造拆迁引发的争议纠纷中，部分群众的权利意识和法治素质低下，胡搅蛮缠是造成官民不和谐局面的重要原因。"

"现在人们的法律意识比以前提高了很多，而且对于自己权利的保护意识也得到提升，但是由于司法权威受到较多损害，导致人们对于司法的信心的丧失。"

又如外部组意见理由指出：

"余杭市场规范中存在着假冒伪劣商品和欺诈行为的问题，很大程度上归咎于一部分经营者缺乏诚信的价值观念。"

"人们对涉及自己切身利益的法律关注的比较多，而涉及社会公共利益等与自己利益联系较少的法律基本没有什么概念。人们还存在对原有法律知识的了解，对法律知识的更新比较缺少。"

"国民素质有所提高，维护自身权利的积极性和能力都有进步。但是国民教育制度的发育不健全，导致了公民理性思考能力低下，多数公民尚未启蒙。"

我们建议首要的工作应当是增强政府机关及其公务人员的依法行政意识，做到"带头守法、严格执法"，发挥对群众的身先示范作用，树立法律至上的权威，自上而下地树立法治观念。尤其是基层政府，包括乡镇、街道办事处的依法行政水平和能力应当大幅度提高，不仅仅依靠国家强制力的警察队伍维护社会和谐稳定，而需要依法行政的手段最大限度地减少内部矛盾的发生，最大限度地减少社会民众对政府的对抗，增强民众对党委政府的可信度。另外，增强政府对重大事项决策的公开性。政府对重大事项的决策，尤其是关乎普通百姓民生的事项，应突出以人为本的原则，真正体现人性化要求，同时进一步增加决策的透明度。

与此同时，开展普遍、深入和形式多样的普法教育，加强对群众的法治意识教育、国民素质和人格教育。在宣教对象上要注重法制教育的针对性，例如在宣教对象上对企业管理人员、外地务工流动人口、农村居民有所侧重。在宣教方式上要注意内容贴近群众的生活，不能仅限于电视、报纸的宣传，要深入群众的日常活动领域。在宣教内容上，要聘请更多的专业法律人士深化政府对法治宣教的理解，帮助政府和群众都要树立正确全面的法治理念，缩短政府法治宣教的任务观念、宣传观念与树立真正的法治精神之间的差距。

八 2007 年余杭法治评估的社会影响

（一）2007 年余杭法治指数的发布

2008 年 6 月 15 日上午 9：30—11：30，余杭法治指数新闻发布会在余杭天都城国际大酒店召开，余杭区委、区政府正式对外发布 2007 年度余杭法治指数。出席新闻发布会的有原全国人大常委、原中国政法大学校长、终身教授江平、中国社会科学院荣誉学部委员任李步云教授、中国社会科学院法学所所长李林教授、上海交通大学党委副书记郑成良教授、中华人民共和国司法部研究室副主任王公义教授、中国人民大学法学院张志铭教授、国家统计局统计科学研究所研究室主任吕庆喆博士、浙江省人大法制委主任委员胡虎林、浙江工商大学校长胡建淼教授、浙江省高级人民法院副院长童兆洪博士、浙江大学光华法学院院长孙笑侠教授、浙江大学光华法学院林来梵教授、浙江大学光华法学院钱弘道教授等 13 位评审组专家。省市有关部门领导出席发布会。① 新华社浙江分社、人民日报浙江记者站、光明日报驻浙江记者站、经济日报驻浙江记者站、法制日报驻浙江记者站、浙江日报社、浙江法制报、浙江卫视、浙江人民广播电台、杭州日报、杭州电视台、区城乡导报、余杭电视台、余杭广播电台等媒体前来参加新闻发布会。

在新闻发布会上，钱弘道教授对2007年余杭法治指数的制定过程作了相关说明，江平教授宣布法治指数，余杭区委书记朱金坤点击并在余杭门户网站发布余杭法治指数。新闻媒体记者围绕法治、法治评估、法治指数等问题向专家评审组成员提出问题，专家对各个问题进行回应。

（二）2007年余杭法治指数的社会反响

2007年12月，"法治余杭评估体系"由中共余杭区委以文件形式正式发布。2008年6月15日，中国内地第一个法治指数——2007年余杭法治指数（71.6）问世。

作为一项法治量化评估的探索与实验，2007年余杭法治指数的公布受到了来自各方面人士的广泛关注，引发了强烈的社会反响。这种影响不但是各界人士对2007年法治指数的评价与认可，在更大程度上是对法治余杭量化评估体系社会影响的回应。《人民日报》、《光明日报》分别以"余杭推内地首个法治指数"和"余杭发布中国内地首个法治指数"为题作了深度报道，《法制日报》在头版头条发表"我国内地首个城市法治指数诞生"一文报道了余杭"法治指数"出台情况。中国社会科学院《法治蓝皮书》于2007年、2008年分别发表《法治量化评估的创新实践——余杭法治报告》和《余杭法治指数报告》两篇课题组论文，对余杭法治评估实践进行了详细阐述。除此之外，《人民日报》、《经济日报》、《光明日报》还以内参的形式将余杭的法治评估体系情况报送有关部门和领导。《新华社高管信息》、《新华日报》、《半月谈》、《瞭望东方周刊》、《解放

---

① 浙江省司法厅、杭州市司法局有关领导出席会议。杭州市市委常委、区委书记朱金坤，区委副书记、区长姜军，区委副书记、政法委书记戚建国，区委常委、副区长殷英等余杭区有关领导，各部局办乡镇街道领导参加新闻发布会。

日报》、《浙江日报》等重要媒体也对余杭法治指数予以了高度的关注和评价。全国人大网、中国政府网、中国政协新闻网、新华网、新浪网、搜狐网、CCTV新闻网、网易等众多网络媒体从多个角度展开讨论余杭法治评估体系和2007年余杭法治指数。众多理论界和实践界纷纷发表自己的观点和看法，热烈讨论2007年法治指数问题。有些地区前往余杭区学习法治建设的经验。可以说，2007年的余杭法治指数引发了法学理论界和实务界、学界和政界一场"法治指数现象"。

余杭法治的量化评估实践受到政府高层领导的高度重视。司法部张苏军副部长到余杭进行专题调研并进行现场办公时说，余杭区大胆探索实践，率先推出法治量化考核评估体系，制定出台法治指数绩效机制，走在浙江乃至全国的前列，成为全国法治实践的试验田；法治指数要成为推进余杭法治的利器。他当场表示，确定余杭为司法部开展全国"创建法治城市、法治县市区"活动的联系点。中共浙江省委书记赵洪祝和省委常委、杭州市委书记王国平均批示肯定。如王国平书记批示：肯定成绩，总结经验，按照赵书记的要求推广余杭做法。

大家普遍认为，余杭区建立的法治量化评估体系具有较强的可操作性，是实践和探索民主与法治建设的试验田。建立法治量化评估体系对于余杭这样的基层行政区而言，是推进民主法治建设的崭新探索，让法治真正有尺可量。软实力中一个非常重要的方面就是法治指数，如果把法治作为一种治理方式或生活方式来讲，可以说法治指数就是一种重要的软实力。

学者认为，法治指数是法治水平最精练的概括，是经济社会发展的"晴雨表"。余杭法治评估体系是宏观概括和微观量化的结合，是静态测评和动态考察的结合，是政府力量和民间力量的结合，是量化标准和实践行动的结合，它本质上是一种制度创新。"法治余杭"、"法治余杭评估体系"是非常具有战略性眼光的提法。作为一个挑战性的项目，国内可借鉴的东西几乎没有。它能够有效推进法治建设进程。它的结果必将是余杭受益，也必将是中国的其他的地区受益。法治余杭量化评估体系基本构建了一个横向到边、纵向到底的指标体系，做到了法治建设的具体化、目标化、现实化。余杭的评估体系，在结构上涉及全区、区级机关、乡镇、街道和村、社区，在内容设置上涵盖了经济、政治、文化、社会建设的各领域，具有较强的科学性、实践性、指导性和鲜明的余杭特色，特别是明确把乡镇、街道的法治建设纳入评估体系之中，填补了这方面的空白。评估体系用看得见的标准来衡量法治，依靠数据、指标、科学的体系来体现法治的发展水平，这就使法治更贴近生活实践。

余杭的干部认为，法治评估体系将法治的内在要求分解、量化后，变虚为实、变抽象为具体，将法治的原则转化为易判别、可操作的具体标准，九项调查可实现全民参与，每次评估都能帮助政府部门了解群众某一阶段对政府服务的评价和建议；有了法治评估体系，各级党政干部的工作目标变得不再笼统，不再原则，不再模糊，政府行政变成一种可以量度、监督、奖惩的行政治理方式。

不少记者和网友认为，余杭"法治指数"的出炉，不仅在余杭在全国也尚属首次，实现了中国法治水平量化评估标准零的突破，对推进法治进步作出了一大贡献，其势必于认知机制层面对各地法治建设产生深刻而重大的影响，实现了中国当下法治水平评估由定性评估向定量评估的嬗变，这是一个了不起的质的飞跃，开创了地方法治模式的先河，标志着余杭区的法治建设进入质的提升期。余杭"法治指数"的一个看点是僭越了法治水平评估"自己给自己打分"、"官评"，政府既当"运动员"又当"裁判员"的窠臼，一举实现了政府法治水平由第三方评估，这一点殊为不易，堪称政治文明的进步。"法治指数"作为一个精准的实证调研数据，应该是在一个法治比较健全而且法治正常运转的语境下，对于法治可能存在的具体问题和偏差进行"数据纠偏"。而事实上在我国"非法治事件"泛滥的国情下，"法治指数"似乎华而不实。另外，如何实时准确动态地反映政府法治水平，是一个不可能一劳永逸的复杂而长期的过程。"法治指数"作为一种量化性的法治评价，总和现实生活存在着某种程度的误差。一时一地的"法治指数"即便科学客观，但也必须放置于普遍性的法治国家层面下进行考量，所以这种小范围的法治评价需要升华普及，是否符合法治要求，要打破一地甚至一国的地域制约，让中立的旁观者评价。更重要的是，无论怎么评价，民生体验都是最重要的。只有植入更充分的民意基因，才能防止这样的评价蜕变成地方官员炫耀政绩的形象工程，才能准确评估出地方政府的法治状况，从而切实推动政府的法治化进程。但总体来说，网上绝大多数评论都非常支持和肯定"法治指数"

导向的正确性，认为"法治指数"会对法治进步产生重大影响。从这个意义上说，余杭首创"法治指数"对各地不无导向意义和示范价值。

事实上，量化考核评估体系是对政府的考核，让政府直面问题，也会给政府部门带来压力。余杭区委书记朱金坤说："法治指数的评定不是政府花钱买数字、筑政绩，而是实实在在地花钱买监督、重民意，帮助政府找问题。"余杭区区长姜军坦言："我们并不希望指数给余杭区委和区政府脸上贴金，而是寻找问题，我们希望听到第三方的客观评价，而后改善。"法治指数的出台是余杭法治建设进程中的一个"加油站"。余杭的法治建设状况从此有了一个"参照物"，公布法治指数，目的就是发现不足，出发点在改进、提升，更好地维护群众权益。"我们下一步的工作就是梳理问题，找出法治建设上的薄弱环节，逐条解决，把工作细分到每个职能部门的每个人头上。"余杭区人民法院院长傅樟绚认为，这两年司法环境得到了很大的改善，法院可以说是建设法治余杭最大的受益者。最直观的感受是法院提出用综合治理的手段破解执行难问题，3 年来法院的有效执结率稳步提高。在行政诉讼案件中，行政首长出庭应诉率大大提高，行政官员开始平等地跟百姓对话。法律援助也受到重视，弱势群体的权益得到保障。政府注重依法办事，带动大家尊重法律，树立法律的权威。

余杭区启动的以法治量化评估为引线的"法治系统工程"，成为地方区域法治建设的一项突出成就。通过法治评估活动，一方面有效带动整个区域政府和社会组织的法治转型，另一方面真正改善公职人员的法治服务意识和能力，从而不断满足人民日益增长的法治监督和社会公正的需求。因此，余杭法治评估的活动和成就会在周边甚至全国范围内产生导引作用，从而推动中国法治的进程。

附录　内外部评审组的部分评分理由及法治建议

编号 [内 2]：

1. 关于"推进民主政治建设，提高党的执政能力"（70）

在全面建设小康社会的过程中，尚有许多重大的问题需要解决，需要进一步提高党的执政能力。

2. 关于"全面推进依法行政，努力建设法治政府"（73）

建设法治政府关键是要建立诚信政府，在这方面政府还有许多工作要做。

3. 关于"促进司法公正，维护司法权威"（75）

司法公正和司法权威已有很大提高，但司法不公的问题还在一定程度上存在，司法权威有待进一步树立。

4. 关于"拓展法律服务，维护社会公平"（71）

在拓展法律服务方面，尚有很多工作可以做，尤其是要围绕改善民生积极拓展法律服务，真正维护社会公平正义。

5. 关于"深化全民法制教育，增强法治意识、提升法律素养"（68）

普法教育总体上还不够深入，需要进一步拓展方式方法，在针对性上下工夫。

6. 关于"依法规范市场秩序，促进经济稳定良性发展"（72）

规范市场秩序关键还要从建立诚信体系着手，这方面还要进一步加强。

7. 关于"依法加强社会建设，推进全面协调发展"（73）

要按照"区域规划最佳、设施配置最优、服务效率最高、资源效益最大"的要求，进一步加强统筹协调力度，合理配置我区公共服务资源，努力加快基础教育、医疗卫生、社区服务等各类公共服务基础设施项目进度。

8. 关于"深化平安余杭创建，维护社会和谐稳定"（71）

要深入开展平安建设，加强矛盾纠纷排查调处，及时有效化解矛盾纠纷。

9. 关于"健全监督体制，提高监督效能"（68）

决策的重心在于监督，目前监督体系较多，但效果还不明显，需要加强这方面的研究，提高监督的实效。

编号［内4］：

1. 推进民主政治建设，提高党的执政能力（60）

在当下的中国，没有党的强力推动，就无从提升民主政治建设水平，也无从提升法治水平。从横向比较，与台州椒东推行党代表常任制、温岭推行民主恳谈会等制度创新相比，显然，余杭在民主政治方面的探索之路还很艰巨。

2. 全面推进依法行政，努力建设法治政府（65）

依法行政是建设法治社会的重要环节。从信访案件上升幅度（信访案件数和人次与上年度相比均超过 20%）观察，余杭的依法行政水平还急需进一步加强。

3. 促进司法公正，维护司法权威（60）

司法案件执结率还应进一步提高，执行标的额到位率还应大力加强。

4. 拓展法律服务，维护社会公平（68）

从困难、弱势群体申请法律援助案件数和法院指定法援案件数分析，并结合日常对余杭的观察了解，其法律服务方面还是相对较好的。

5. 深化全民法制教育，增强法治意识、提升法律素养（60）

日前的法制教育大多只是浮在面上，大家关注的大多是教育的本身而非教育的结果。据了解，余杭的法制教育还有进一步加强的空间和余地。

6. 依法规范市场秩序，促进经济稳定良性发展（70）

与其他地区相比，余杭的市场体系发展相对规范，经济发展相对较快。

7. 依法加强社会建设，推进全面协调发展（60）

余杭虽为杭州市的一个区，但由于与杭州市中心还有一定距离，因此其社会建设还有一定差距。比如，经常可以发现以下现象：余杭的公交系统与市中心并未完全兼容、余杭的医保、社保系统似乎与杭州市老城区不兼容等。

8. 深化平安余杭创建，维护社会和谐稳定（70）

从相关数据分析，平安余杭创建与省内其他类似地区相比还是有一定优势的。

9. 健全监督体制，提高监督效能（65）

在健全监督体制，余杭与其他地区一样任重而道远。

编号 ［内 5］：

余杭法治化建设水平是比较高的，在全省乃至全国都是处在前列的。

但全国法治化建设中普遍存在的问题，在余杭也不能幸免。借此机会对余杭的法治建设提几点建议：

1. 增强政府重大事项决策的公开性。政府对重大事项的决策，尤其是关乎普通百姓民生的事项，应突出以人为本的原则，真正体现人性化要求，同时进一步增加决策的透明度。

2. 进一步规范行政执法程序。政府以及政府部门行政执法的结果最终将作用于企事业单位和普通百姓，尤其是重大行政执法事项，对行政相对人产生的利害关系尤为重要，行政执法程序规范到位是作出正确行政处理和行政处罚的重要保障。

3. 真正落实监督体制，提高监督效能。监督体制的落实不能仅仅流于表面，以建立相关的监督制度为目的。要真正提高监督效能，必须把重点放在具体制度的落实上，要在制度的实施上下工夫，达到监督机制的真正实现，最终提高监督效能。

编号［内 6］：

1. 推进民主政治建设，提高党的执政能力（55）

一方面推行民主政治，一方面又要提高党的执政能力，这本身就是一个较大的难题。权力的相对集中，必将导致执政党及其党员受监督的程度降低。从 2007 年余杭地区执政党及其党员的清廉程度可见一斑，虽然纪委、反贪局调查案件数量较少、被控犯罪人数较低，但涉案的经济数额较大，总数高达 1600 余万元。粗略计算，几乎每件案件涉及违法经济数额达 10 余万元。要推进民主政治建设，正是要将权力下放，加大对执政党权力使用的监督，权力分置也正是民主的实现方向。

2. 全面推进依法行政，努力建设法治政府（65）

目前政府办事效率仍有待提高，做事推诿、拖拖拉拉的现象仍然存在。部分行政机关办事流程、用时没有明确的法律、法规或者制度的规定。

3. 促进司法公正，维护司法权威（68）

从大案要案破案率 100% 可以看出，政府、司法机关对于重大刑事案件打击力度较大，维护了社会安定及司法权威。然而司法公正却有时候会受到行政的干预，甚至服从舆论导向，此时的司法无法维护自身的权威性。

4. 拓展法律服务，维护社会公平（70）

5. 深化全民法制教育，增强法治意识、提升法律素养（60）

对行政案件的法律援助为 0，而"民告官"却是百姓最难打赢的案件，这是一个最大的讽刺。

6. 依法加强社会建设，推进全面协调发展（62）

治安案件的妥善处理有助于防止严重案件的发生。

7. 深化平安余杭创建，维护社会和谐稳定（57）

司法公正的实现，也是平安余杭创建的社会稳定基础。

8. 健全监督体制，提高监督效能（70）

过犹不及。所有的事都存在度的把握，监督体制的存在就是一个最基本的度。而监督体制最重要的在于落实而不是空谈。

编号［外 6］：

1. 关于"推进民主政治建设，提高党的执政能力"（70）

余杭当地较为重视民主政治建设，近几年积极提高和加强党的执政能力。在宣传党的理念、贯彻中央路线、执政为民和以身作则方面表现良好。

2. 关于"全面推进依法行政，努力建设法治政府"（60）

理念和思路都已具备，但在具体实践过程中还是会出现一些有违背法治精神的行为，特别是在信息公开化、决策透明性、行政效率性方面还有待提高。

3. 关于"促进司法公正，维护司法权威"（60）

还是存在很多人情官司，托关系、开后门现象也较为普遍，法官的业务素质有待加强。

4. 关于"拓展法律服务，维护社会公平"（63）

社会上法律服务的形式较为单一，实现权利救济的渠道和方式较为狭窄。

5. 关于"深化全民法制教育，增强法治意识、提升法律素养"（60）

普法教育目前只停留在较为初级的宣传阶段，还不够普遍和深入。此外，法治意识的增强并非一朝一夕可以完成，同时也需要自上而下的法治观念的树立，上行下效。

6. 关于"依法规范市场秩序，促进经济稳定良性发展"（65）

市场秩序较为规范，行政执法也相对效率和公正。但也存在工商、卫生、城管等执法部门办事拖沓，服务态度差，部门之间相互推诿等亟需改正的现象。

7. 关于"依法加强社会建设，推进全面协调发展"（61）

在大规模征地拆迁过程中，农民的利益常常得不到合法、全面的保护。特别是农村基层组织行政管理存在很多有损农民切身利益的违法乱纪的做法。

8. 关于"深化平安余杭创建，维护社会和谐稳定"（63）

余杭治安相对良好，但对外来人口工作、住房、医疗、子女教育、社会福利等方面的政策、措施上还得改善、加强。后者是影响当地治安、社会和谐的一个重要因素。

9. 关于"健全监督体制，提高监督效能"（60）

监督是否得力、有效和完善，事关法治能否建立和实施。在这一点上，余杭已经开始重视，但制度建设还有待加快、加强，就目前来看，监督成效尚不明显。特别建议对司法系统、农村基层组织进行更强力度的监督。

编号［外7］：

1. 推进民主政治建设，提高党的执政能力（60）

在组织机构上，余杭各级部门的机构应可以算是健全并分工明确的。但是，目前许多单位还是书记说了算。有些事情公开投票，却不公开计票。最终导致民主流于形式。

2. 关于"全面推进依法行政，努力建设法治政府"（60）

建设法治型政府，关键因素在于各级干部的法律素质和依法行政水平。余杭在这个方面有些地方做得不错，如关于劳动和社会保障等涉及民生的问题，紧跟主城区的步伐，在一些方面政策甚至优于主城区；还有在一些职能部门如交警、城管执法时，能做到文明执法、依法执法。不过还存在一些问题。比如，政府职责"错位"、"缺位"的问题仍然存在；干部有法不依、执法不严、违法不究的现象也有时会发生；违法或者不当的行政行为得不到及时制止和纠正；对行政权力的监督和制约机制还不够健全，权力与利益挂钩、与责任脱钩的问题没有彻底解决；行政机关工作人员存在素质不高、法治观念淡薄、依法办事能力不强等问题，还有些涉及市民的重要利益的措施出台，如停车 M 表，也并未采取听证或其他手段事先告诉市民。

3. 促进司法公正，维护司法权威（65）

司法程序公正做得比较好，审判程序方面能遵守程序法的规定，且坚持维护程序公平。但是，还是存在一些法官、检察官业务能力不够强且有人情官司、利益官司。在当地，法官和律师之间的关系比较微妙。

4. 拓展法律服务，维护社会公平（65）

从余杭区每十万人的律师、法律服务工作者人数（律师总数 53 人、法律服务工作者总数 59 人）拥有率来看，余杭法律服务的水平远远不够。区内律师和法律服务工作者的整体水平和服务意识还有待提高，许多人还是愿意从杭州的法律界人士那获得帮助。

5. 关于"深化全民法制教育，增强法治意识、提升法律素养"（65）

余杭区目前普法有专门机构负责，针对每部法律或文件，也都专门制订实施计划。但是，由于宣传形式、宣传力度、宣传积极性等方面的原因，很多情况可能只停留在比较初级的阶段，有些也纯粹是为应付上级的学习任务。不过，今年的劳动合同法等相关法律的宣传还是很到位，这可能也跟这部法律跟市民的切身利益息息相关有关。另外，总体说来，余杭居民对法的关注是越来越高了，法律素养也在逐年提高。

6. 关于"依法规范市场秩序，促进经济稳定良性发展"（75）

余杭是经济比较发达的地区，因此，在规范市场秩序等方面的经验还是非常可取。有专门的管理机构和行业协会等非职能部门在市场上发挥作用。但在市场服务机构的设置和分工上仍需加强。

7. 关于"依法加强社会建设，推进全面协调发展"（75）

近年来，余杭的城市管理体系日渐完善，分工也明确开来。特别是这两年搞的"清洁余杭"、"创建省级文明城区"、"创业创新"、"环保飞行监测"等一系列工作的开展，确实收到了一定成效，劳动用工管理严格、文化市场繁荣。但是，医疗卫生服务方面仍不够完善，特别是农村和偏远乡镇。

8. 关于"深化平安余杭创建，维护社会和谐稳定"（75）

外地来余杭的人，可能都有这样一种感觉。在余杭城镇比较集中的地方的治安很不错，但在城乡接合部等地方感觉两样。应该在城乡接合部增加防控力量，在管理流动人口方面还需要探索更为科学的操作方法，确保人民群众在哪都感觉安全。

9. 关于"健全监督体制，提高监督效能"（65）

应该加强对司法人员及行政执法人员的监督和管理，在举报途径等方面要完善，人大要更积极地行使职权，政协要更积极地参政议政，这两个部门都要破除自己是"闲衙门"、"养老衙门"的错误思想。人大常委会的组成人员和工作人员，要敢于监督，善于监督，并提高自身法律和业务水平。一些职能部门对个案监督也要改变观念，积极接受监督，并抵制权力部门和有权个人对公正司法的干扰。

编号［外 14］：

1. 推进民主政治建设，提高党的执政能力。（60）

经过多年的努力，我们的民主制度有了长足的发展，特别是人民代表大会和政治协商会议制度，让社会各界人士能参政议政。我认为不足之处是我们的人民代表和政协委员缺乏法律知识，比例太过集中于公务员，人民代表的监督职能还没有很好地发挥出来。

2. 全面推进依法行政，努力建设法治政府。（60）

依法行政关键不仅仅是法律制度的完善，更重要的是政府如何落实。虽然我们的政府在这方面做得越来越好，但还是有一些令人遗憾的地方，违法行政的情况时有发生，如余杭临平城区马路上到处设立咪表，进行停车收费。这种做法并没有直接的法律依据，之前也没有进行过听证程序，听取广大市民的意见。

3. 促进司法公正，维护司法权威。（70）

目前的司法环境已经得到了很大的改善，但是，司法机关相对于行政机关的独立性还不够强，表现在行政诉讼中行政相对人的合法权利很难被关注。

4. 拓展法律服务，维护社会公平。（80）

这点我认为政府做得还是比较好的，能够积极地为弱势群体提供法律援助。

5. 深化全民法制教育，增强法治意识、提升法律素养。（60）

余杭还没有一个很好的法制教育机制，市民权益受到损害后，想通过法律来维护的还不占多数。

6. 依法规范市场秩序，促进经济稳定良性发展。（60）

市场上还是经常出现假冒伪劣产品和违法经营的商人。

7. 依法加强社会建设，推进全面协调发展。（70）

我觉得余杭的公交车覆盖面还不是很广。

8. 深化平安余杭创建，维护社会和谐稳定。（70）

社会治安总体秩序良好，比较有安全感。

9. 健全监督体制，提高监督效能。（60）

感觉监督体制还是不够完善，监督也不是很到位。

第二部分

2008 年余杭法治指数报告[*]

一 2007 年法治指数对余杭法治建设的推动

2007 年余杭法治指数作为中国内地的第一个法治指数，其意义并不仅仅在于衡量一个地区的法治水平，更重要的是它在衡量的同时实实在在地推进了该地区法治建设工作。评估体系的每一个指标就是标准和目标，指数的公布就是压力和监督，正是在这样的意义上，法治指数充分显示了它的独特作用，在客观上推进了余杭的法治建设。

（一）党委政府更加重视法治建设

法治指数极大地提高了余杭区委、区政府对法治的重视程度。区委、区政府做到定期研究、经常检查督导、保障有力，确保"法治余杭"建设各项工作的有序开展。

（1）2008 年 6 月 15 日，2007 年度余杭法治指数——71.6 出台后，余杭区委、区政府强化法治指数成果的运用，召开专题会议进行研究，认真查找余杭区法治建设过程中的不足之处，并将梳理出来的问题一一向相关

---

   * 本报告融汇了法治余杭课题组暨余杭法治指数评审组全体成员的力量和智慧，钱弘道任执笔人，余杭区司法局等有关部门的同志，浙江大学吴亮、姜斌、王帅、金卓、滕之杰、童心、蔡尔金、邵佳、胡淑丽、郑少尉、郁甲利、聂瑜、郭楠楠、王晓茹、董晓杰、吴耀俊、张辉等同学亦参与了具体相关工作。本报告的若干内容发表在 2010 年第 3 期《中国司法》。

职能部门进行了反馈，陆续在实际工作中展开整改。此外，按照量化考核评估指标，对全区 20 个乡镇（街道）、开发区和 41 家单位法治建设情况进行中期督查和年度考核，发现亮点、挖掘特色、查找问题、剖析不足，并评选表彰年度法治建设"双十佳"，有力地促进了"法治余杭"建设不断发展。

（2）余杭区委、区政府建立健全了"党委领导、政府实施、人大政协监督支持、全社会参与"的工作运行机制，坚持把法治建设作为党委、政府的"一把手"工程抓紧抓好。区委先后 4 次召开"法治余杭"建设工作领导小组会议，市委常委、区委书记朱金坤、区长姜军等区四套班子主要领导到会并作重要讲话；依法行政、公正司法等 8 个专项小组，定期举行例会，统筹推进具体工作。全区性大型法治建设会议的召开，使各级领导的法治理念得到进一步的巩固和提升。区四套班子领导多次就"法治余杭"建设工作进行专题调研，指导法治建设工作，研究存在的问题，不断推动法治余杭建设工作向纵深发展。

（3）根据省委、市委 2008 年法治建设工作要点，余杭区委、区政府制定出台了《余杭区 2008 年"法治余杭"、依法治区普法教育工作要点及目标任务分解》，从深化"法律六进两延伸"活动等八个方面对全年的法治建设工作任务进行了细化分解。专题召开了"法治余杭"建设领导小组成员单位工作协调会议，明确各成员单位的工作任务和目标，并要求各成员单位强化调研，开拓创新，结合各自工作实际开展法治建设工作，形成了齐抓共管的良好态势。据统计，2008 年，区委、区政府就法治余杭建设工作先后出台 8 个专题文件，有力地推进了"法治余杭"建设工作的落实。

（4）为确保法治建设各项工作得到有效落实，按照"法治余杭"建设工作的实际需要，余杭区委、区政府不断加大对法治建设工作经费的投入。把法治建设经费按时足额纳入年初财政预算，下拨年度专项经费 70 万元、民主法治村（社区）以奖代补资金 60 万元、法治余杭建设经费 40 万元，并根据实际工作的开展情况，适时予以增补，有效地保证了法治建设工作的正常开展。

（二）推进依法行政，建设法治政府

"全面推进依法行政，努力建设法治政府"是"法治余杭"量化考核评估体系九大指标的其中之一，并且也是占有相当大的权重的一项指标。在2007年度余杭法治指数出台后，余杭区委、区政府根据该指标的考核结果，梳理法治建设工作中所存在的不足，积极推进依法行政工作。

根据依法决策、科学决策、民主决策要求，余杭区委、区政府实行行政决策听证制度、专家咨询制度和公众参与制度，两次进行区政府常务会议网上直播，初步建立公众参与、专家论证、合法审查和政府决定相结合的行政决策体系。完善行政决策跟踪反馈和责任追究制度，制定出台《余杭区人民政府行政问责制办法（试行）》，实现了决策权与决策责任的统一。用制度规范行政执法，出台《余杭区行政执法责任制办法》，把依法行政工作纳入各级政府和部门以及公务员目标责任制考核，发挥考核的评价和导向作用。完善规范性文件备案审查和管理工作，出台《余杭区规范性文件审查和备案管理办法》，2008年区法制办向市政府及区人大报备6件，均获审查通过。继续推行行政首长出庭应诉制度，健全行政应诉备案、重大行政应诉案件专报、行政诉讼情况反馈等制度。2008年区法院共受理全区行政诉讼案件48件，行政首长应出庭18件，实际出庭18件。加大行政复议化解争议力度，开通行政复议网上申请与传真申请等渠道，在全省率先建立《余杭区行政复议简易程序办理制度》和《余杭区行政复议听证规则》，做到简易案件高效便民，复杂案件充分论证。充分利用余杭区政府门户网站、报刊、广播、电视等便于公众知晓的方式，及时、主动地公开相关信息。据统计，余杭区政府网站首页点击率2008年为3091185，较好地保障了公民的知情权、参与权，有力地促进政府行为更透明、更规范、更公正。认真落实行政应急管理机制，成立"杭州市余杭区突发公共事件应急管理委员会"，建立区级综合性应急救援队伍5支，乡镇（街道）46支，社区59支。制定全区总体预案1个，区级专项预案51个，各乡镇（街道）、村（社区）、规模以上企业、危化企业和学校也全部制定了应急预案，实现了横向到边、纵向到底的目标。积极开展应急预案演练，2008年全区开展预案演练160余次，其中区级预案演练

4 次。

（三）规范司法行为，立足服务民生

针对指标体系中"促进司法公正，维护司法权威"指标所反映出的问题，余杭区司法机关进一步改进工作方法，贯彻落实宽严相济的司法原则，创新刑事案件庭前证据开示制度，努力把依法从宽落实到各个诉讼环节，得到省级有关部门充分肯定。余杭区检察院严格把握案件的事实关、证据关和法律适用关，做到加大打击力度和依法保障人权的统一。积极运用提抗和再审检察建议、支持和督促起诉等方式，提高监督质量和改判纠错率；率先在全省开发了"九类罪犯电子档案库"和监所检察办公自动化系统，增强刑罚执行监督的针对性和实效性，提高干警规范执法的能力。余杭区法院认真开展审判质量效率评估体系建设，完善《审判流程管理规则》，规范审查立案、开庭审理、申诉复查等环节的分工、协作和监督，加强审限管理；严格案件质量要求，出台《案件质量评查办法》，形成以案件质量评查为基础，以案卷检查、裁判文书评查、改判及发回重审案件督查、庭审旁听为重点的案件质量监督管理体系。2008 年，共评查案件 10559 件，其中 97% 的案件为优秀。

与此同时，余杭区委、区政府认真践行"关注民生、服务民生、保障民生"精神，把"法治余杭"建设与涉及民生的热点、难点问题紧密结合。设立司法救助专项资金，建立健全司法救助工作机制，开展多种形式的司法救助。2008 年，余杭区共计发放司法救助资金 98.6 万元，救助个案 51 起，共受理援助案件 945 起，同比增长 96.47%；12348 法律服务专线全年共来电来访 4590 件，同比增长 78.84%；"胡永奎人身损害赔偿纠纷案"和"农民工追索劳动报酬案"，获选"杭州市'十大'法律援助典型案例"，法律援助"惠民工程"真正办成了"人民满意工程"。切实采取有力措施，依法维护劳动者合法权益。2008 年，共检查用人单位 4004 家，涉及劳动者 14.74 万人，为职工追回工资 1209.2 万元，补签劳动合同 6382 份，查处童工案件 9 起；共受理劳动争议案件 350 起，涉及职工 352 人，为当事人挽回经济损失 520.21 万元，与去年相比，案件数上浮 82.3%，挽回经济损失额上浮 62.9%。

（四）夯实法治基础，营造法治氛围

余杭区政府制定出台了《关于进一步加强民主法治村（社区）创建工作的意见》，从设立以奖代补工作机制、实行动态管理制度、建立双重考核机制、执行一票否决制四个方面，对提升"民主法治村（社区）"的创建质量作出了明确规定，极大地调动了基层的创建积极性。同时，余杭区政协组织部分政协委员，对余杭区的民主法治村（社区）创建工作进行专项视察、调研，为"有效推进基层民主法治建设"献计献策。目前，余杭区共有三星级"民主法治村（社区）"184家，四星级55家，五星级5家，全国示范村1家。余杭区"民主法治村（社区）"创建工作做法分别在浙江电视台新农村公共频道"政策面对面"栏目和省司法厅专题培训会上作了专门介绍。基层民主法治建设亮点纷呈。如径山镇小古城村，针对村民居住区相对分散，村民参与村务管理多有不便等实际，推出了小古城村村务网站，将村情村务、服务信息、企业动态等内容悉数上网的同时，特别设立法律法规专栏，解读《物权法》、《劳动合同法》、《土地管理法》等与村民生产生活息息相关的法律条文和政策法规，使村民足不出户就能了解村情，参与村务，点击鼠标便可学法知法，真正做到了"阳光村务更公开，学法渠道更通畅"，被央视七套《法制编辑》栏目专题报道。

同时，按照"进进有亮点，延伸有特点"的要求，明确落实牵头单位，深入开展法律"六进两延伸"活动，运河镇成为首批"全国妇女法制宣传教育示范点"。突出乡镇（街道）和部门领导、后备干部、新任村（社区）干部、法制工作骨干力量、公务员等五大层面，进行法律法规和"法治余杭"知识培训；在全区范围内组织开展公职人员法律知识考试，以考促学，深化领导干部及公务员队伍对法治建设的认识；拍摄制作"法治余杭"知识教育课件，有效提高广大干部群众对"法治余杭"工作的认知度；制作系列法治公益电视广告片，引导广大公民树立"法治建设人人参与"的意识；结合区改革开放三十周年成就图片展，全面生动地展示"法治余杭"建设的历程和成效；开辟律师"举案说法"电视法制节目，举行"法眼看余杭"DV大赛、全民法律知识竞赛，开展特色亮点系列宣传报道活动，编印、发放"法治余杭"知识宣传册、宣传挂历和年画等全方位、多层次的"法治余杭"建设宣传教育活动,有效提高了广大群众对"法治余杭"建设工作的知晓度,营造起全社会参与法治建设的浓厚氛围。

二 2008 年法治余杭评估的数据收集

余杭区法律实践的背景数据资料有助于了解余杭区社会法治发展的实际状况。此相关统计数据仅作为内部组、外部组以及专家组评分的辅助依据,并不直接对应于法治条件的每一项指标。以下数据反映的情况均截至 2008 年 12 月 31 日,余杭区人口数大约为 83.2 万。

(一) 与党委依法执政相关的数据

1. 廉洁状况

	2007 年	2008 年	数据来源
纪委的调查案件总数	96 件	98 件	纪委
反贪局的调查案件总数	21 件 27 人	17 件 26 人	检察院
纪委的调查案件被控犯罪的人数	14 人	36 人	纪委
反贪局的调查案件被控犯罪的人数	23 人	25 人	检察院
纪委的调查案件中,涉案的相关违法经济数额	挽回经济损失数 730 万	挽回经济损失数 770 万	纪委
反贪局的调查案件中,涉案的相关违法经济数额	250 万	380 万	检察院

2. 其他

	2007 年	2008 年	数据来源
党务公开,干部任用公示的比例	100%	100%	组织部

续表

	2007 年	2008 年	数据来源
对区管干部、中层正职以上干部的法律知识考试次数	组织部：1 次人事局：根据杭人教〔2005〕174 号文件，自 2006 年 10 月起至 2007 年底，对全区公务员开展《行政法学》等三门公共课程的培训考试。	组织部：1 次人事局：组织 1 次全区公职人员法律知识考试。	组织部人事局

（二）与政府依法行政相关的数据

1. 行政纠纷

	2007 年	2008 年	数据来源
行政复议案件总数	14 件	18 件	法制办
行政机关败诉的案件数	2	3	法院
行政复议案件撤销、变更率	0	0	法院
引发行政诉讼的复议案件数	6	6	法院
引发行政诉讼的复议案件占全部案件的比率（%）	9.68	12.24	法院
因违法、不当行政行为引发的重大群体性事件数	0	0	信访局
因违法、不当行政行为引发的上访、信访事件数	0	0	信访局
行政部门工作人员重大违法乱纪案件数	16 件	34 件	监察局

2. 信访案件数据

	2007 年	2008 年	数据来源
信访案件总数	26031 件 40232 人次	39002 件 39915 人次	信访局
信访案件结案率	99.7%	99.8%	信访局

续表

	2007 年	2008 年	数据来源
引发重复信访的信访案件数	4387	3865	信访局
引发重复信访的信访案件数占全部案件的比率（%）	16.85%	9.9%	信访局
纠正政府不当行为的信访案件数	0	0	信访局 法制办
纠正政府不当行为的信访案件数占全部案件的比率（%）	0	0	信访局 法制办

（三）与司法公平正义相关的数据

1. 司法案件相关

	2007 年	2008 年	数据来源
一审案件数	6579	8223	法院
上诉案件率	5.6%（上诉368 件/ 6579 审理案件）	4.8%（上诉398 件/ 8223 审理案件）	法院
抗诉案件率	0.05%	0.01%	法院
再审案件率	0.08%	0.09%	法院
上诉案件在一审案件中的比率	5.6%	4.8%	法院
二审改判率	5.4%	6.0%	法院
上诉案件中改判、发回重审案件 占当年结案数的比例	0.24%	0.27%	法院

2. 司法赔偿相关

	2007 年	2008 年	数据来源
司法赔偿案件数量	0	0	法院
年度发生应予司法赔偿的案件判决兑现率	0	0	法院
公民不服，另行起诉的司法赔偿案件	0	0	法院

（四）与权利依法保障相关的数据

1. 司法资源

	2007 年	2008 年	数据来源
法律从业人员执证执业率	100%	100%	司法局
法官人数	78 人	83 人	法院
每十万人的检察官人数	7 人	7 人	检察院
每万人的警察人数	6.47 人	6.15 人	公安分局
每十万人的刑事警察人数	11.55 人	10.73 人	公安分局
每十万人的律师、法律服务工作者人数	12.88 人/万人	13.38 人/万人	司法局

2. 法律援助

	2007 年	2008 年	数据来源
法律援助案件比率	100%	100%	司法局
民商法律援助案件数	333	722	司法局
刑事法律援助案件数	148	223	司法局
行政法律援助案件数	0	0	司法局
其他法律援助案件数	0	0	司法局

3. 个人权益维护

	2007 年	2008 年	数据来源
城镇、农村养老保险覆盖率	无此统计	46.97%（农）	劳保局
城镇、农村医疗保险覆盖率	100%（农）	100%（农）	劳保局
农村五保集中供养率	94.6%	95.1%	民政局
城镇"三无"人员集中供养率	96.2%	99%	民政局
归正人员帮教安置率	100%	100%	司法局

续表

	2007 年	2008 年	数据来源
辖区内失业人员和农转非人员的就业率	68%	63%	劳保局
工青妇组织维权申诉次数	无法统计		法院
损害消费者权益申诉次数	1043 次	1326 次	工商分局
人民团体信访或投诉办结率	100%	100%	信访局
劳动合同纠纷受理件数及增长率	871 件；15.6%	1001 件；14.9%	劳保局
行政诉讼件数和增长率	62	47	法院

（五）与市场规范有序相关的数据

	2007 年	2008 年	数据来源
城镇居民人均可支配收入	21098 元	23678 元	区府办
恩格尔系数	农村村民：34.5 城镇居民：36.9	农村村民：33.7 城镇居民：35.9	统计局
贫富差距（吉尼系数）	农村村民：0.3514 城镇居民：0.3208	农村村民：0.3885 城镇居民：0.3066	统计局
贫富差距（收入五等分倍数）	农村村民：4.1 城镇居民：3.9	农村村民：4.3 城镇居民：5.2	统计局
在全省有重大影响的知识产权的侵权案件数	0	0	法院
在全省有重大影响的假冒伪劣商品案件数	0	0	工商分局
商品质量抽检合格率	工商：87% 质监：90.83%	工商：90% 质监：92.28%	工商分局 质监局
受理的群众关于产品质量投诉案件的回复率	100%	100%	工商分局 质监局
在全省有重大影响的不正当竞争案件	无	无	工商分局
对企业法人、经营者的法律知识培训及考试次数	129 期	125 期	工商分局

（六）与监督体系健全相关的数据

	2007 年	2008 年	数据来源
法院"院长接待日"接待案件数	50	75	法院
政务、村务、厂务公开率	基本全部公开，公开率无法准确测算	基本全部公开，公开率无法准确测算	纪委
人大对政府部门上报的规范性文件备案、审查率	5 件	6 件	人大办
人民代表、政协委员对政府工作的满意度	96.4% 政协：未单独开展满意度调查	97.23% 政协：未单独开展满意度调查	人大办政协办
人大对依法行政的评议率	100%	100%	人大办
媒体监督案件数	256 件	262 件	广电台新闻传媒中心

（七）与民主政治完善相关的数据

1. 公民参与民主政治

	2007 年	2008 年	数据来源
市民向政府和人代会、政协提出建议的件数	区政府：679 件 区人大：166 件 区政协：619 件 （提案 348 件、社情民意 271 件）	区政府：719 件 区人大：138 件 区政协：682 件 （提案 420 件、社情民意 262 件）	区府办人大办政协办
居民参加居委会选举的比率	84.9%	未选举	民政局
居委会达到自治标准的比率	100%	100%	民政局

续表

	2007 年	2008 年	数据来源
公民参加各类党派 和社团的比率	146 人 5000 人次（社团）	161 人 26490 人次（社团）	统战部 民政局
政府网站点击率	首页点击率：2782066 总流量120599946	首页点击率：3091185 总流量：150749932	区府办
重大决策组织合法性 论证的数量	5	8	区府办
违法选举查证属实的 案件数	0	0	民政局
民主法治村（社区） 创建达标率	74.21%	76.8%	司法局
与群众利益密切相关的决策 未经法定程序作出的数量	0	0	区委办 区府办

2. 人民代表大会制度

	2007 年	2008 年	数据来源
人大代表性别比例（男/女）	72.43%；12.57%	72.43%；12.57%	人大办
>50 岁/30～50 岁/<30 岁	26/258/17	26/258/17	人大办
工人、农民代表所占比例	43.85%	43.85%	人大办
少数民族代表/汉族代表	0/301	0/301	人大办
共产党代表/民主党派代表	203/7	203/7	人大办
人大代表提案数量	328 件	306 件	人大办
人大代表提案被采纳数量	328 件	306 件	人大办

（八）与全民素质提升相关的数据

	2007 年	2008 年	数据来源
年信访案件总数及增长率	26031；22%	39002；49.7%	信访局
政府各部门受理的投诉并确立成立的案件总数	0	0	法制办
中小学法制副校长、辅导员的配备率	100%	100%	司法局
人均律师拥有率	6.63 人/万人	7.13 人/万人	司法局
民事案件占所有案件比率	43.89%	35.22%	法院
行政案件占所有案件比率	0.68%	0.40%	法院

（九）与社会平安和谐相关的数据

1. 犯罪和治安处罚案件的数据

	2007 年	2008 年	数据来源
暴力性犯罪的总数	303	329	公安分局
重大群体性事件数	2	1	政法委
重大公共安全事故数	重大：0；较大：0；一般：11	重大：0；较大：1；一般：7	安监局
八类重大案件占总刑事案件的比例	0.038	0.041	公安分局
平安村、平安单位创建达标率	村 96.6% 单位 99.2%	村 96.4% 单位 99.3%	综治办
妨害社会管理秩序的犯罪	181	223	公安分局

续表

	2007 年	2008 年	数据来源
罪行严重的犯罪（被判有期徒刑 3 年以上、无期徒刑、死刑）	356	388	法院
每十万人犯罪率	1487/100000 人	1708/100000 人	法院

2. 治安管理案件数据

	2007 年	2008 年	数据来源
治安管理案件的总数	16123	18545	公安分局
违反治安管理的行为和处罚	16123	18545	公安分局
扰乱公共秩序的行为和处罚	439	414	公安分局
妨害公共安全的行为和处罚	230	244	公安分局
侵犯人身权利、财产权利的行为和处罚	13909	15873	公安分局
妨害社会管理的行为和处罚	1545	2014	公安分局
每十万人治安管理案件发生率	1410.59	1518.8	公安分局

3. 犯罪人年龄

	2007 年	2008 年	数据来源
14—18 岁犯罪人数	133	154	法院
不满 18 岁常住人口数和 不满 20 岁暂住人口数	131490 人/45391 人	131191 人/50833 人	公安分局
不满 18 岁违反治安管理法的人数	370	221	公安分局
不满 18 岁组中每十万人违反 治安管理法的人数	32（全部人口数）	18（全部人口数）	公安分局

续表

	2007 年	2008 年	数据来源
18 岁以上犯罪人数	1354	1554	法院
18 岁以上接受劳动教养人数	194	118	公安分局
18 岁以上组中每十万人接受劳动教养数比例	16.97（全部人口数）	9.66（全部人口数）	公安分局

三 2008 年度法治余杭考评情况

（一）部门自评汇总表

2008 年度法治余杭考评指标基本上是与法治状况有关的各项可量化的法律数据。如具体目标"全面推进依法行政，努力建设法治政府"下的考评指标"行政机关中法律专职工作人员"达到一定比率，行政执法人员的持证率达到 90% 以上，每少一个百分点扣 1 分；发现不具备执法资格的人员从事执法活动的，每起扣 3 分；"依法行政示范单位"创建覆盖面未达到 100% 的，扣 3 分；"依法行政示范单位"达标数少于上年的，扣 3 分；没有"依法行政示范单位"的，扣 2 分。依据此考评指标，余杭 2008 年对于此项的情况是自评分 17 分（标准分 20 分），依法行政示范单位创建活动滞后。

这些数据主要来源于各个单位的统计以及相关部门的核实，反映了余杭该年度的法治现状。虽然这些数据主要来自政府内部自我测评的内容，难以直接转化成可计算的法治指数，但作为评审者打分的参考是较为合适并且具有操作性的。

2008 年度法治余杭考评情况如下表：（具体考评内容和扣分细则参见 2007 年详表）

总体目标	党委依法执政　政府依法行政　司法公平正义　权利依法保障 市场规范有序　监督体系健全　民主政治完善　全民素质提升　社会平安和谐				
基本内涵	以建设法治化政府和维护司法公正为重点，以规范公共权力和保障公民权利为核心，以加强党的领导为保证，切实做到有法必依、执法必严、违法必究，努力提高余杭区经济、政治、文化和社会各个领域的法治化水平。				
总体进程	2006—2010 年，按照"十一五"规划的总体部署，通过实施"'三五'依法治区、'五五'普法教育"规划，全面落实法治余杭建设各项任务，初步实现区域法治化目标；2011—2015 年，巩固、发展法治余杭建设成果，全面提高政治、经济、文化、社会生活的法治化水平，基本建成开放型、法治型社会。				

具体目标	主要任务	考评标准	标准分	自评分	备注
一、推进民主政治建设，提高党的执政能力	1. 改进执政方式 2. 巩固执政基础 3. 依法保障人民当家做主	1. 组织机构健全，分工明确，责任落实。专职人员不落实的，扣 3 分，工作经费未列入财政预算的，扣 2 分；法治建设领导小组会议一年少于二次的，扣 3 分；年度法治建设任务部门责任考核不落实的，扣 3 分；法治建设简报录用率低于全省平均水平的，扣 3 分。	15	15	无扣分事项
		2. 党委民主决策体系健全，在重大事项作出决策前，组织合法性论证达到 100%。未达完全论证要求，每降一个百分点，扣 2 分。对党中央、国务院和省委、省政府明确规定，有令不行、有禁不止的，此项不得分。	15	13	重大决策组织合法性论证不足
		3. 干部选拔、任用体系科学，程序规范，奖惩制度完善。	10	10	无扣分事项
		4. 党委分别听取同级人大常委会、政府、政协和法院、检察院党组以及工、青、妇等人民团体党组工作汇报未达到一次以上的，均扣 2 分；执政体制完善，党委在决策时，人大、政府、政协和民主党派参与协商比率不低于 95%，每低一个百分点扣 1 分；人大代表建议和政协委员提案办复满意率低于 95% 的，每降一个百分点均扣 1 分。	10	10	无扣分事项

续表

具体目标	主要任务	考评标准	标准分	自评分	备注
一、推进民主政治建设，提高党的执政能力	1. 改进执政方式 2. 巩固执政基础 3. 依法保障人民当家做主	5. 积极实施党务公开，注重党风廉政建设，促进勤政廉政优政。	10	10	无扣分事项
		6. 支持和保障检察机关、审判机关依法独立行使司法权，无以组织或个人名义干预司法活动。	10	10	无扣分事项
		7. 选民实际参加人民代表选举的比率达到98%以上。	10	10	无扣分事项
		8. 普通选民被推举为区人大代表候选人达到规定比率。	10	10	无扣分事项
		9. 未获得省级文明城市（城区）称号的，扣5分；省级文明镇、文明村（社区）达标数低于5%的，均扣2分；星级"民主法治村（社区）"创建达标率低于全省平均水平，扣3分。	10	8	省级文明村低于5%
		10. 居（村）委会民主选举中发生贿选、暴力干涉事件的，每起扣3分；群众对民主政治参与的满意度达到90%以上，每降一个百分点扣1分。	10	7	群众满意度87%
二、全面推进依法行政，努力建设法治政府	1. 转变政府职能，创新管理方式 2. 完善决策机制，强化制度建设 3. 规范行政执法，加强执法监督	1. 行政执法主体明晰，体制规范、合法；无执法缺位、越位、错位等状况。	15	13	个别行政部门违纪
		2. 行政机关中法律专职工作人员达到一定比率，行政执法人员的持证率达到90%以上。	20	17	依法行政示范单位创建活动滞后
		3. 制定和出台的规范性文件应向人大常委会备案和公众公布，报备和公布率分别达到100%。	10	10	无扣分事项
		4. 经行政复议确定为行政决策不当或规范性文件制定不当的，每起扣3分；制定和出台的规范性文件的合法率达到100%。未达到比率的，此项不得分。	10	10	无扣分事项

续表

具体目标	主要任务	考评标准	标准分	自评分	备注
二、全面推进依法行政，务力建设法治政府	1. 转变政府职能，创新管理方式 2. 完善决策机制，强化制度建设 3. 规范行政执法，加强执法监督	5. 行政部门工作人员无重大违法乱纪、失职、渎职的案件。	15	11	行政部门工作人员违纪
		6. 发生违法和不当行政行为引发重大群体性上访事件，每起扣3分；对群体性事件的办结率达到90%以上，每少一个百分点扣1分。	10	10	无扣分事项
		7. 行政执法责任制的覆盖率达到100%，执行到位率达到95%以上。	15	15	无扣分事项
		8. 加强对乡镇公共事务决策的监督。	10	7	乡镇公共事务决策向社会公示和征求意见不足
		9. 经行政复议、行政诉讼被撤销、变更、确认违法或无效、责令履行法定职责的行政执法案件占当年行政执法件数比例高于全省平均水平的，扣5分；行政复议决定被裁判为撤销、变更、责令履行法定职责的，每起扣3分。	20	20	无扣分事项
		10. 发生行政诉讼，主要领导出庭率不低于90%，裁决处理到位率达到100%，当事人对法律文书（判决、裁定、调解书）自觉履行率达到90%以上。	15	15	无扣分事项
		11. 行政执法行为规范、程序合法。	10	7	规范性文件出台后向社会公布不够
		12. 当年新增财力用于社会事业和解决民生保障问题的比例低于三分之二的扣2分；因对社保基金、住房公积金等公共基金管理不力造成重大损失的，每起扣2分。群众对政府行政工作满意度达到95%以上，每低一个百分点扣1分。政府领导班子民主测评中政府效能建设评价等次达不到优秀的，扣3分。	10	7	群众对政府行政工作满意度92%

具体目标	主要任务	考评标准	标准分	自评分	备注
三、促进司法公正，维护司法权威	1. 司法机关依法独立开展司法活动 2. 实现司法公正和效率目标 3. 加强司法队伍、制度建设，提升法治建设质效	1. 审判机关、检察机关未按中央和省委要求对重点领域专项整治工作作出专项部署的，扣5分；法院立案大厅或检察院申诉控告接待室规范化建设未达到省级标准的，扣3分；当年司法救助基金低于上年水平的，扣3分；对按规定应减免的诉讼费仍以其他形式收取而未减免的，发现一起扣2分。	15	15	无扣分事项
		2. 大学法律本科以上的法官、检察官人数比例不低于全省平均水平。低于全省平均水平的均扣3分。	10	10	无扣分事项
		3. 法院案件执结率达90%以上，有效执结率达65%以上，每少一个百分点均扣2分；执行标的额到位率达到95%以上，每少一个百分点扣2分；发生为地方、部门局部利益搞执法特殊化事件的，每起扣2分；因地方保护主义或部门保护主义而提级执行的，每起扣2分。	15	11	执行标的额到位率未达到95%
		4. 改判、发回重审案件占当年结案数的比例不高于全省平均水平。高于全省平均水平的扣5分。	10	10	
		5. 审判程序合法公正、公开。一审普通程序案件人民陪审员参审案件低于45%，每降一个百分点扣2分；一审后当事人服判息诉占全部审结案件的比例不低于93%，每下降一个百分点扣2分；案件审限结案率未达到100%的，每降一个百分点扣4分。	20	18	民告官、打官司难状况依然存在
		6. 职务犯罪案件讯问全程同步录音录像率低于90%的，每降一个百分点扣2分；公诉案件被法院判无罪并被上级法院确认为错案的，每起扣3分；职务犯罪起诉率低于90%的，每降一个百分点扣2分。	15	15	无扣分事项
		7. 年度发生应予司法赔偿的案件兑现率达到100%。每下降一个百分点扣3分。	15	15	无扣分事项

续表

具体目标	主要任务	考评标准	标准分	自评分	备注
三、促进司法公正，维护司法权威	1. 司法机关依法独立开展司法活动	8. 信访案件办结率达到90%以上。每少一个百分点扣1分。	10	10	无扣分事项
	2. 实现司法公正和效率目标	9. 发生司法工作人员非法侵犯当事人合法权益事件的，每起扣5分；司法工作人员贪污贿赂、渎职犯罪的，每起扣5分。	10	10	无扣分事项
	3. 加强司法队伍、制度建设，提升法治建设质效	10. 人大会议对两院工作报告满意度达90%以上，人民群众对司法机关的工作满意度达到85%以上，每降一个百分点均扣1分。	10	10	无扣分事项
四、拓展法律服务，维护社会公平	1. 完善服务体系	1. 基层法律服务工作者的执业持证率达到100%。每少一个百分点扣2分。	10	10	无扣分事项
		2. 律师、法律服务工作者万人拥有数达到全省平均数以上。低于全省平均数的扣3分。	10	7	万人拥有数低于全省平均数
		3. 律师行为规范，自律监督机制完善。法律服务单位从业人员有违规、违法行为被追究法律责任的，每起扣3分。	10	10	无扣分事项
	2. 保障公民权利	4. 法律援助机构健全，服务体系完善。机构不健全、体系不完善的均扣2分。	10	10	无扣分事项
		5. 法律援助专项经费、专职人员得到切实保障。专项经费不低于上年水平，并随着标准的提高和人数的增加逐步增长。专职人员未落实的扣2分；专项经费未得到保障的扣5分。	10	10	无扣分事项
		6. 法律援助、基层服务法律渠道畅通，对应助的援助面达到100%。发生应助未助被投诉的，每例扣1分。	10	8	便民环节有努力空间
		7. 党委、政府法律顾问制度完善，覆盖率达85%以上。每降一个百分点扣1分。	10	10	无扣分事项

续表

具体目标	主要任务	考评标准	标准分	自评分	备注
四、拓展法律服务，维护社会公平	1. 完善服务体系	8. 困难、弱势群体法律援助、司法救济率达到100%。每降一个百分点扣2分。	10	10	无扣分事项
	2. 保障公民权利	9. 群众对12348法律援助渠道的知晓率达到80%以上。每降一个百分点扣1分。	10	10	无扣分事项
		10. 群众对权利受损时依法得到救助的满意率达90%以上。每降一个百分点扣1分。	10	10	无扣分事项
五、深化全民法制教育，增强法治意识、提升法律素养	1. 深入开展以宪法为核心的全民法制宣传教育	1. 普法领导机构健全，普法办专职、兼职人员明确。机构不健全，人员不明确的，分别扣2分。	10	10	无扣分事项
		2. 学法制度健全，实施的计划、步骤清晰（有计划、检查、总结）。没有计划、检查或总结的，每项扣2分。	10	10	无扣分事项
		3. 普法重点对象法制教育覆盖面低于80%的，扣5分；"一学三讲六进两延伸"活动责任明确，工作落实，措施有力，未完成年度计划的，扣3分。	15	15	无扣分事项
	2. 加强对各类重点普法对象的法制宣传教育	4. 法制教育基础扎实，形式多样，普法教材征订任务完成率达85%以上，每少一个百分点扣2分；经费保障到位，增长幅度不低于当年财政增长幅度，每低一个百分点扣2分。	15	15	无扣分事项
		5. 领导干部带头学法用法，中心组学法每年不少于4次；公职人员全年学法不少于40学时；区管在职干部、中层正职以上干部任期内法律考试不少于1次；新进、新任人员必须经过法律考试。中心组学法少一次扣2分；公职人员少于40学时扣2分；区管干部任命前未经法律知识考试的扣2分。区直属单位领导干部法律知识考试（考核）成绩合格率低于98%的，每降一个百分点扣1分；公务员法律知识考试合格率低于95%的，扣3分。	20	20	无扣分事项

具体目标	主要任务	考评标准	标准分	自评分	备注
五、深化全民法制教育，增强法治意识、提升法律素养	1. 深入开展以宪法为核心的全民法制宣传教育 2. 加强对各类重点普法对象的法制宣传教育	6. 加强青少年法制教育工作，青少年违法犯罪率控制在1%以内，并实现逐年下降。每超过一个百分点扣1分。	10	8	学校法制教育不足
		7. 企业经营管理人员、农民、来余杭创业者及流动人口接受法制教育的面达到90%以上。每低一个百分点扣1分。	10	7	农民法制教育情况未统计扣3分
		8. 群众对法治工作的满意度达到90%以上。每少一个百分点扣1分。	10	10	群众满意度达到90%
六、依法规范市场秩序，促进经济稳定良性发展	1. 完善市场机制 2. 建设信用余杭 3. 保障经济安全	1. 社会中介组织依法运作，服务市场规范有序，发生欺诈行为未及时督办查处的，每发生一起扣2分。	10	10	无扣分事项
		2. 土地承包、经营、流转等相关制度健全、完善，无因违法、不当行为引发群体性事件。每发生一起扣2分。	10	10	无扣分事项
		3. 维护公平、有序的市场竞争环境，避免发生在全省有重大影响的不正当竞争案件。每发生一起扣2分。	10	10	无扣分事项
		4. 安全生产管理措施得力，确保各类产业的生产、经营安全。发生重大责任事故未及时督办处理的，每起扣2分；督办不力致使事态扩大的，每起扣4分。	10	8	有较大安全事故
		5. 无祖护破坏市场经济秩序、侵犯公私财产、危害经济安全的各种违法犯罪案件现象，发生一起扣2分。	10	10	无扣分事项
		6. "诚信守法企业"创建面达不到100%的扣3分；"诚信守法企业"达标企业数低于全省平均水平的扣5分。	10	10	无扣分事项
		7. 保证商品质量，商品质量抽检覆盖面达到70%以上，合格率达到85%以上。每下降一个百分点扣1分。	10	10	无扣分事项

具体目标	主要任务	考评标准	标准分	自评分	备注
六、依法规范市场秩序，促进经济稳定良性发展	1. 完善市场机制	8. 无影响重大的假冒伪劣商品案件发生。发生重大案件督办不力、查处不及时的，每起扣 2 分。	10	10	无扣分事项
	2. 建设信用余杭	9. 受理的群众关于产品质量投诉案件的回复率 100%，受理消费者举报投诉案件结案率 95% 以上。回复率、结案率每下降一个百分点均扣 1 分。	10	10	无扣分事项
	3. 保障经济安全	10. 群众对市场秩序规范性的满意度达到 95% 以上。每少一个百分点扣 1 分。	10	2	群众满意度 87%
七、依法加强社会建设，推进全面协调发展	1. 加强城乡规划、建设和管理	1. 城市管理体系健全，分工合理。对由于体系不健全、分工不合理而发生行政不作为或不当行为的，每起扣 2 分。	10	10	无扣分事项
		2. 环境保护、市容环境卫生管理、市政公用设施建设管理执法有力，重点工程建设质量达标，无违法、违章建筑行为发生。每发生一起扣 2 分。	10	8	存在违章建筑行为
		3. 加快中心村和新型社区建设，星级村（社区）的创建达标率达到上级要求；村庄整治率达到 70% 以上。每少一个百分点均扣 1 分。	10	10	无扣分事项
	2. 推进社会各项事业健康有序发展	4. 文化市场繁荣、健康，遗址、古镇、文物等保护、开发工作有序。无破坏、盗挖等行为。每发生一起扣 1 分。	5	5	无扣分事项
		5. 社会公共卫生管理到位，城镇、农村医疗保险覆盖率分别达到 100% 和 95% 以上。每少一个百分点均扣 1 分。	15	15	无扣分事项
	3. 大力推进社会保障体系建设	6. 城镇社会养老保险覆盖率达 100%，农村逐年提升，失业率控制在全省平均水平以下。养老保险覆盖率，每少一个百分点扣 2 分，失业率高于全省平均水平的扣 5 分。	20	18	城镇养老保险覆盖面不足
		7. 贫困人口得到救助率达到 100%，孤寡老人集中供养率达到 90% 以上。每少一个百分点均扣 1 分。	10	10	无扣分事项

具体目标	主要任务	考评标准	标准分	自评分	备注
七、依法加强社会建设，推进全面协调发展	1.加强城乡规划、建设和管理 2.推进社会各项事业健康有序发展	8.非公经济组织中工会组织组建率低于60%的，每降一个百分点扣1分；企业劳动合同签订率达到85%以上，每降一个百分点扣1分；因在劳动就业、工资待遇、子女入学等方面出台歧视性规定引发侵犯外来农民工合法权益事件的，每发生一起扣3分。	10	10	无扣分事项
	3.大力推进社会保障体系建设	9.农民素质培训完成年度计划。未按年度计划完成培训任务的扣1分。	10	8	农民素质培训不足
八、深化平安余杭创建，维护社会和谐稳定	1.依法打击违法犯罪	1.依法打击违法犯罪，刑事案件的破案率不低于全市平均值，命案和五类案件的侦破率分别达到90%、95%以上。三项指标每降一个百分点均扣1分。	10	10	无扣分事项
	2.强化治安防控体系建设	2.维护群众生产、生活环境安全稳定，严格控制重大公共安全事故、重大群体性事件，对公共安全事故、重大群体性事件不及时查处的，每发生一起扣2分。	10	8	群体性事件一起
	3.完善矛盾纠纷调处机制	3.涉毒违法犯罪案件明显减少，"无毒"社区（村）创建率达到100%以上。每少一个百分点扣1分。	10	10	无扣分事项
	4.加强社会治安综合治理	4.治安防控体系网络健全，政府财政投入到位，投入额随着经济和社会发展同步增长。未同步增长，每低一个百分点扣1分。	10	10	无扣分事项
		5.平安村、平安单位创建达标率达到90%以上。每少一个百分点扣1分。	10	10	无扣分事项
		6.调解工作网络健全，调解机制完善，矛盾纠纷排查及时，纠纷调处受理率达到100%，每少一个百分点扣1分，调解成功率未达到95%以上的，扣3分。	10	10	无扣分事项

续表

具体目标	主要任务	考评标准	标准分	自评分	备注
八、深化平安余杭创建，维护社会和谐稳定	1. 依法打击违法犯罪 2. 强化治安防控体系建设 3. 完善矛盾纠纷调处机制 4. 加强社会治安综合治理	7. 有效化解信访矛盾，年度信访、走访人数占当地人口总数的比例高于5‰的，均扣2分；信访案件办结率达到上级标准要求，未达到标准要求的，每少一个百分点扣1分。	10	10	无扣分事项
		8. 社会治安综合治理责任制落实，机制完善，网络健全，考核达标率达到90%以上。每少一个百分点扣1分。	10	10	无扣分事项
		9. 流动人口综合管理服务不到位，责任不落实的扣2分；社区矫正、帮教安置工作扎实，发生矫正、归正人员脱管、漏管现象，每例扣0.5分；归正人员、社区矫正对象重犯新罪率在全省平均数以上的，扣2分。	10	7	流动人口管理与服务不足
		10. 人民群众安全感和满意度达到90%以上。每下降一个百分点扣1分。	10	10	无扣分事项
		11. 加强对司法人员及行政执法人员的监督和管理，加大教育力度和违法、违纪案件查处力度，教育面和查处率分别达到100%。每下降一个百分点均扣1分。	10	10	无扣分事项
		12. 人民群众对监督工作的满意度达到80%以上。每少一个百分点扣1分。	10	7	群众满意度77%
九、健全监督体制，提高监督效能	1. 加强监督体系建设 2. 强化专门机关的监督职能 3. 完善社会监督 4. 深入开展党风廉政建设	1. 人大、政协对依法行政的评议和监督率分别达到100%。每少一个百分点扣1分。	10	9	全方位监督体系有待建构
		2. 人大对政府和部门上报的规范性文件备案、审查率达到100%，对政府组成人员的评议率达到100%。两项指标每少一个百分点均扣1分。	10	10	无扣分事项
		3. 人大、政协对议案、提案的办结率分别达到100%，每少一个百分点扣1分。	10	10	无扣分事项
		4. 人大代表、政协委员对政府工作的满意度达到90%以上。每少一个百分点扣1分。	10	10	无扣分事项

续表

具体目标	主要任务	考评标准	标准分	自评分	备注
九、健全监督体制,提高监督效能	1. 加强监督体系建设	5. 政府要加强监督,落实决策责任追究和绩效评估制度,确保无缺位、越位和不作为、乱作为现象发生。每发生一起扣2分。	10	8	对领导干部的监督有待探索
	2. 强化专门机关的监督职能	6. 举报网络完善,群众监督渠道畅通。公、检、法案源中来自群众举报、投诉的案件比率达50%以上。每少一个百分点扣1分。	10	10	无扣分事项
	3. 完善社会监督	7. 民主党派在人大、政协、政府中的任职比率未达到上级规定要求的均扣1分。	10	10	无扣分事项
	4. 深入开展党风廉政建设	8. 切实发挥检察机关的法律监督和新闻媒体的舆论监督作用,监督面分别达到90%以上,每下降一个百分点扣1分;发生阻挠、干涉新闻媒体监督作用事件的,每发生一起扣1分。	10	10	无扣分事项

(二) 法治余杭建设工作专项组考评表

为提高评分依据的客观性,使其更具参考价值,2008年度的法治余杭评估工作在政府内部自我测评的基础上,进一步开展了法治余杭建设工作专项组的专项考评。法治余杭建设工作专项组分为信用余杭组、公正司法协调组、法制宣传组、依法行政组等八个专项组,分别对余杭区各个部门的工作进行考评。

2008年度法治余杭建设工作专项组考评情况如下表:

序号	考评目标	标准分	考评分	考评理由
1	推进民主政治建设提高党的执政能力	110	100	1. 文明村达标数低于5% (信用余杭组) 2. 重大决策组织合法性论证有待进一步加强 (公正司法协调组) 3. 执政能力的提高是一个渐进的过程 (法制宣传组)

续表

序号	考评目标	标准分	考评分	考评理由
2	全面推进依法行政 努力建设法治政府	160	140	1. 行政示范单位创建活动要与市政府对接，有所滞后 2. 个别行政部门有违纪案件（依法行政组） 3. 制定出台规范性文件等举行听证公示有欠缺 文件出台后向社会公布不够（公正司法协调组） 4. 依法行政过程中，还存在一些瑕疵（法制宣传组）
3	促进司法公正 维护司法权威	130	120	1. 法院执行难（依法行政组、公正司法协调组） 2. 法院执行标的额到位率未达到95%（信用余杭组） 3. 民告官、打官司难的问题依然存在（法制宣传组）
4	拓展法律服务 维护社会公平	100	95	1. 律师、法律服务工作者万人拥有数低于全省平均数（信用余杭组、依法行政组） 2. 流动人口法律服务有所欠缺（公正司法协调组） 3. 服务领域，便民等环节还有努力空间（法制宣传组）
5	深化全民法制教育 增强法治意识 提升法律素养	100	90	1. 农民、来余杭创业者及流动人口接受法制教育数统计不全（信用余杭组） 2. 公民法律素质的提高是要有一个过程的(法制宣传组)
6	依法规范市场秩序 促进经济良性发展	100	85	1. 发生较大安全事故（公正司法协调组） 2. 市场秩序的规范有待改善（法制宣传组）
7	依法加强社会建设 推进全面协调发展	100	90	1. 存在一定违章建筑行为（依法行政组） 2. 城镇养老保险覆盖面有待进一步扩大 3. 农民素质培训有待加强（公正司法协调组） 4. 社会建设的全面协调发展也是一个较长的过程
8	深化平安余杭创建 维护社会和谐稳定	100	85	1. 流动人口管理服务工作有待进一步加强（公正司法协调组） 2. 平安是永恒的主题（法制宣传组）
9	健全监督体制 提高监督效能	100	90	1. 全方位监督体系有待进一步构建（公正司法协调组） 2. 对领导干部尤其是一把手的监督还有待探索（法制宣传组）

四 2008 年"法治余杭"群众满意度调查

人民群众法治满意度调查共发出 2149 份问卷，其中包括法治余杭评审组实地调查 500 份，网上民意调查 649 份，以及余杭区统计局调查 1000份。其中，为了保证法治评估体系的客观性和公信力，余杭区统计局的1000 份调查仅仅作为评审组打分的参考资料之一，不作为余杭法治指数计算的基础数据，也不加入到对民意调查结果的统计当中。

问卷调查的结果是：人民群众对党风廉政建设的满意度得分为 70.8分，人民群众对政府行政工作的认同度得分为 70.6 分，人民群众对司法工作的满意度得分为 70.6 分，人民群众对权利救济的满意度得分为 71.8分，人民群众的社会法治意识程度得分为 75.4 分，人民群众对市场秩序规范性的满意度得分为 72.2 分，人民群众对监督工作的满意度得分为69.8 分，人民群众对民主政治参与的满意度得分为 73 分，人民群众对安全感的满意度得分为 73.8 分。

（一）人民群众对党风廉政建设的满意度

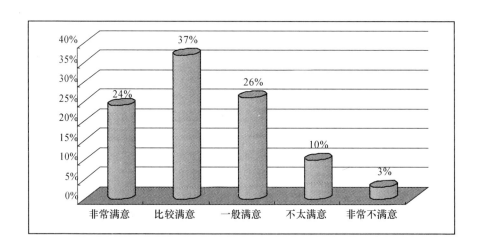

得分：24% * 100 + 37% * 80 + 26% * 60 + 10% * 40 + 3% * 20 = 73.8

(二) 人民群众对政府行政工作的认同度

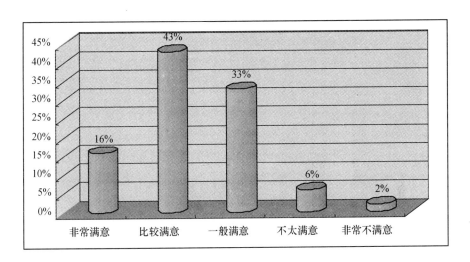

得分：16%＊100＋43%＊80＋33%＊60＋6%＊40＋2%＊20＝73

(三) 人民群众对司法工作的满意度

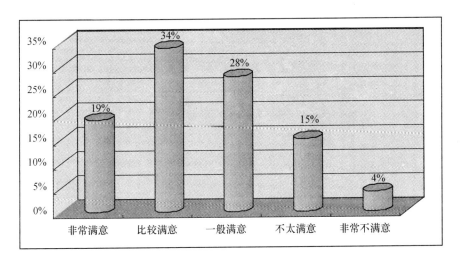

得分：19%＊100＋34%＊80＋28%＊60＋15%＊40＋4%＊20＝69.8

（四）人民群众对权利救济的满意度

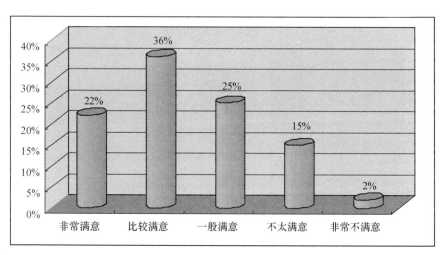

得分：$22\% * 100 + 36\% * 80 + 25\% * 60 + 15\% * 40 + 2\% * 20 = 72.2$

（五）人民群众的社会法治意识程度

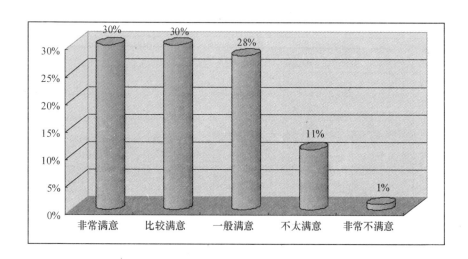

得分：$30\% * 100 + 30\% * 80 + 28\% * 60 + 11\% * 40 + 1\% * 20 = 75.4$

（六）人民群众对市场秩序规范性的满意度

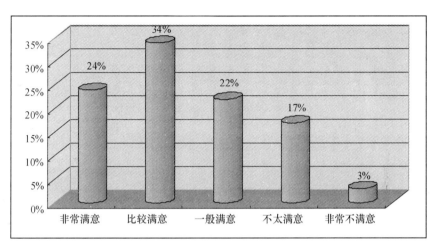

得分：24% * 100 + 34% * 80 + 22% * 60 + 17% * 40 + 3% * 20 = 71.8

（七）人民群众对监督工作的满意度

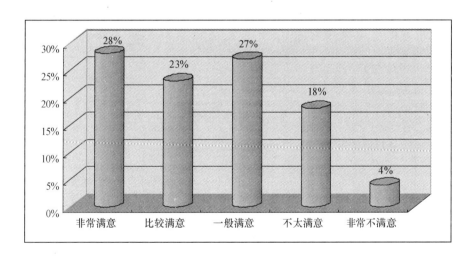

得分：28% * 100 + 23% * 80 + 27% * 60 + 18% * 40 + 4% * 20 = 70.6

(八) 人民群众对民主政治参与的满意度

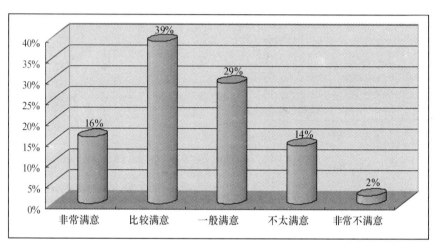

得分: 16% * 100 + 39% * 80 + 29% * 60 + 14% * 40 + 2% * 20 = 70.6

(九) 人民群众对社会治安的满意度

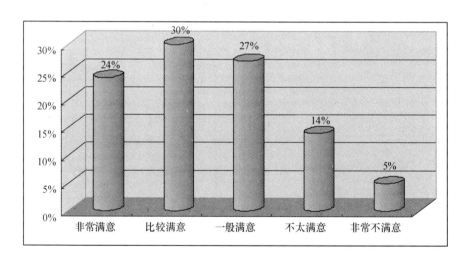

得分: 24% * 100 + 30% * 80 + 27% * 60 + 14% * 40 + 5% * 20 = 70.8

2008 年度余杭地区群众满意度调查结果为 71.99 分。

五　2008 年"法治余杭"内外组评估

(一) 内部组的评估

在保持 2007、2008 年法治指数的一致性、可比性的基础上,评审组对评估方法做了适当的改进,主要体现在内外评审组成员的确定上。

首先,我们增加了内部评审组、外部评审组的名录库容量。2008 年的名录库容量为 2007 年的两倍左右。其次,为了合理确定评审成员名单,我们在 2007 年有回馈的名录库成员、未回馈的名录库成员和新增名录库成员中各选取适当比例,最终组成 2008 年内、外评审组。

内部评估者随机由党委、人大、政府及司法机构中直接参与法律工作的成员组成,如法院、检察院、区发改局政策法规科等工作人员。评审办公室共向 67 位人员发出了邀请,其中有 31 位人员回复。在回复信件中,凡是出现表格有空缺的信件,一律视为无效,无效信件共 8 封。剩下 24 封有效信件,根据回复时间的先后(以邮件上的邮戳时间为准)选出最先发出的 20 封信件,以此 20 封信件的评分和评分理由作为内部组评审的最终评分结果。最终选定的 20 封有效信件的抽样人员信息如下:法官 2 位,检察官 1 位,公安人员 3 位,司法局人员 4 位,人大工作人员 3 位,余杭区信访局、对外经贸局、交通局办公室、教育局、城管、民政科、财政局各 1 位。下表为内部评估组打分情况:

(二) 外部组的评估

外部评估组是由非政府机关,同时不直接参与党委、人大、政府及司法机关法律工作的人员随机组成,如大学教授、企业家、新闻记者等人员。评审办公室共向 72 位人员发出了邀请,其中有 27 封回复。在回复信件中,凡是出现空缺打分的信件,一律视为无效,无效信件共 4 封。剩下 23 封有效信件,根据回复时间的先后(以邮件上的邮戳时间为准)选出最先发出的 20 封信件,以此 20 封信件的评分

内部组	指标一 权重(1-10)	指标一 得分(0-100)	指标二 权重(1-10)	指标二 得分(0-100)	指标三 权重(1-10)	指标三 得分(0-100)	指标四 权重(1-10)	指标四 得分(0-100)	指标五 权重(1-10)	指标五 得分(0-100)	指标六 权重(1-10)	指标六 得分(0-100)	指标七 权重(1-10)	指标七 得分(0-100)	指标八 权重(1-10)	指标八 得分(0-100)	指标九 权重(1-10)	指标九 得分(0-100)
1	10	65	10	60	9	60	7	60	7	65	8	65	6	60	9	55	10	45
2	10	75	7	70	7	80	6	85	10	90	8	90	10	75	10	80	8	78
3	9	40	10	30	10	50	8	50	6	50	6	75	8	60	8	60	10	40
4	9	70	10	68	9	71	8	68	6	72	5	73	8	78	9	59	10	40
5	10	75	10	75	9	80	8	72	8	70	7	80	8	78	10	80	9	65
6	10	70	9	70	8	80	6	60	7	50	7	80	7	80	8	80	9	60
7	10	80	10	80	10	80	8	80	10	80	10	80	10	80	10	80	10	80
8	10	90	10	85	10	88	7	92	8	86	9	83	8	88	8	87	8	88
9	9	85	9	80	9	85	9	85	8	80	9	85	9	85	8	80	9	85
10	10	88	10	82	10	79	9	75	9	69	8	71	8	76	10	67	9	65
11	10	72	10	73	10	70	8	70	8	71	8	69	9	69	8	71	8	68

续表

内部组	指标一 权重(1-10)	指标一 得分(0-100)	指标二 权重(1-10)	指标二 得分(0-100)	指标三 权重(1-10)	指标三 得分(0-100)	指标四 权重(1-10)	指标四 得分(0-100)	指标五 权重(1-10)	指标五 得分(0-100)	指标六 权重(1-10)	指标六 得分(0-100)	指标七 权重(1-10)	指标七 得分(0-100)	指标八 权重(1-10)	指标八 得分(0-100)	指标九 权重(1-10)	指标九 得分(0-100)
12	10	89	10	55	9	54	9	68	9	66	9	67	9	64	9	65	10	68
13	8	68	9	77	9	65	6	78	7	65	9	70	8	75	9	70	9	65
14	10	60	9	65	7	70	7	70	10	60	7	75	7	70	10	75	7	50
15	10	85	10	85	10	85	10	85	10	80	9	85	9	85	10	85	10	85
16	9	85	10	92	10	90	8	80	9	86	8	85	8	84	8	87	8	89
17	8	60	10	60	8	70	8	60	7	50	8	50	8	60	10	70	10	50
18	10	80	10	85	10	90	8	90	10	80	10	80	9	70	9	70	10	70
19	9	85	10	79	8	82	9	75	7	79	9	76	9	85	10	81	9	77
20	9	73	9	71	9	80	9	70	9	69	9	70	9	71	9	96	8	71

内部组得分　73.67

和评分理由作为外部组评审的最终评分结果。最终选定的 20 封有效信件的抽样人员信息如下：企业家 5 位，大学教员 4 位，高中教师 3 位，记者 3 位，大学生 2 位，律师 1 位，保险从业人员、银行工作人员各 1 位。下表为外部组评审者的打分情况：

六 2008 年"法治余杭"专家组评审

通过对内部组和外部组数据采样的分析，由法治指数评审办公室邀请的 17 位有较高知名度和专业权威的专家组成"2008 年余杭法治指数专家评审组"。参加评审的有原全国人大常委、原中国政法大学校长、终身教授江平，中国社会科学院荣誉学部委员李步云教授、中共中央党校副校长石泰峰教授、中国社会科学院法学所所长李林教授、上海交通大学副校长郑成良教授、中央纪委《中国纪检监察报》总编孟祥锋、中华人民共和国司法部研究室副主任王公义教授、中国人民大学法学院张志铭教授、国家统计局统计科学研究所研究室主任吕庆喆、浙江省人大法工委主任委员胡虎林、浙江工商大学校长胡建淼教授、浙江省高级人民法院副院长童兆洪、浙江大学光华法学院院长孙笑侠教授、浙江大学光华法学院副院长夏立安教授、浙江大学光华法学院林来梵教授、浙江大学光华法学院钱弘道教授等 16 位评审组专家。香港大学法学院戴耀廷教授作为独立观察员身份出席评审会。钱弘道教授担任召集人。由他们根据内外组的法治指数得分和分析报告，给余杭法治水平评分表打分，并对每一个条件的打分情况逐一作出书面说明，以保证指数的得出更具公信力。之所以增加专家组的评审，目的在于避免内部和外部组评审出现法治评分不客观、不科学、不公正，而使得整个法治指数得分出现不合理的情况，同时专家组的评审更具有公信力，更能让社会群众所接受，而得出的法治指数也更能客观、全面、真实地反映余杭区法治状况。

下表为专家组评审者的打分情况：

外部组	指标一 权重(1-10)	指标一 得分(0-100)	指标二 权重(1-10)	指标二 得分(0-100)	指标三 权重(1-10)	指标三 得分(0-100)	指标四 权重(1-10)	指标四 得分(0-100)	指标五 权重(1-10)	指标五 得分(0-100)	指标六 权重(1-10)	指标六 得分(0-100)	指标七 权重(1-10)	指标七 得分(0-100)	指标八 权重(1-10)	指标八 得分(0-100)	指标九 权重(1-10)	指标九 得分(0-100)
1	10	90	10	90	10	90	9	82	8	82	9	85	9	81	10	88	9	84
2	8	80	10	60	9	75	8	70	8	70	7	72	7	73	7	75	9	65
3	10	58	9	47	10	59	8	50	6	65	7	70	4	75	6	65	10	40
4	9	65	10	65	9	60	7	55	8	59	8	66	7	72	6	71	10	50
5	9	55	9	49	10	59	8	61	8	58	8	70	8	69	7	70	10	50
6	9	67	7	78	9	70	8	76	8	77	7	67	9	66	7	76	8	67
7	9	75	9	74	9	75	8	70	8	70	9	80	9	70	9	73	8	80
8	10	80	10	80	10	80	9	70	9	70	8	70	8	80	8	70	8	70
9	10	80	10	79	10	80	10	75	10	79	9	80	9	80	10	80	10	75
10	10	90	10	80	9	90	8	70	9	75	8	80	9	75	8	78	10	80
11	10	70	9	80	9	80	8	85	9	70	8	70	8	80	8	80	10	65

续表

外部组	指标一 权重(1-10)	指标一 得分(0-100)	指标二 权重(1-10)	指标二 得分(0-100)	指标三 权重(1-10)	指标三 得分(0-100)	指标四 权重(1-10)	指标四 得分(0-100)	指标五 权重(1-10)	指标五 得分(0-100)	指标六 权重(1-10)	指标六 得分(0-100)	指标七 权重(1-10)	指标七 得分(0-100)	指标八 权重(1-10)	指标八 得分(0-100)	指标九 权重(1-10)	指标九 得分(0-100)
12	10	75	9	73	8	71	2	78	6	79	7	65	3	67	5	67	4	68
13	9	70	10	65	9	80	9	85	8	70	9	75	10	60	8	70	9	65
14	9	78	9	80	9	82	9	80	9	75	10	72	8	75	10	90	9	85
15	9	78	8	75	10	80	10	80	9	67	9	79	9	70	9	71	10	70
16	10	76	9	74	8	71	2	76	6	67	7	64	3	67	5	66	4	67
17	8	75	8	75	10	70	10	70	9	76	9	79	9	70	9	71	10	70
18	8	30	10	30	10	30	8	50	8	50	6	60	6	60	6	60	10	30
19	7	50	10	40	10	40	8	55	9	55	7	60	6	60	6	60	10	40
20	8	60	10	55	10	50	8	60	9	60	7	70	6	70	6	70	10	50
外部组得分									69.8									

专家组	指标一 权重 (1-10)	指标一 得分 (0-100)	指标二 权重 (1-10)	指标二 得分 (0-100)	指标三 权重 (1-10)	指标三 得分 (0-100)	指标四 权重 (1-10)	指标四 得分 (0-100)	指标五 权重 (1-10)	指标五 得分 (0-100)	指标六 权重 (1-10)	指标六 得分 (0-100)	指标七 权重 (1-10)	指标七 得分 (0-100)	指标八 权重 (1-10)	指标八 得分 (0-100)	指标九 权重 (1-10)	指标九 得分 (0-100)
1	10.0	72.0	10.0	75.0	10.0	75.0	8.0	72.0	8.0	70.0	8.0	73.0	8.0	71.0	8.0	72.0	8.0	70.0
2	10.0	85.0	10.0	65.0	10.0	65.0	6.0	75.0	6.0	70.0	8.0	70.0	8.0	75.0	8.0	80.0	5.0	80.0
3	10.0	80.0	9.0	75.0	9.0	75.0	8.0	80.0	7.0	70.0	8.0	80.0	7.0	85.0	8.0	70.0	7.0	75.0
4	10.0	65.0	10.0	70.0	10.0	60.0	9.0	65.0	9.0	65.0	9.0	70.0	8.0	70.0	8.0	70.0	8.0	65.0
5	10.0	70.0	10.0	73.0	10.0	75.0	10.0	71.0	10.0	75.0	10.0	72.0	10.0	70.0	10.0	71.0	10.0	73.0
6	10.0	80.0	10.0	80.0	10.0	75.0	9.0	75.0	9.0	80.0	10.0	75.0	9.0	75.0	10.0	70.0	10.0	75.0
7	10.0	70.0	8.0	75.0	8.0	70.0	7.0	70.0	7.0	70.0	8.0	75.0	8.0	75.0	8.0	70.0	8.0	75.0
8	10.0	78.0	10.0	80.0	10.0	80.0	9.0	85.0	8.0	80.0	8.5	75.0	9.0	90.0	8.0	78.0	8.5	75.0
9	9.0	90.0	10.0	90.0	9.0	85.0	9.0	90.0	9.0	85.0	8.0	90.0	8.0	70.0	8.0	90.0	9.0	80.0
10	8.0	75.0	10.0	78.0	10.0	78.0	9.0	75.0	9.0	70.0	10.0	70.0	8.0	70.0	10.0	65.0	10.0	65.0
11	10.0	70.0	10.0	70.0	10.0	70.0	8.0	60.0	7.0	80.0	7.0	80.0	9.0	80.0	10.0	80.0	10.0	70.0

续表

专家组	指标一		指标二		指标三		指标四		指标五		指标六		指标七		指标八		指标九	
	权重 (1-10)	得分 (0-100)	权重 (1-10)	得分 (0-100)	权重 (1-10)	得分 (0-100)	权重 (1-10)	得分 (0-100)	权重 (1-10)	得分 (0-100)	权重 (1-10)	得分 (0-100)	权重 (1-10)	得分 (0-100)	权重 (1-10)	得分 (0-100)	权重 (1-10)	得分 (0-100)
12	7.0	70.0	9.0	75.0	9.0	65.0	6.0	70.0	6.0	76.0	8.0	75.0	7.0	65.0	8.0	70.0	8.0	55.0
13	10.0	69.0	9.0	65.0	9.0	50.0	9.0	55.0	10.0	67.0	10.0	63.0	9.0	65.0	10.0	66.0	9.0	64.0
14	6.0	61.0	6.0	61.0	9.0	71.0	9.0	63.0	9.0	62.0	7.0	60.0	9.0	61.0	9.0	62.0	9.0	62.0
15	7.0	62.0	7.0	60.0	9.0	62.0	9.0	68.0	9.0	60.0	7.0	74.0	9.0	60.0	9.0	60.0	9.0	63.0
专家组得分									71.77									

七　2008 年余杭法治指数的计算

（1）根据内部、外部以及专家评审者回复的打分表，汇总各组回复者的得分。

（2）根据每一项得分的参数，计算出每一法治条件得分（S）的平均值（$\tilde{s}_j$）：各法治条件（j, j = 1，…，8）所得分数中，最高分为 $s_{highest,j}$ = max（$s1_j$，…，s_{nj}）最低分为 $s_{lowest,j}$ = min（$s1_j$，…，s_{nj}）。

各去掉一个最高分和最低分，算出剩余部分分数的平均数，也就是每个条件得分的平均分：

$$\tilde{s}_j = \frac{\sum_{i=1}^{n} s_{ij} - s_{highest,j} - s_{lowest,j}}{n-2}。$$

（3）计算每一法治条件重要性权重（W）的平均值（$\tilde{w}_j$）：各法治条件（j, j = 1，…，8）所得的重要性评分中，最高及最低的分数分别为 $w_{highest,j}$ = max（w_{1j}，…，w_{nj}）和 $w_{lowest,j}$。去掉最高及最低的分数，算出剩余部分分数的平均值，也就是每一条件的重要性评分的平均值

$$\tilde{w}_j = \frac{\sum_{i=1}^{n} w_{ij} - w_{highest,j} - w_{lowest,j}}{n-2}。$$

（4）算出每一项的平均权重之后，我们要计算其相对权重，也就是每一项权重值在 9 项权重中所占的百分比。由此，再得出各法治条件的权重值：

$$\overline{w}_j = \frac{\tilde{w}}{\sum_{k=1}^{9} \tilde{w}_k}$$

（5）将各法治条件的分数及权重值结合得出余杭法治的总指数即：

$\overline{w} = \sum_{j=1}^{9} \overline{w}\tilde{s}$。注：在实际的计算公式中，每一项的计算结果实际小数位为 4 位，为了在表格中显示方便，我们只取 2 位，所以，如果直接按照表格里的数据计算会有误差。而我们的最后计算结果实际上是按 4 位小数计算的。

（6）最后，通过上述公式分别计算出内部评审组、外部评审组以及专家评审组三部分的最后法治指数得分，结合群众满意度调查得分，计算出

余杭法治指数最终得分。此四部分对余杭法治指数最终得分所占比率分别为：群众满意度调查得分占35%，内部评审组与外部评审组共占35%，专家评审组占30%。

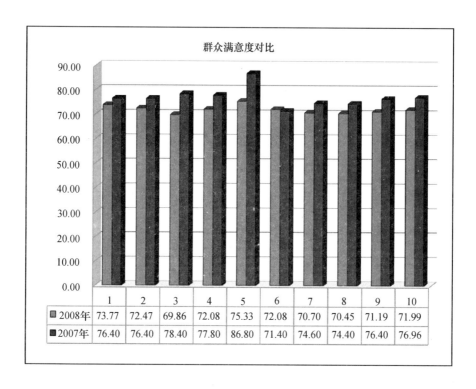

八 2008年法治评估结果的纵向与横向分析

(一) 民意调查结果数据分析

通过比较，我们可以发现，2008年度群众满意度比2007年有一定幅度的下降。一定程度上，满意度下降的情况可以从以下几点得到解释：

首先，人民群众对余杭法治建设的推进表现出某些方面的不满意，集中体现在司法公正有力、民主政治建设、市场秩序规范、监督及时有效等方面。上述几方面，群众满意度得分都低于2007年的指数得分。

其次，满意度的下降表明人民群众对法治指数活动较 2007 年有更好的认识。2007 年因为首次进行法治方面的民调，因此不少群众还搞不太清楚民调的内容，有些人可能将它当做包括经济社会各方面的综合情况，打分可能并不仅仅局限于对法治水平的相关内容的判断，打分结果可能因此走高。但自 2007 年余杭法治指数颁布后，法治指数通过电视、广播、网络、报刊等各种方式的广泛的宣传，引发了余杭地区人民群众的热烈讨论，因此法治指数引起的强烈的社会反响势必影响到群众。

人民群众对法治指数有了更深、更全面的认识，以更加客观、严肃的态度对待"余杭法治指数"活动，更多的人开始将围绕法治指数而开展的民调当做表达自己意见的渠道，而不是像以往那样敷衍由政府出面组织的民调活动。这样，因为群众比 2007 年认真对待民调，给政府"留面子"的成分降低了，民调的综合结果也必然降低。

再次，群众打分变得苛刻，从侧面反映出余杭地区人民群众法治意识增强。法治指数出台，法治宣传力度的加强，法治政府工作的推进，必然提高人民群众权利意识、法治意识以及对社会公平正义的要求。因此，法治的发展必然意味着人民群众对法治要求的提高。人民群众满意度的下降正是对法治要求提高的反映。

（二）内外组初评数据分析

从余杭法治评估得分可以看出，随着经济和社会建设的高速发展，余杭地区整体社会法治状况也呈现比较健康、快速、良好的发展势头。九项法治分类指标领域的所有相关平均分均达到了及格（60 分）以上。但是，与 2007 年相比，也存在某些不足，对单项法治分类指标打出不及格成绩的评估人数占评估成员总体人数的平均比例为 12.5%（2007 年为 9.1%），其中内部组为 9.4%（2007 年为 5.8%），外部组为 15.6%（2007 年为 13.9%）。

1. 内部组单项打分比较

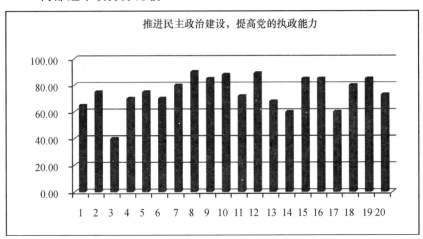

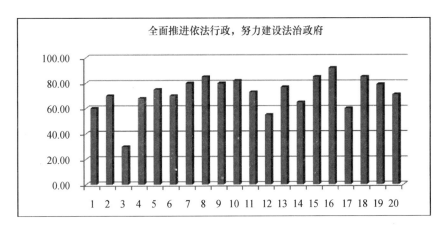

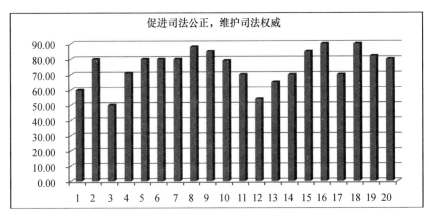

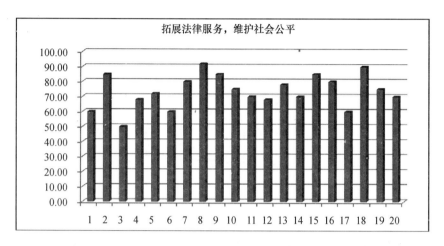

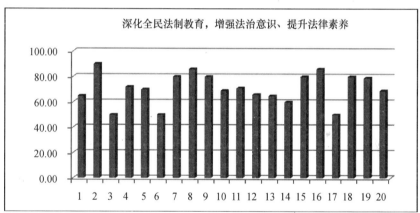

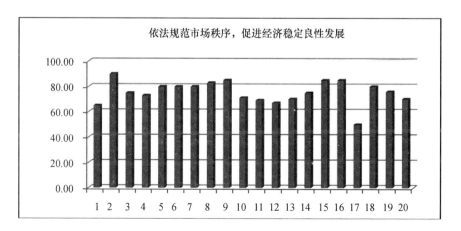

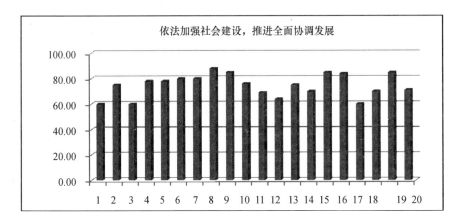

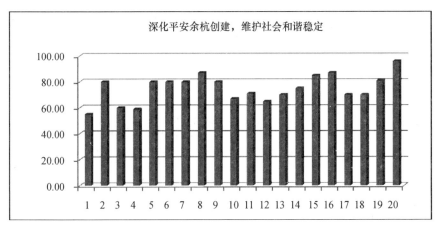

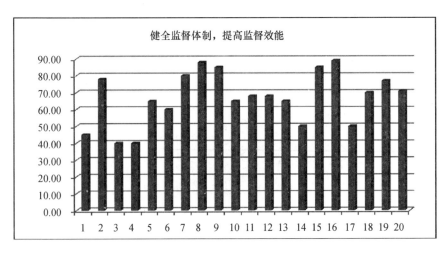

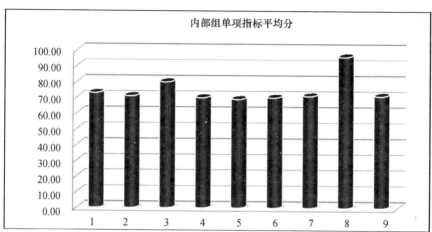

从内部组打分情况来看，七项指标的得分大致都维持在67—70分之间，这七项指标分别为："推进民主政治建设，提高党的执政能力"，"全面推进依法行政，努力建设法治政府"，"拓展法律服务，维护社会公平"，"深化全民法制教育，增强法治意识、提高法律素养"，"依法规范市场秩序，促进经济稳定良性发展"，"依法加强社会建设，推进全面协调发展"，"健全监督体制，提高监督效能"。

另外两个指标的得分较高，其中"促进司法公正，维护司法权威"得分在78左右，"深化平安余杭创建，维护社会和谐稳定"得分高达90。

这说明，内部组成员认为，余杭地区的法治状况较好，各个指标基本上都取得了不错的成绩，尤其是在司法体系的功能和社会治安方面，余杭做得比较好。

2. 外部组单项打分比较

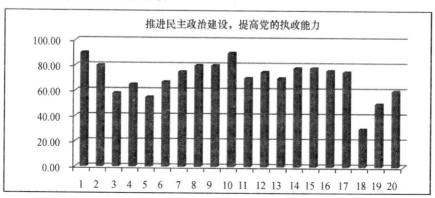

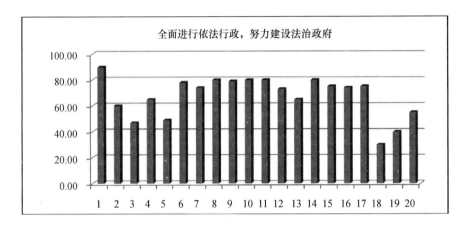

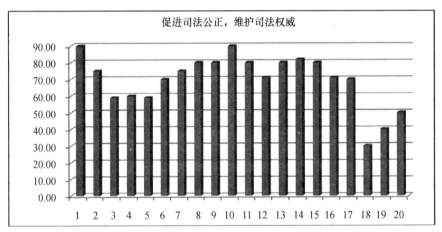

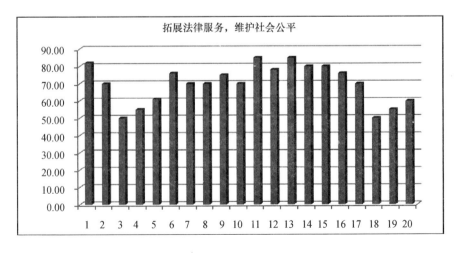

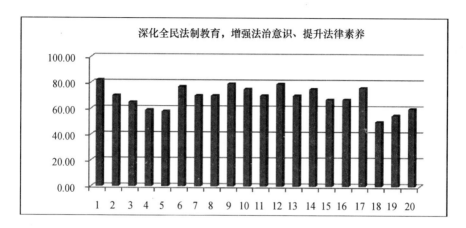

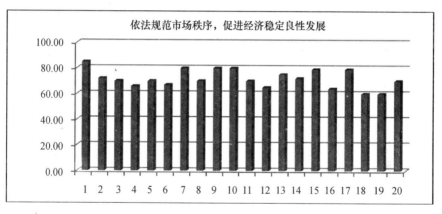

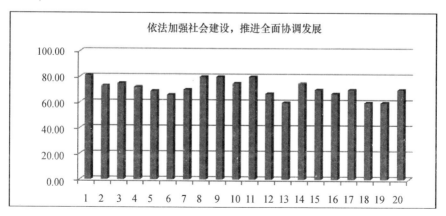

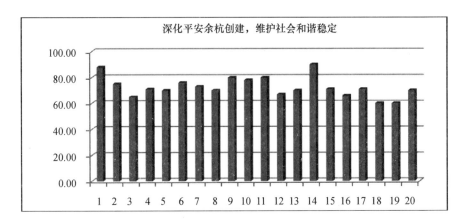

深化平安余杭创建，维护社会和谐稳定

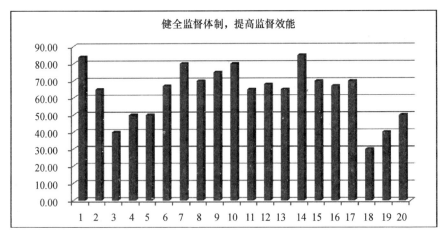

健全监督体制，提高监督效能

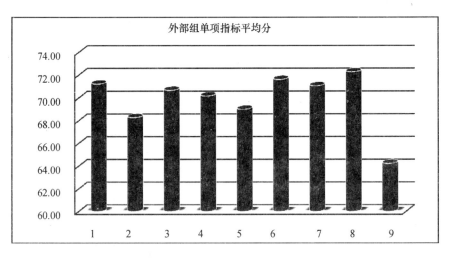

外部组单项指标平均分

　　与内部组不同的是，一方面，外部组对余杭地区法治水平的一般认识并不那么乐观。平均分没有超越 70，低于 2007 年余杭法治指数的最终结果。另一方面，外部组对各个指标的成绩优劣做了显著的区别，而不像内部组在各个指标上评分那么均衡。其中，外部组认为，在监督体系的完善方面，余杭还有大量的工作要做。该指标平均得分不超过 64，表明形势非常严峻。

　　另两个得分较低的指标分别是"全面推进依法行政，努力建设法治政府"和"深化全民法制教育，增强法治意识、提升法律素养"。两指标均低于 2007 年余杭法治指数 2—4 分，显示了较大差距。

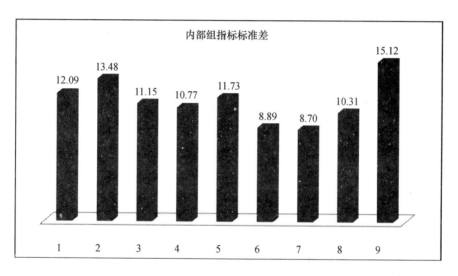

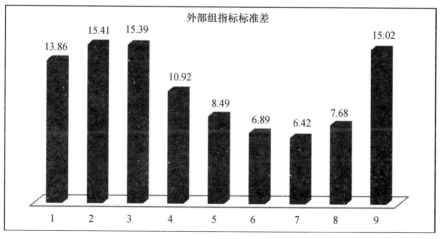

内外组成员对余杭地区的法治状况进行评估时，对以下指标的打分意见比较不一致，主要体现在两个组别的指标标准差均超过12分：

"推进民主政治建设，提高党的执政能力"，内部组标准差为12.09，外部组标准差为13.86；

"全面推进依法行政，努力建设法治政府"，内部组标准差为13.48，外部组标准差为15.41；

"健全监督体制，提高监督效能"，内部组标准差为15.12，外部组标准差为15.02。"

（三） 内外组别的评分差异情况比较

（1）内外组普遍满意的是余杭地区的治安状况，即指标八："深化平安余杭创建，维护社会和谐稳定"，平均分达到82。

（2）另外两个指标达到良好状况，具体表现为内外组评分均在70分以上，这两个指标分别为：

"促进司法公正，维护司法权威"，平均分75左右。但是，外部组成员亦即由非国家机关工作人员组成的评估组对该指标的打分有很大争议，该组别有的评估人对余杭地区该指标的水平表示不满。

"推进民主政治建设，提高党的执政能力"，平均分71左右。但是，评估组对这一指标的认识比较不一致，部分评估组成员对这一指标的状况并不满意。

（3）两个指标的得分尚有待提高，主要表现在外部组对该指标的扣分最为严重，这两个指标分别为：

"全面推进依法行政，努力建设法治政府"，外部组打分低于68；

"健全监督体制，提高监督效能"，外部组打分低于64。

与此同时，评估组成员对余杭地区这两个指标的水平产生了较大争议，有评估人对这两个指标的状况很不满。

（4）其他指标处于稳定状态，一方面体现在与2007年相比，本年度的指标得分浮动不是很明显；另一方面本年度内外组对这些指标的打分相对比较均衡。

（四）内外组别的权重值差异情况比较

内部及外部评审组都对九个指标定出权重，即该指标在定出法治指数时的比重。下面两表是 2007 年和 2008 年度各指标的权重的比对。

2007 年内外组权重比较

	具体目标	内部评估组的平均权重	外部评估组的平均权重
1	推进民主政治建设，提高党的执政能力	9.11（一）*	9.28（一、二）
2	全面推进依法行政，努力建设法治政府	8.83（二）	9.28（一、二）
3	促进司法公正，维护司法权威	8.28（四）	9.00（三）
4	拓展法律服务，维护社会公平	7.28（七）	6.78（九）
5	深化全民法制教育，增强法治意识、提升法律素养	7.67（六）	7.72（五）
6	依法规范市场秩序，促进经济稳定良性发展	7.50（七、八）	7.50（六）
7	依法加强社会建设，推进全面协调发展	7.50（七、八）	7.17（八）
8	深化平安余杭创建，维护社会和谐稳定	8.17（五）	7.22（七）
9	健全监督体制，提高监督效能	8.67（三）	8.89（四）

＊括号标示该指标的权重优先序。

2008 年内外组权重比较

	具体目标	内部评估组的平均权重	外部评估组的平均权重
1	推进民主政治建设，提高党的执政能力	9.56（二）*	9.17（三）
2	全面推进依法行政，努力建设法治政府	9.71（一）	9.39（二）
3	促进司法公正，维护司法权威	9.12（四）	9.44（一）
4	拓展法律服务，维护社会公平	7.87（九）	8.03（六）

续表

	具体目标	内部评估组的平均权重	外部评估组的平均权重
5	深化全民法制教育，增强法治意识、提升法律素养	8.28（七）	8.19（五）
6	依法规范市场秩序，促进经济稳定良性发展	8.24（八）	7.94（七）
7	依法加强社会建设，推进全面协调发展	8.41（六）	7.44（九）
8	深化平安余杭创建，维护社会和谐稳定	9.13（三）	7.50（八）
9	健全监督体制，提高监督效能	9.10（五）	9.11（四）

＊括号标示该指标的权重优先序。

从所给予的权重中，可看到各评估人对各指标在法治评估时的优先次序。

在2007年的评审中，内部评估人及外部评估人对前四个最重要的指标的认识是一致的，分别是指标（1）、（2）、（3）及（9）。但是2008年的结果显示，内外组的分歧较大，居然没有一项指标的优先顺序是一样的，只有"党的执政能力"和"政府依法行政"两项指标的排序都比较靠前。

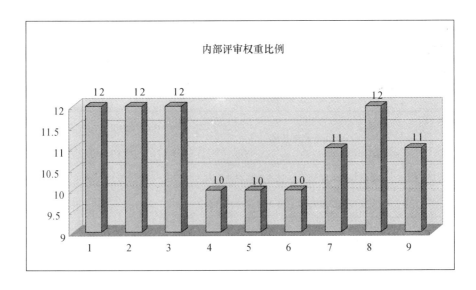

图例：

1：推进民主政治建设，提高党的执政能力

2：全面推进依法行政，努力建设法治政府

3：促进司法公正，维护司法权威

4：拓展法律服务，维护社会公平

5：深化全民法制教育，增强法治意识、提升法律素养

6：依法规范市场秩序，促进经济稳定良性发展

7：依法加强社会建设，推进全面协调发展

8：深化平安余杭创建，维护社会和谐稳定

9：健全监督体制，提高监督效能

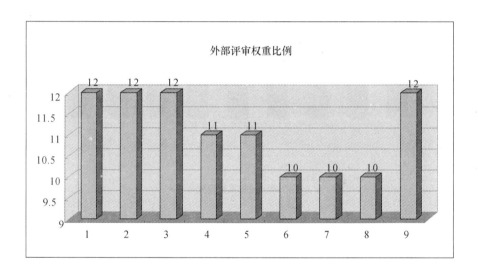

图例：

1：推进民主政治建设，提高党的执政能力

2：全面推进依法行政，努力建设法治政府

3：促进司法公正，维护司法权威

4：拓展法律服务，维护社会公平

5：深化全民法制教育，增强法治意识、提升法律素养

6：依法规范市场秩序，促进经济稳定良性发展

7：依法加强社会建设，推进全面协调发展

8：深化平安余杭创建，维护社会和谐稳定

9：健全监督体制，提高监督效能

内外组别的权重值图示

通过更直观的比较可以看出，无论是内部组还是外部组，对四个指标的注重程度都要高于其他指标，这四个指标分别为："推进民主政治建设，提高党的执政能力"，"全面推进依法行政，努力建设法治政府"，"健全监督体制，提高监督效能"，"促进司法公正，维护司法权威"。

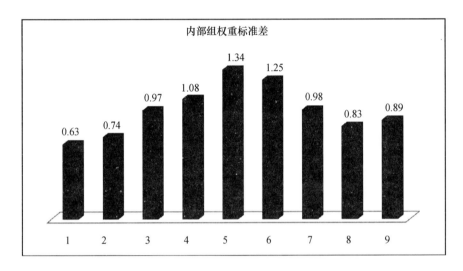

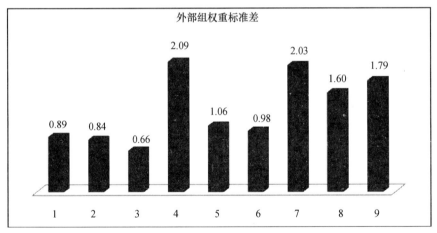

内部组和外部组分开来看，内部组对"依法行政、法治政府"的注重程度更高，并且2008年比2007年呈上升趋势；外部组相比2007年却更加重视"司法公正、司法权威"在法治建设过程中的地位，对党和政府的注重程度有所下降。另外，外部组对监督体制始终抱有较为看重的态

度，内部组成员作为国家机关工作人员，对监督体制的重视程度下降。

内部组各成员对"公民法律素养和法制教育"、"市场经济秩序"在法治建设当中的地位高低有较大分歧，对其他指标的看法差异不大。形成鲜明对比的是，外部组各位成员对多个指标的认识有较大分歧，包括"法律服务"、"社会协调"、"监督体制"、"社会治安"等，这反映了来自社会各个阶层、各个领域的外部组成员对法治的核心和法治建设的认识很不一致。从一个侧面反映了我们国家公民对法治理念的认识尚不够统一。

（五）2007 年与 2008 年的法治评估数据的综合比较

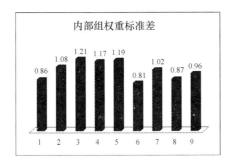

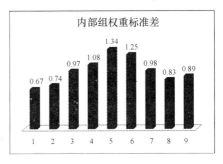

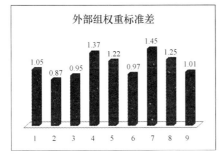

<table>
<tr><td>2007 年</td><td>2008 年</td></tr>
</table>

权重值标准差的纵向比较告诉我们：

（1）内外评审组对权重的标准差的最大值较 2007 年均有所增大，这表明在某些法治指标的认识上，内外组各成员的认识比以往较为不一致。

（2）对内部组而言，指标"深化全民法制教育，增强法治意识、提升法律素养"的重要性问题争议最大，连续两年，该指标的标准差都超过了1.1；而对外部组而言，指标"依法加强社会建设，推进全面协调发展"和指标"拓展法律服务，维护社会公平"的重要性最具争议。

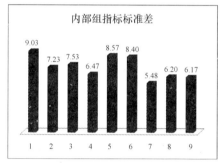

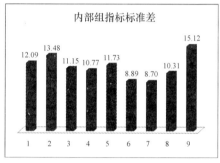

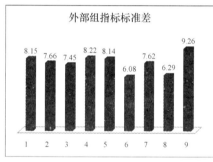

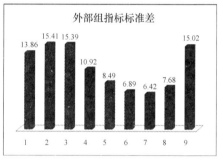

2007 年　　　　　　　　　　**2008 年**

通过各个指标得分标准差的纵向比较，我们可以看出：

（1）与2007年度相比，无论是内部评审组还是外部评审组，对余杭地区在九个方面的表现都产生了较大争议，其中内部组评分标准差平均上升了5分左右，外部组评分标准差上升了3分左右。

（2）与权重标准差的对比结果类似，外部组的评分标准差整体上大于内部组，这说明外部组对余杭地区整体上法治状况的看法差异性较大。

（3）相对而言，以下三个指标的得分标准差最小：

指标六："依法规范市场秩序，促进经济稳定良性发展"

指标七："依法加强社会建设，推进全面协调发展"

指标八："深化平安余杭创建，维护社会和谐稳定"

这说明，评审成员对余杭地区在这三个方面的法治建设状况的看法相对一致。

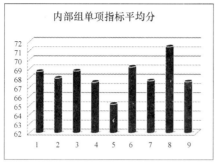

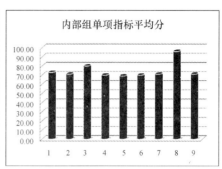

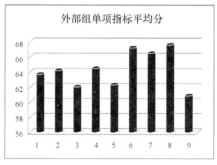

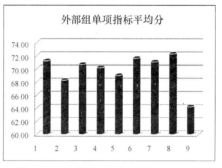

| 2007 年 | 2008 年 |

通过对 2007 年和 2008 年各个指标平均分的纵向比较，我们可以看出：

（1）整体上看，内部组和外部组的平均分都有所提高，说明评审组成员对余杭区法治建设工作所取得的成绩表示了充分的肯定。

（2）两个年度的外部组打分整体上都比内部组要低，其中 2007 年度平均低 3 分左右，2008 年度平均低 4 分左右。这说明内部组和外部组对余杭地区法治状况的看法在整体上有较大分歧。

（3）2008 年度内部组得分平均比 2007 年度提高了 5 分左右，这是一个很大的提升。在一定程度上说明内部组成员作为国家机关工作人员，亲眼见到余杭区一年来所做的努力，也亲身体会到余杭区在依法行政、公正司法、加强监督等各个方面所取得的进步，因此对余杭地区的法治建设表示了肯定。

（4）2008 年度外部组得分平均比 2007 年提高了 4 分左右，说明来自社

会各个阶层、各个领域的外部组成员对余杭区一年以来的法治进步给予了
充分的肯定。

九 根据评审结果对余杭法治的建议

在法治指数制定的过程中，内外组都提出了一些有益的建议。专家组
认为，余杭区党委政府应当重视相关建议。专家评审组对相关建议进行归
纳，并充分反映专家的意见。

（一）党委依法执政方面

参加法治指数评估活动的成员认为，在余杭区的法治建设中，党委发
挥着举足轻重的作用。这表现在：第一，党委对法治建设起着全局性的引
领作用。第二，党委为法治建设提供可靠的政治保障，如内部组一位成员
提到，"提高党的执政能力是推进依法治国的政治保证"。第三，党委可
以很好地将政府工作人员以及普通民众的意识统一到法治建设上来，并在
法治建设进程中维持甚至加强意识的统一，这为余杭的法治建设提供坚实
的思想基础。有代表对其进行了这样的定位："党的执政能力建设是我国
一切工作的前提，依法执政至关重要"，"党的执政能力是关系国家兴旺
发达的重要基础"。在党委依法执政方面，中共余杭区委及各级党组织审
时度势，引领着广大干部、群众，围绕"环境立区"战略，落实推进各
项工作，无论从执政理念，执政能力来看都是创新、务实的。但同时我们
应当看到，余杭在此方面还存在一定的问题。

1. 党的执政能力有待加强

从总体上看，有成员提出，"党的执政能力有所削弱，有待进一步加
强"。这与党组织的影响力是有关的，而"余杭区政党执政水平没有达到
应该有的程度和影响力"。作为党，其影响力首先表现在思想上。随着市
场经济的发展，民众的思想受到一定的冲击，党的力量虽在不断增强，党
员的人数也在不断增加，但要坚定人们思想中的共产主义信念，需要与消

极、拜金、享乐主义等思想作斗争，还是有相当难度的。因此，加强党的执政能力，首先应从思想抓起，这是开展工作的前提和基础。

有内部组成员提出，"我们党的执政能力，最大问题在于从中央到地方的执行力不强"，把执行力问题提到了一个很高的位置。余杭党委的执行力也存在同样的问题，"对上级党委、政府明确规定，有令不行、有禁不止的现象仍然存在"。这里的执行力，主要是对政策的，也包括对法律的。既然是执行，就一定要落到实处，而不能停留在思想层面。有成员指出了问题的要害："思想上已经有认识，实际工作行动上一般。"有了思想前提，固然是好的，但还不够。

加强执行力，一方面要在思想上重视，另一方面要有真正的工作效果。这样，执行力问题既与思想建设相关，又与制度建设相关，要解决好这个问题，依赖于两个方面的扎实工作。

另外，执行能力不仅关涉其本身，也需要加强党的其他各项综合能力，包括领导能力、应急能力、统揽大局的能力等，这些都是密切相关的。

2. 相关制度有待完善

执行力的加强既需要自我管理，也需要外部机制的约束，这就引出了制度建设问题。

外部机制的约束，包括激励机制的积极约束和监督机制的消极约束。两个机制运作的前提，是建立一套规范的考评体系，将工作的实效通过考评体系直观显示出来。之后，对于工作出色的人员，激励机制生效，给予一定形式的奖励；对于未达到工作要求的人员或犯错误者，监督机制发挥作用，根据各类情况施加一定的惩罚。

制度建设中，一定要注意做到公开和公正。首先，要将制度公诸于众，如法律公布一样，让制度约束下的人有内心的预期；其次，制定制度应当对每个人公平对待，不论奖惩。另外，制度要保持相对的稳定性，不得朝令夕改。否则，不仅制度无法真正发挥其作用，还可能适得其反，造成负面影响。

法治余杭评估体系本身就是一个大的考评制度；余杭自身也已经建立了区内许多领域的考评制度，但在新建制度的同时，要注意制度的统一和完善，在防止制度异化的同时形成统一的体系，以形成正向的合力。尤其重要的是，考评不能搞形式主义，考评制度必须切实落实。

3. 党内民主尚不完善

作为民主的一个重要部分，党内民主应当成为民主的表率。如果说党内民主尚未形成，就把问题夸大了，也不符合实际；准确地说，应把问题概括为"党内民主尚不完善"。

余杭党委长期实行民主集中制，在"民主基础上的集中"和"集中指导下的民主"要求下，党内民主早已实现制度化，并在不断良性发展。但是否应当用少数服从多数的做法解决一切民主问题？如何更好地尊重个体尤其是相对弱势党员的意见？在党内民主上是否应寻求制度创新？这些都是余杭需要思考的问题。

4. 党内腐败现象仍然存在

外部组有成员表示："百姓对党风廉政建设的满意度还有待进一步提高。"这与近年来中央和地方加大打击腐败的力度有关，揭露了不少腐败问题。但这些现象是切实存在的，不得不引起我们的重视。

由廉洁状况相关数据可见，余杭纪委的调查案件总数基本保持不变，从96件到98件，仅上升了2件。然而，纪委调查案件被控犯罪的人数却有了相当大幅度的上升，从14人增加到了36人。由这里人数的增加，可见余杭党内的廉政情况不容乐观。虽然单纯的人数并不能说明问题，如出现了一个案件牵涉很多人员的情况，但由于多数官员是党员，党内的廉政情况是反映整体状况的一面镜子。

必须看到，这种情况与2008年余杭区纪委加大反腐败工作的力度是有直接关系的。调查案件的数量虽没有很大增加，但涉案人员却增加不少，也反映出余杭纪委的反腐力度、工作能力和工作效率有所提升。

对比反贪局的工作情况，2008年反贪局调查案件的件数有所下降，受调查的人数和被控犯罪的人数则基本保持不变。案件总数的减少并不绝对表明腐败情形2008年有所减轻。反贪局需要加大反腐力度。

从经济方面看，反贪局的调查案件中，涉案的相关违法经济数额从2007年的250万元上升到380万元，案件数量下降，但涉案金额上升，这种状况应当引起我们的反思。可以肯定的是，涉案金额上升反映少数腐败分子的贪腐行为的严重性，反腐任务更加艰巨。因此，余杭在公有资金的控制上，以及对官员的监督上，都需要进行更有效更有力的工作。对腐败现象的打击固然能对其遏制腐败产生很好的效果，但更应该注重防患于未然。因此，余杭反腐工作要更加重视如何防范腐败行为的产生。

2008 年余杭纪委挽回的经济损失数比 2007 年多出 40 万元，这在一定程度上说明工作绩效有所提升。挽回更多的损失，有时比查处更大的涉案数额更有意义。挽回经济损失可以作为今后工作努力的一个目标。

由数据分析，我们可以归纳出余杭在今后反腐败工作中需要注意两个方面的问题：

第一，注意防止集体腐败。被指控犯罪人数的大幅增加，很大程度上是由于出现了集体腐败。如不论犯罪程度和数额大小，集体腐败比个人腐败的负面影响更为严重。集体腐败一般以部门为单位，可能造成规模性的思想腐蚀，影响范围大，后果恶劣。

要防止集体腐败，首先，各部门本身要加强制度化建设，不给犯罪分子可乘之机。特别重要的是，要把如何进行程序控权的制度建设作为首要课题。其次，纪委、反贪局等部门要加强监督，在注意事前预防的同时继续加大对腐败工作的打击力度。再次，要靠党员干部加强自身修养，除了要做到本身不受侵蚀，还要在发现身边不法行为时及时制止，将其扼杀于萌芽阶段。

第二，注意控制个别人的较严重犯罪。案件数量下降，但涉案数额增加，是个别人的严重贪污行为造成的。有些人一次犯错误没有被发现，便有恃无恐；有些人存在侥幸心理；也有些人抱着这样的心态——既然已经无法挽回，就继续堕落。

作为反腐败部门，应以预防为主，在平时的思想工作中，应注意发现种种腐败迹象和不良心理，及时遏制其发展势头，一方面可以对相关人员及时教育矫正，一方面也避免公有财产的损失扩大。

另外，党内外的反腐败工作是一致的，要注意纪委和反贪局的合作关系，形成合力，共同创造廉政工作新局面。

腐败问题的解决，在内部需要党员干部廉洁自律，在外部则需要进一步完善监督机制，这在后面的"监督体系健全"部分将进一步分析。

（二）政府依法行政方面

从 2008 年客观数据的分析来看，我们可以看到以下若干方面的情况：

（1）从行政纠纷情况看，余杭区复议的结案率有所提高，更多的问题在复议过程中得到解决，而没有转入诉讼程序。2007、2008 两年都没有发生因违法、不当行政行为引发的重大群体性事件和上访、信访事件，违法、不当行政行为所产生的影响都通过司法等途径化解了。这是非常值得肯定的一点。

（2）2008 年的行政部门工作人员重大违法乱纪案件数比 2007 年上升了一倍多，这应当引起监察部门的重视。官员的违法乱纪行为也是行政纠纷的一个源头，今后要在监督、监察等工作上多下工夫。

（3）2008 年的信访案件总数增加了近一万三千件，而信访的人次却有所减少，大规模群体性事件减少。另一方面，重复信访的案件减少，这说明信访处理的成功率提高，即信访部门在化解矛盾方面更有效率。

（4）依法行政示范单位创建活动滞后，乡镇公共事务决策向社会公示和征求意见不足，制定出台规范性文件举行公示有欠缺，文件出台后向社会公布不够。

从群众满意度来看：2007 年人民群众对政府工作的满意度为 76.4 分，而 2008 年的是 73 分，说明与 2007 年相比人民群众对行政机关依法行政满意度有所下降，政府机关需要高度重视这方面的工作。

从评审成员对"法治政府"的权重取舍上看，绝大部分评审人认为政府依法行政"很重要"，具体地说，部分评审人认为"法治政府是依法治国的具体体现，也是执政为民的环境基础"，至少四位评审人认为"法治政府的关键在于限权政府，限权是法治的核心"、"法治政府的建立关键在于对公权力的约束"。另有评审人认为"'依法行政'是对政府行政能力和素养的最根本的要求"，"建设法治政府是'依法治国'方略的落脚点，政府只有依法行政，才能确保人民群众的根本利益"。

从内部组的评分结果上看：30% 的内部组评审人明确指出余杭地区的"法治政府"建设取得了成效。同时 40% 的评审人认为政府应当进一步限制自身的权力，要"约束自己"，减少在"经济领域"上的干预。10% 的内部组评审人指出政府在"正当程序"上存在问题，要将行政的"应急性"和"程序合法性"结合好。

从外部组的评分结果上看：26% 的外部组评审人认为余杭区政府在依法行政上做得"较好"，主要体现在行政效率较高。27% 的外部组评审人认为余杭政府的行政行为不够公开、透明，主要体现在"政府各级领导人推选流程不透明不公开，遵循'潜规则'现象比较普遍"，一些行政举措"没有进行过听证程序，听取广大市民的意见"，有的外部组评审人认为"在'一街一路'改造、余杭经济发展模式的建立中，余杭区政府的征集民意、举行听证、人大监督等方面都很欠缺"。22% 的外部组评审人明确指出官员存在腐败现象，43% 的外部组评审人认为行政工作人员有违纪现象，并且侵害了公民的权利。有的外部组评审人认为政府工作人员存在"注重个人政绩，冷漠民生"的情况，"权大于法"、"政府部门的权力在宪法所授予的范围之外"的现象仍然存在。有三位外部组评审人指出政府"控制大众舆论"，"排斥媒体监督"，"限制了公民的言论自由"。另有两位外部组评审人指出政府存在"干预自由市场经济，干预司法活动"的情况。

外部组评审人指出的其他问题包括："行政执法到位率、行政诉讼案件判决的自觉履行率等不高"，"乡镇政府公开程度"不够。

根据评审人的评分理由，余杭区在"政府依法行政"方面需要解决的问题有：

（1）政府对法律的执行和遵守有所欠缺。行政机关要做到有法必依，同时也要遵守没有宪法和法律的授权就不得干涉的原则。建设服务型政府的宗旨就在于，在法律没有授权的情况下，对市场经济领域、司法领域和其他日常生活领域，政府都不得干涉，而是做好"看门人"的职责。

（2）政府权力受到监督和限制不够。未形成系统化、制度化、频繁化和全面化的执法监督格局，造成依法行政成长水平的不平衡。行政执法监督滞后，往往忽视事前监督和事中监督这两个最重要的环节，偏重于事后监督，导致犯法行为得不到有效预防和控制。"能够限制权力的，只有权力"，因此，要将监督落实到位，就必须给监督组织以充分的权力，开放监督机构和大众舆论对政府进行监督和施压的渠道，这就要求政府信息的公开化、透明化。在相对重大的行政事件、可能对群众生活产生较大影响的行政举措作出之前，必须要举行听证会，听取广大群众的意见和建议，接受群众监督。

（3）行政行为的程序正当性不足。没有依照法治政府所要求的公正程序施行的行政行为就没有合法性，这一点在上面的权力监督方面已经有所体现。行政行为自始至终都必须贯彻正当程序原则。从一开始的政策制定，必须民主讨论，举行听证、广泛听取建议；到后来的政策实施，必须公开透明不给谋私利者留死角；再到对公民的权利救济，对侵犯到公民合法权益的，必须开放救济渠道。

（4）政府工作人员、行政执法工作人员必须严于律己，杜绝违法违纪现象。从评审结果来看，广大群众对行政工作人员的违纪行为深恶痛绝，尤其是腐败现象，已经成为影响社会稳定的大局问题。在加强监督、程序控权的同时，政府机构的工作人员要提高自身的思想素质和法治意识，认识到自己的法律地位与法律责任，不得恃权枉法。

另外，余杭区也存在依法行政的普遍问题。目前行政管理体制仍存在很多问题，人员编制依然膨胀，机构庞杂，效率低下。行政执法作为行政机关最主要的职能，仍存在不少问题。行政执法主体混乱，行政执法队伍过多、过滥；行政执法权分散；部门职能不清，重复执法、多头执法现象严重。行政执法"利益化"现象也很明显，目前，多数基层执法队伍经费的主要来源是罚款和收费，使行政执法与执法者的自身利益直接挂钩，造成执法做法与执法目的严重背离。现在很多媒体反映地方官员只追求GDP，只追求经济片面发展的现象较为普遍。从这个意义上讲，解决依法执政的问题，必须对政府机构继续进行改革，转变政府职能，尽快制定行政组织法，使政府机构职能法定化。并完善官员的责任机制，做好政绩考核制度。

对余杭政府依法执政的建议如下：

1. 严格执行行政程序

依法行政重在程序办事，因此落实依法行政必须树立重视行政的民主程序意识，尤其是行政人员要带头遵守行政程序，国家要加强行政程序立法，各级行政机关要重视程序制度建设，规范行政权力的运行。当前应健全和完善对行政程序制度的执行。

（1）职能分离制度。将行政机关内部的某些相互联系的职能加以分离，使之分属于不同的机关或不同的工作人员掌握和行使。这不仅可以防止这一领域内的腐败现象的发生，也有利于行政决定的公正、准确。（2）简易程序和普通程序分离制度。对不同的行政行为适用严格程度不同的行政程序。（3）说明理由制度。行政机关在作出涉及相对人权益的决定、裁决时，特别是作出对相对人权益不利影响的决定、裁决，必须在决定书、裁决书中说明根据（法律、法规根据或政策根据）和理由（事实证据和有关分析说明等）。（4）不单方接触制度。行政机关某一行政事项同时对两个或两个以上相对人作出行政决定或行政裁决，不能在一方当事人不在场的情况下单独与另一方当事人接触（包括接受一方当事人的宴请，在家接待一方当事人等）和听取其陈述，接收其证据。不单方接触也包括行政处罚裁决机构就相对人违法行为作出处罚决定的过程中，不能在被处罚人不在场的情况下，单独与调查违法行为和提出指控的行政机构或工作人员私下商量，交换意见和讨论处罚内容。（5）听证制度。行政机关必须当面听取相对人的意见、申述、建议，接收其提供的证据和有关材料，并根据需要组织当事人辩论、质证，行政机关在充分考虑到各种相关因素和权衡各种意见后再作出行政决定。（6）行政公开制度。涉及行政法规、规章、行政决策、行政决定以及行政机关据以作出相应决定的有关材料、行政统计资料、行政机关的有关工作制度、办事程序及手续等，除了必须保密的范围，都应依法向社会公开，任何公民、法人及其他组织均可依法查阅和复制。除了上述几项重要制度外，还应严格履行行政程序的其他制度如时效制度、实行公务公开制度、回避制度、复议制度等等。

另外，制定规范性文件必须严格遵循《立法法》的规定，逐步建立和落实规范性文件的起草制度、法制审核制度、集体审议制度、公开发布制度等，通过召开座谈会、论证会、听证会等多种形式，广泛听取各方意见，采纳合理的意见和建议，对于规范性文件中涉及的分歧较大的问题开展沟通和协调，使制定工作步入制度化、程序化、科学化的轨道，确保规范性文件的质量。进一步加强备案审查工作，建立健全社会公众对规章和规范性文件的监督机制，建立备案工作责任制，保证备案工作顺利实施。

2. 进一步加大行政执法监督力度

一是开展频繁性行政执法监督，扩展监督范围，加强事前监督和事中监督，防患于未然。二是积极开展行政执法争议和矛盾的协调，明确执法权限和责任，化解执法矛盾，杜绝多头执法、重复执法和执法冲突情况的发生。三是将行政执法监督的对"事"权，扩大到既对"事"又对"人"，将对"人"的"建议权"转变到"直接处理权"，以提高行政执法监督的权威。四是进一步推动行政执法体制改革。根据法律、法规、规章对行政执法职能和规定的调整变化，将行政执法责任及时分解落实到行政执法机构及行政执法岗位。加大对行政执法责任制执行情况的评议力度，把人民群众是否满意作为衡量行政机关执法状况的重要标准。五是完善行政执法公示工作，健全相关制度，依法向社会公开主体资格、法定职责、执法依据、执法程序、监督办法；建立行政执法投诉制度，受理人民群众对违法行政做法的投诉，严肃查处违法行政问题，加强对行政机关具体行政执法做法的监督；健全行政执法过错责任追究制度，明确追究的范围和具体程序，通过严格的责任追究，推动行政执法责任制的落实。积极稳妥地开展相对集中行政处罚权工作，解决好多头执法、职权交叉、重复处罚、执法扰民以及行政执法机构膨胀等问题，提高执法效率和服务水平。

（三）司法公平正义方面

余杭地区的客观数据显示，再审案件比率、二审改判率、上诉案件中改判、发回重审案件所占比率都有一定程度的上升。同时一审案件大幅上升将近20%，这些都表明司法机关工作压力的增大。

法官人数增加了5人，但是仍然不能满足实际需要。法院解决纠纷的其他渠道压力也在增加，例如法院"院长接待日"接待案件数上升了50%。

从余杭法治评审组的打分来看，评审人对司法公平、公正的重要性有着非常一致的认识。有评审人指出司法是"提高党的执政能力的制度保障，是巩固党的执政基础的重要体现，是政府实现未来发展的目标的客观需要"，也有评审人认为："司法救济是群众、团体、组织在法治国家中的救济途径，促进司法公正，维护公平正义是依法治国的必要要求。"

从司法指标的评审组得分来看：

51% 的评审人认为"总体而言，余杭各司法部门还是能做到公平，公开，公正的"，47% 的评审人明确指出"法院的执行力度不够"，29% 的评审人认为"司法权威有待进一步树立"。

27% 的评审人指出"司法机关的独立性不够强"，"司法政府化"的问题，应该是意指党委和行政机关对司法的干预。也有评审人明确指出：司法审判"受到党政机关干预而无能为力"，"从现在的现象看，对不涉及政府机关的案件法院基本能做到公平公正。但是如果是涉及政府机关的，在处理的时候随意性比较大，含混不清。如：土地征用、房屋拆迁等方面的问题比较严重"。

司法领域的另一个问题是，有 10% 的评审人认为部分法官的素质有待提高，如有评审人认为余杭地区"缺乏有素质、有法治精神的司法工作者"。

根据客观数据和评审打分的综合考虑，我们认为余杭地区法治建设在司法领域还应当进一步努力，主要包括：

1. 加强审判和执行工作

司法权是一种裁判权，法院是国家的审判机关，必须忠实履行宪法和法律赋予的审判职责。要通过依法履行审判职能，最大限度地实现公正与效率，法官必须严格遵守司法程序，讲求法律和证据，公平、公正、公开地审理案件。

同时，加强执行工作，维护司法权威。执行难已经成为我国司法机关的老大难问题，是对我国司法机关公信力的最大威胁之一。这就要求司法机关对那些拒不执行生效裁判的案件，坚决采取强制执行措施。对妨碍司法的行为，坚决依法予以处罚。不能使判决悬空搁置，当事人的合法权益得不到实现，也不能拖延执行，减损法院的执行力和权威性。

2. 提高法官素质，加强人才培养

法官作为法律职业人群，首先必须提高的就是法律素养和法律技巧，必须强化法官和其他司法从业人员的业务训练，提高他们依法司法、依法执法的能力。其次要加强法官的思想政治教育，提高服务水平。再次要加强廉政文化建设，确保司法廉洁。杜绝所谓"打官司托人"的现象。最后，要保障法官素质就必须建立责任追究制度，目前法官缺乏尊荣感，法官管理制度缺少问责制，这样对树立司法权威不利。因此，对工作失误者，要进行责任追究，落实到人。

3. 强化司法独立性，杜绝党政干预

从内外组的评审来看，余杭地区仍然存在司法受到党政干预的情况。客观数据显示，2008年余杭地区的行政诉讼案件有大幅的下降，我们不能排除司法机关在审理行政案件的公信力下降的可能性。这要求司法机关必须时刻牢记司法职业性、独立性的本质特征。公正司法，提高司法的权威性和独立性。

4. 规范的监督管理

司法公信力与司法权威是司法权在公众心目中的信服状态，取决于人民法院是否为人民群众提供了公正高效的司法服务。以公开审判为原则，以审判监督为中心，以纪检监察为后盾，严格抓好案件的审判质量和效率。不断规范审判管理，强化绩效考核工作；完善独任审判、合议庭以及审判委员会的工作制度，实现审判工作案前防范、案中规范、案后监督的全方位监督制约机制；建立案件质量监督、违法审判追究、绩效考核的三项监督机制，促进法院管理规范化。

（四）权利依法保障方面

群众对权利救济的满意度在对余杭权利依法保障工作的评价方面，很能说明问题。群众的满意度，既反映了人民对政府工作的态度，也可以反映出保障权利的实效。由调查结果看，对权利保障非常满意的人有22%，比较满意的有36%，两项加起来已经超过了一半；一般满意的占25%，加上不太满意的15%，可见有40%的人认为保障权利工作情况一般。另外，非常不满意的人尚有2%，这在统计中也是不可避免的。从人民满意

度调查看来，余杭权利依法保障相关工作主要是值得肯定的，但也存在一定的问题。

从统计的客观数据看，反映出的情况主要有以下几个方面：

（1）2008 年法官的人数有了净增加，每十万人的律师、法律服务工作者人数也有所增加，从 12.88 人增加到 13.38 人。检察官资源的比例则相对持平。以上这些与余杭近两年的经济发展和人口、社会发展是基本相适应的。值得一提的是，法律从业人员的执证执业率达到 100%，这是法治社会中法律专业化的要求，应当充分肯定。

（2）法律援助案件集中于民商和刑事案件。与 2007 年相比，2008 年刑事法律援助案件数约增长了 50%，民商事法律援助案件则不只翻了一番，增长了 117%。法律援助对保障人民权益具有特殊的意义。因为法律援助的对象多为弱势群体，其对于底层民众的意义或许并不在于他们能不能打赢官司，而在于他们能不能与另一方拥有平等的机会，处于同一水平上"公平竞争"。因此，"平等"才是法律援助所追求的目标，也是法治的一个要素。

（3）在个人权益维护上，余杭工作优秀的方面主要有：城镇、农村医疗保险的覆盖，归正人员的帮教安置以及对人民团体信访或投诉的处理，这几个方面的统计数字在 2007、2008 两年均达到了 100%。另外，农村五保集中供养率和城镇"三无"人员集中供养率也很高，前者 2007 年已经达到 94.6%，2008 年又有上升，达到 95.1%；后者 2007 年为 96.2%，2008 年更是增长到了 99%，几乎全部城镇"三无"人员得到了供养。这些数字尤其体现了对弱势群体的保护。法治特别强调维护弱者和少数人的权益，这在此得到了集中体现。

（4）损害消费者权益的申诉次数，2008 年比 2007 年上升了近三成。另一方面，劳动合同纠纷受理的案件也增加了。这两个方面分别反映出消费者和劳动者的权利维护情况，较高的数字可以说明，权利维护的渠道是畅通的，消费者和劳动者可以方便的通过工商局或劳保局申诉权利问题。

（5）不足的方面，主要为城镇、农村养老保险的覆盖情况，虽然只统计了 2008 年农村的情况，但与医疗保险相比，差距还很大。另外，辖区内失业人员和农转非人员的就业率，2007 年为 68%，2008 年降低到了 63%。当然，就业率的降低与经济危机的大背景不无关系，但相关部门也要加强应对危机的能力。

针对以上分析，对余杭依法保障权利相关工作提出如下建议：

第一，继续加强法官、检察官队伍建设，使之适应社会经济发展状况。司法是社会秩序的基础，法官与检察官则是构成这种基础的各个单位；司法是权利的最终保障系统，法官与检察官则是保障这种权利的具体实施者。因此，其队伍建设应在现有的良好基础上，跟上社会经济发展的步伐。

第二，充分关注警察队伍的建设。每万人的警察人数和每十万人的刑事警察人数都有所下降，也就是说，公安资源相对减少了。治安资源尤其是警察人数能否满足社会治安管理的需要？这是一个在警察队伍建设时经常要面对且必须回答的问题。一般来说，与法官、检察官类似，警察的人数也应随着人口、经济的发展而逐渐增加，以维持区域治安水平。也可能出现这样的情况：法治发展到一定水平，随着民众素质的提高等，社会的整体治安状况有了改善，则更少的警察资源就可以维持社会治安状况。但是根据余杭现有的法治水平看，其治安状况尚未达到此种水平。因此，警察队伍建设是一个亟待加强的方面。

第三，继续保持权利诉求渠道的畅通。权利的诉求能够通过畅通的渠道进行，是权利保障的第一步，也是市民社会的一个基本要求。通过这样的诉求渠道，公民权利受损的问题得以让政府及相关机构获知，这是权利保护的前提。因此，在现有途径下继续拓展相关利益表达渠道，也是法治政府的一项必行之举。

第四，切实做好保护群众利益的工作。权利保护是法治最根本的目的所在。构建群众利益的保护机制，需要多方联动，不仅法院、检察院、公安机关要担负起主要职责，工会、妇联、消保委等组织也要发挥其相应作用。各组织相互配合、相互监督，方能形成一套多方位、多层次的群众利益保护体系。在这种体系下，制定相关政策，并组织实施，切实落实到位，才能真正让群众满意。

第五，加强应对危机的能力。在金融风暴的大背景下，受经济危机影响，余杭社会组织体的很多方面也不免呈现出颓势。如就业率不升反降，失业人口越来越多。经济危机是对政府执政能力尤其是应对危机能力的一次检验。事实证明，余杭政府在应对突发危机时所表现出的工作能力还有待加强，这主要可从以下方面入手：首先，加强对危机及其危害的预见能力；其次，加强对形势发展的判断能力；再次，加强对危机造成损害的控制能力。在这几方面做好工作，则余杭政府在应对危机上可以更为从容。

（五）市场规范有序方面

2008 年，余杭区市场秩序建设取得明显进展，在九项评审项目中，内部组的打分反映"依法规范市场秩序，促进经济稳定良性发展"一项的分数排到第一位，外部组的该项打分排到第二位。这集中反映出余杭区的市场秩序得到进一步规范，市场运行的法治环境非常完善。自从 2007 年度法治指数出台后，余杭区的经济发展进步突出，市场秩序进一步规范。城镇居民人均可支配收入从 21098 元上升至 23678 元，城镇和农村居民的恩格尔系数都有所下降，这些数据表明余杭区的经济发展势头良好。工商和质检的商品质量抽检合格率都有所提升，表明余杭区的市场秩序治理取得良好效果。

从内外组的评审意见中可以看出，余杭居民已经充分认识到规范市场秩序对于经济发展意义重大，而建设一个良好的法治环境是规范市场秩序的保障。余杭人认为"依法规范市场秩序，促进经济稳定良性发展，关系到人民群众生活，故十分重要"。多数人对余杭区的市场秩序规范工作予以肯定，许多人认为余杭区"市场秩序良好，经济发展稳定"。

但是，余杭区市场秩序中的问题依然存在。例如评估意见中认为余杭区"依法规范市场秩序工作稳步推进，但市场原有的一些陋习、潜规则，不是一朝一夕能更改的，仍需加大力度和广度"。"依法规范市场秩序，才能促进经济稳定良性发展。关键是要解决管理职能交叉，相互推诿、扯皮的现象。"从这可以看出余杭区的市场秩序治理中存在以下问题：

第一，市场秩序的治理是一个长期的过程，许多旧的市场陋习在余杭区仍然存在，坑蒙拐骗、商业欺诈、商业贿赂、恶意逃债、欠债不还现象没有绝迹。这些与社会主义市场经济原则格格不入。如不加以严厉整治，必将阻碍余杭经济的发展。

第二，市场管理机关的运作存在问题，职能不清，管理不够到位。对经营行为实行精细、理性、科学的监管，是市场规制的重要内容，也是市场管理机关的重要职责。同样，要保证国家扩大内需政策贯彻落实，规范和维护经济复苏中的市场秩序，防范和化解金融风险，也需要对经营行为进行监管。但由于市场经济有其内在的弱点和缺陷，余杭区部分监管部门监管措施和机制滞后，市场贪婪的本性因而迅速膨胀，对于市场秩序的规制产生消极影响。

第三，许多问卷反映"市场上还是经常出现假冒伪劣产品和违法经营的商人"，诚信经营有待进一步完善。社会主义市场经济是一种公平竞争经济，也是一种法治经济，还是一种信用经济。当前经济危机的国际环境下，要继续坚持扩大内需的方针。而如果假冒伪劣商品充斥市场，商品经营者不讲诚信，消费者就没有消费意愿，扩大内需就不可能实现。假冒伪劣商品挤占市场，也会严重影响守法经营企业的生产和合格、优质产品的销售。因此，不大力整顿市场经济秩序，经济来之不易的恢复转机就难以巩固，甚至还会发生逆转。整顿和规范市场经济秩序，是巩固和发展余杭经济良好势头的迫切需要。

针对此项问题，我们建议做到以下几点：

第一，加强市场秩序规范的制度建设，厘清各部门在市场管理中的职权划分和责任构成。建立健全与社会主义市场经济体制相适应的市场监管机制和现代市场管理体系。努力实现"四个转变"，即监管领域由低端向高端转变，监管方式由粗放向精细转变，监管方法由突击性专项性整治向日常规范监管转变，监管手段由传统向现代化转变。提高市场管理机关的监管能力和监管水平，服务经济社会全面协调可持续发展。

第二，加强对市场的引导和规范，引导经营者和消费者树立现代经营和消费观念，改掉陋习。工商分局举办的对企业法人、经营者的法律知识培训及考试次数从2007年的129期减少到2008年的125期，这说明余杭在教育和引导工作中仍有很大的发展空间，培训次数应当逐年增加至少不应当逐年减少。

第三，通过电台、电视台、报纸等新闻媒体对社会公众进行诚信教育，让诚信观念根植于每一个公民心中，这对于余杭区市场秩序的进一步规范意义深远。

（六）监督体系健全方面

行政监督是民主政治的本质特征。它对于保证国家法律、法规的贯彻实施，促进政府机关及其工作人员的廉政，提高政府的绩效，发挥着重大的保障作用。法治的核心内容就是制约公权力，谈到如何制约公权力，监督的重要性可见一斑。目前我国虽然建立了一套包括行政监察、党内监督、人大监督、司法监督、舆论监督等在内的监督体系。但是，某些行政机关及其工作人员滥用权力，违法乱纪，权钱交易，贪污腐败现象依然很严重。因此，只有加强行政监督机制建设，综合运用法律的、行政的、纪律的手段，对政府行为和权力运作过程进行监督，做到"有权必有责，用权受监督，侵权要赔偿"，才能实现依法行政，为政清廉的目的，发挥行政机关在政治、经济、文化各个领域中的领导和管理职能。

从 2008 年的法治余杭内外组收回的调查表来看，"健全监督体制，提高监督效能"内部组给出的平均权重为 9.10，外部组给出的平均权重为 9.11（总权重为 10）。这说明无论是政府内部的工作人员还是普通群众，都对行政监督的重要性有着清楚的认识。然而，调查表反映的内外组打分情况却跟权重成反比例关系，内部组给出的平均分为 69 分，而外部组给出的平均分没有超过 64 分，为各项指标最低。权重和实际得分之间的反差体现了目前余杭行政监督的实际情况和人民群众的期望之间的差距。评估人对这项指标的状况表示很不满，大多数人认为余杭"监督体制很不健全，监督的力度也不够"。具体主要表现为，有的评分理由提出"国家机构上的监督体制相当虚弱，所起的作用寥寥。监督体制没有从一开始就获得足够的权限，权力没有得到分化，监督就不可能有成效。网络、电视、报纸都在国家强力监控之下，大众舆论受到压制，不能够充分发挥其监督作用"、"监督体制，机制已成大问题，主要是敢不敢监督，善不善监督的问题，只能监督到位，效能才能提高"等等。

我们把所有评估人给出的评分理由作出汇总后得出，余杭区"完善监督体制"主要存在的问题有以下几点：

（1）行政监督主体地位不高，缺乏监督力度。我国行政监督主体大多处于附属地位，缺乏必要的独立性，制约职权和手段不够强大。人大就是一个例子，人民代表大会是中国的权力机关，国家机关由人大产生，受它监督并向它负责。人大及其常委会对国家行政机关的监督，应该是最有权威的。但目前人大监督是法律地位高而实际地位低，尚未体现人大作为权力机关对行政机关应有的监督权，用评估人的话说就是"区人大完全成了摆设"。

（2）政府权力过大，权力运作不公开。如果说人大的监督是最权威的监督，那么群众监督就是最直接最广泛的监督。然而群众监督能否有效实施，关键是政府活动的公开性，即确保公民的知情权。很多评估参与人表示"政府公权力运作公开的程度不够"，政务公开仅局限于政府的某些工作部门，而对于一些群众真正关心的如人、财、物等权力运作的核心部位触动不大。还有些评估参与人表示"政府推行政务公开完全是形式上的"，只是设立了这样或者那样的制度，但在执行过程中却不听群众的意见。

（3）舆论监督没有发挥应有的作用。舆论监督是现代社会一项极其重要的民主政治的监督力量。在我国，舆论监督是人民群众行使民主权利的重要途径，它对于促进政府的廉政和政府效率的提高有着重要的作用。但是有些评估参与人表示"现在的媒体都成了党和政府的口舌，舆论监督得不到落实"。

结合以上余杭区在行政监督方面的不足和评估参与人的意见。我们提出以下几点建议供余杭区政府参考：

（1）区人大、区法院、区政府三机关应该联合对政府行政行为进行监督。首先应当加强区人大的监督力度，人大对政府的监督是人大的一项重要职权，这项职权应当付诸实践，而不是仅仅停留在法律的纸面规定上。法院对政府的监督主要表现在受理行政诉讼的方面，法院应当做到司法独立，不受党和政府的干涉。区政府的监督属于内部监督，加强政府监督具体表现在要求加快政府职能的转变，建立"有限权力政府"，实现政府权力运作的规范化，加强行政监察部门的权威性等等。三机关应当职权明确，分工合理，共同对政府的行政行为进行监督，这样才能全方位地监督政府的公权力运作，最大程度的发挥行政监督的效率。

（2）完善政府信息公开制度。首先，余杭区政府应该建立确保公权力运行和官员状况透明度的相关制度。除了少数需要保密的部门、事务外，区政府应该做到"重大情况让人民知道，重大问题经人民讨论"，将政府信息上网，使政府信息公开的范围最大化，以确保公民的知情权。其次，区政府应该着重把一些人民群众最关心的，与群众切身利益直接相关的事项，容易产生贪污腐败的行政行为作为突破口，将这部分信息公布于众才是真正的政务公开。

（3）建立健全使公民言论自由转化为制约监督公权力的有效力量的舆论监督机制。新闻媒体应该注意反映民意，把人民群众最关心的问题反映给政府同时对政府中的一些贪污腐败行为进行揭露。有条件的话可以在区电视台设立一个反映百姓心声的栏目，让百姓跟政府面对面的直接提意见，然后全区监督政府对意见的处理情况。

（七）民主政治完善方面

民主政治建设是十七大建立的重要政治课题，是一项长期艰巨的任务。当然，民主政治也是法治的一个基础性条件。十七大报告准确概括了发展社会主义民主政治的基本内容和基本方略。社会主义民主政治的基本内容就是"四民主"和"四权"，即"实行民主选举、民主决策、民主管理、民主监督，保障人民的知情权、参与权、表达权、监督权"。开展社会主义民主政治的基本方略，一是支持人民代表大会依法履行职能，善于使党的主张通过法定程序成为国家意志；二是支持人民政协围绕团结和民主两大主题履行职能，推进政治协商、民主监督、参政议政制度建设，提高参政议政实效；三是坚持各民族一律平等，保证民族自治地方依法行使自治权；四是推进决策科学化、民主化，完善决策信息和智力支持系统。

值得注意的是，十七大第一次提出了健全充满活力的"基层群众自治机制"的新概念，要求不断地扩大基层群众的自治范围，完善民主管理制度，做到人民依法直接行使民主权利，管理基层公共事务和公益事业，实行自我管理、自我服务、自我教育、自我监督，把城乡社区建设成为管理有序、服务完善、文明祥和的基层政治和社会生活的共同体。为什么民主政治发展要立足于基层呢？道理很简单，一是发展基层民主，直接受惠的是千百万人民群众；二是只有把基层民主政治搞好了，民主政治才会发展得稳健有序，进而实现中层的、高层的民主政治。万丈高楼平地起，基础不牢塌到底，只有把民主政治发展建立在坚实的基层基础之上，才会有发展的广阔前景。

2008 年的统计数据反映余杭在民主政治方面的状况为：

（1）居民参政议政水平提高，更加关注政府工作，市民社会建设有所发展。向政府和政协提出议案的数量增加。政府网站首页点击率一年内上升了 30 多万，总流量上涨 3000 万。另外，公民参加政党、社团的总人数增长了 5 倍多。公民参与政治生活的机会、渠道和领域都有了增加，这对于余杭地区的民主政治建设有着重要的意义。

（2）人大工作有待提升。公民向区人大提出建议数量的减少，说明人民对人民代表大会解决问题的效率和能力上缺乏足够的信任。另外，人大代表的性别比例、少数民族代表比例、党内党外代表比例有待改善。

（3）决策民主化水平稳中有升。重大决策组织合法性论证的数量增加了 3 件，人大代表提案采纳率达到 100%。但是政府决策组织合法性论证的总量仍然处于低水平，与群众利益密切相关的行政决策数量一年之内肯定是大于 8 件的，这说明听证制度还没有完全成为行政机关决策过程的组成部分。

结合余杭区目前状况，为贯彻十七大提出的社会主义民主政治目标，其在民主政治领域还须从如下几个方面加以改进：

第一，最大化地实现政府对重大事项决策的民主性、公开性和透明性。重大事项的决策，一般都是关乎普通百姓民生的事项，为体现民意，须公开决策事项本身，决策过程以及决策结果。据反映，临平城区的行车难、停车难已成为平安隐患；选拔干部存在不公；有些领导干部的能力、水平、形象欠缺，折射选拔的不公正；基层主要干部出现腐败现象，未对上一级监管的部门领导作出严肃处理，存在监管不力。

第二，民主政治制度创新有待完善。从横向比较，与台州椒东推行党代表常任制、温岭推行民主恳谈会等制度创新相比，显然，余杭在民主政治方面的探索之路还很艰巨。

第三，要实现真正意义上的民主政治，必须保证"权力下放"和"权力分散"。权力的相对集中，必将导致执政党及其党员受监督的程度降低。从 2007 年余杭地区执政党及其党员的清廉程度可见一斑，虽然纪委、反贪局调查案件数量较少、被控犯罪人数较低，但涉案的相关违法经济数额较为集中，高达 1600 余万元。"权力下放"可以使权力在行使过程中，更贴近当地百姓的实际情况。而"权力分散"能够达到互相监督和权力制衡的目标，具体可参照十七大报告所强调的"建立健全决策权、执行权、监督权"，如此，可以建立既相互制约又相互协调的权力结构和运行机制，让权力在阳光下运行。

（八）全民素质提升方面

党的十一届三中全会特别是全民普法开展以来，社会主义民主法治建设蓬勃发展，公民法律素质也不断提高。而作为全国法治实践的"试验田"，余杭区在建立"法治量化考核评估体系"，并出台内地第一个"法治指数"之后，公民的法治观念和法律意识明显增强，学法、用法、守法、护法的观念和习惯逐步养成；各级领导干部通过学习法律知识，提高法治观念，促进了领导方式、工作方式的转变；司法和执法人员的专业素质不断提高，促进了公正司法和严格执法；青少年法律素质的养成不断取得成果；经营管理人员法治观念逐步增强，依法经营管理已成为共识。

通过本年度的法治评估活动，可以反映出余杭区市民充分认识到法治意识对于法治建设的重要意义。他们认为"只有不断地增强全民法治意识，才能更好地提升全民法律素养，才能使依法治国的方略在人民群众中扎根"；"司法公正和法律服务建设的是否完备很大程度上制约了全民法治教育和法律意识的增强。"这种重视法治意识的思想对于我们建设法治社会的意义非常重大，也充分说明余杭人的法律素养得到很大提高。

但是，通过本年度的法治评估工作，我们也可以看到，余杭区的全民法治素养的提升仍不是很理想。数据显示，该项在内外组的评分中都相对靠后。主要存在以下问题：

首先，公民的法治意识仍然比较淡薄，权利意识不够强烈，自身权益受到侵害时，不能第一位地运用法律武器来保护自身权益。有成员指出，"我认为余杭还没有一个很好的法治教育机制，市民权益收到损害后，想通过法律来维护的还不占多数"。

其次，法律教育水平比较落后而且教育水平不平衡。"普法重点对象法治教育覆盖面低；公职人员及区管在职干部等学法均有待加强；对青少年法治教育工作不到位；对农民、外来创业者的法治教育远远不够"。

最后，调查反映余杭的法治教育方式有待进一步改进，如何做好法治教育"需要开发新的途径、方法、手段，这方面没有新的突破，请有关部门注意"。

总体来说，公民特别是各级领导干部及公务员的法律素质与实施依法治国基本方略的要求仍有很大的差距，一些地方和部门乃至领导干部，有法不依、执法不严、违法不究以及以言代法、以权压法等现象的存在，一定程度上挫伤了群众的学法积极性等等。这些问题如得不到及时有效的解决，必然会影响社会主义民主法治的建设进程。提高公民法律素质是一项长期而紧迫的任务。面对新形势，必须抓住有利时机，积极探索规律，采取有效措施，努力使公民法律素质有一个新的提高。

1. 抓住重中之重

提高公民的法律素质，领导干部的带头作用、示范作用、主导作用十分重要。法律素质是领导干部任职资格的必备条件。抓住关键环节，促使领导干部学法向纵深发展。掌握履行职责必备的法律知识是基础，熟悉与改革、发展、稳定大局相关的法治内容是重点，及时了解新颁布的法律法规主要精神是补充；要从学、考、查、用等多个方面促使领导干部学习法律的制度化、规范化。各级党校是领导干部学法的主阵地，自学是领导干部学法的基本途径。

提高领导干部的法治化管理水平。领导干部用法可从两个方面展开：一是综合层面，即依法决策、依法行政；另一是单项层面，通过学以致用，从立法、执法、司法、法律服务、法律监督、基层民主建设和专项治理等各个领域予以推进。查阅法律条文，钻研法治课题，要求法治工作部门把好法律关，邀请专家学者进行法律论证等，是领导干部遇事找法、解决问题靠法的基本渠道。

2. 深化普法教育

提高公民法律素质，教育是基础。按照"五五"普法的总体部署，通过不断推进家庭教育、紧紧抓住学校教育、着力巩固在岗教育、突出加强社会教育，促使公民法治宣传教育工作的不断深化。

家庭是培育公民法律素质的"发源地"。法治教育要从娃娃抓起、家长要在幼儿似懂非懂时始，晓以规矩、约束，感知法的存在。要在每个家庭中，通过各个成员的言行举止，相互影响，共同提高。

学校是公民接受系统法治教育的"根据地"。要把法治教育纳入素质教育的范畴以此合理规划不同学龄段法治教育的不同内容。发挥教师为人师表的作用，把法治教育渗透到学校教育的各个环节。要组织学生参加法治实践活动，帮助他们了解法治的历史和现状，增强使命感。

单位是公民法律素质持续提高的"主阵地"。要推进领导干部、司法和行政执法人员、企业经营管理人员等重点对象学法用法的规范化、制度化，逐步建立不同类型、不同层次人员接受法治教育的不同标准，逐步推行法律知识任职资格制度，逐步把依法决策、依法行政、依法管理、依法办事的状况作为在岗人员考核、奖惩的依据之一。

社会是公民潜移默化接受法治熏陶的"大天地"。坚持"党委领导，政府实施，人大监督，法宣主管部门具体组织，社会各方面参与"的法治宣传教育运作机制，要科学规划，强化管理，完善考核，促使法治宣传教育工作的健康发展。

3. 创新普法方式

面对新形势，有关部门应当在党委的领导下，按照法治宣传和法律服务的职能要求，不断创新普法教育工作的方式方法，整合资源，形成合力，在基层深入推进民主法治建设，为广大公民提供全方位的法治服务，提升全民法律素质。它包括如下内容：

（1）对于法律知识的宣传。从内容上看，主要是对涉及公民工作、劳动、生活的新法律法规要及时宣传，对与公民切身利益息息相关的法律法规要深入宣传，对事关改革、发展、稳定的法律法规要反复宣传。要注意针对性，公民个别法律需求要有求必应；从方法上既要"授以鱼"，更要"授以渔"，着力于公民运用法律能力和水平的提高。

（2）律师（公证员）提供服务。每个律师事务所可以定向负责一个街道、乡镇的法律服务工作，鼓励律师义务为群众提供法律咨询和法律服务。各公证处可在每个街道、乡镇设立公证咨询点，定期由公证员向公民提供公证咨询服务。

（3）依法调解纠纷。普遍建立社区矛盾调解中心，健全首席调解员制度，推动人民调解协议书审核制度，实现人民调解制度与诉讼制度的衔接，促使纠纷调解的规范化、制度化。

（4）营造法治氛围。大众传媒和文学艺术，对提高公民法律素质有着特殊的号召力、凝聚力、说服力，在巩固民主团结、生动活泼、安定和谐的政治局面中具有至关重要的作用。

从目标上来说，所有的思想文化阵地、所有的精神文化产品，都要宣传法律知识、传播法律意识、提示用法途径、倡导法治精神、弘扬诚信正气、遏制违法现象，从而激励人们培养权利与义务相一致、权力与责任相统一的观念，使公民既能依法规范自身的行为，又能依法维护自身的合法权益，又能依法参与国家事务、经济文化事业、社会事务的管理。

从原则上来说，一要正面宣传为主。做到坚持正确舆论导向，宣传新事物、新典型，克服一味追求卖点的商业化倾向，避免将法治宣传变成案子宣传。二要强化服务功能。要以让读者、听众、观众满意为出发点，体现服务性和亲和力，成为群众不见面的法律顾问，为群众办好事、办实事。三要创造名牌效应。要利用群众喜爱的名牌法治栏目，寓教于乐，在潜移默化之中进行法治教育，并加强对社会普遍关注热点问题的引导。四要开展舆论监督。要发动群众，对具有普遍意义的人和事开展讨论，有力地批评背离社会主义法治的错误言行和丑恶现象。

从方法上来说，报刊、广播、电视、网络这四类媒体都要以宣传法治为己任，同时各类媒体应该抓住各自的重点，整合资源，科学安排，围绕中心和大局形成强劲的宣传声势。善于以案说法、以事喻法、以艺示法，从典型的、身边的、具体的人和事中提炼主题，深化内容，增强各类媒体宣传和文艺作品的感染力和影响力。此外，要加大网络宣传的力度，鼓励发布进步、健康、有益的法治信息，开展网络法治课教学、法律知识竞赛、法治摄影、法治话题讨论等活动。

（九）社会平安和谐方面

构建和谐社会是胡锦涛同志提出的近阶段我们党和全国人民共同的奋斗目标，有学者根据胡锦涛同志在十六届四中全会上的有关论述，把我们要构建的社会主义和谐社会的特点归纳为四个方面：一是要调动一切积极因素，增强全社会的创造活力；二是要协调各方面的利益关系，维护和实现社会公平；三是要营造良好的社会氛围，形成和谐相处的人际环境；四是要加强社会治安和管理，切实维护社会稳定。社会的和谐安定既是法治得以贯彻落实的前提也是法治所追求的社会目标。

在"深化平安余杭创建，维护社会和谐稳定"这一项工作中，余杭区表现得比较出色，在九项内容中相对比较靠前，内部组以 75.67 分的成绩名列第五，外部组以 72.28 分的成绩名列九项指标的第一位。公安机关的办案效率进一步提高，破获的暴力犯罪案件的总数从 2007 年的 303 件提高到 2008 年的 329 件。破获的妨害社会管理秩序的犯罪从 2007 年的 181 件提高到 2008 年的 223 件。民众普遍感觉到"创建工作抓得比较好，社会比较稳定"。他们认为"近几年余杭的社会比较稳定和谐，黑帮团体逐渐被打击减少，针对外来人口众多的情况余杭公安机关管理也比较得力，治安事件发生较少"。

但是问题在局部工作中仍然存在，例如，有群众反映余杭在打击犯罪，切实解决群众反映突出问题上做得比较好，但仍需在流动人员管理，犯罪预防等方面下工夫。近年来，余杭区经济的快速发展带动了劳动力需求的迅猛增长，从而使大批外来务工人员涌入区内。这些外来务工人员在为经济注入活力、作出贡献的同时，也不可避免地造成了一定的负面影响。其中，外来务工人员的犯罪问题比较突出，并逐渐成为影响余杭发展和稳定的重要因素。

因此，我们建议余杭区在以后的工作中应当注意做好以下几个方面的工作：

第一，加强对外来务工人员的管理，进一步健全现有的居住制度，消除各种政策性歧视。建议在就业、居住、医疗、子女上学等配套政策上对待外来人员和本地人员应一视同仁，以此培育外来务工人员的主人翁精神，从而让他们真正融入城市生活。鉴于大多数外来务工人员选择租房的居住方式，建议由社区居委会、村委会等通过以房管人的方式、建立相对完善的暂住管理制度对居住者进行监督管理，这样就可以弥补过去工作中的纰漏，配合社会治安工作的开展。

第二，调查外来务工人员的实际需要和生活中存在的困难。给予他们充分关心，帮助他们解决自身存在的法律难题，例如帮助务工人员及时清理拖欠工资，将各种冲突和危机解决在萌芽状态。

第三，完善社会保障体系。如今我国每年拿出三四百亿用于城市失业人口和贫困人口的社会保障，而用于农民和外来务工人员的则很少，这也是流动人口犯罪问题的一个原因。我们建议余杭区可以率先建立和完善外来务工人员的社会保障体系。改变城乡居民间社会保障的不公平状况，免除外出打工人员的后顾之忧，以此最大限度减少他们犯罪动机产生的几率。

第四，切实做好"五五"普法工作。"五五"普法的开展一定要落到实处。针对外来务工人员本身的特点，对与之相关的法律法规进行大力宣传，切实增强他们的法律意识。深入基层积极宣传犯罪对个人、对家庭、对社会造成的危害，使他们从思想上认识到犯罪所导致后果的严重性。

第五，加强对外来务工人员中有前科人员的督导和管理。重点监管三类对象：监外执行人员、劳改劳教释放人员及刑罚执行完毕重新回归社会的人员。建立督导组织，落实个人或者责任，尽可能杜绝他们再次铤而走险。通过这些措施的实施，可以有效抑制许多矛盾的激化，甚至可以达到预防犯罪的目的。

附录一 2008 年度余杭法治指数评估参考素材

依托法治量化评估体系 出台全国首个法治指数

余杭在 2007 年底率先出台《"法治余杭"量化考核评估体系》，在此基础上，余杭委托中立研究机构组成法治指数评估组，通过内部评估组打分、外部评估组打分、人民满意度调查问卷和专家组评审等环节，出台了全国内地首个区域法治指数——余杭法治指数，71.6。同时以法治量化评估体系为标准，对全区各乡镇、街道和部门进行了"法治余杭"建设工作的中期督导检查和年度考核。该指数出台后，引起社会广泛关注。《余杭法治报告》第一次作为全国地方法治经验载入了权威的法治蓝皮书——《2008 中国法治发展报告》；余杭第一次被全国普法办确定为"法治城市、法治县市区"创建活动的区县级示范联系点；被省委、省政府命名为 2007 年度全省首批"法治先进区（县、市）"；入选浙江改革开放三十年典型事例 100 例。

《余杭法治网》被评为全省优秀普法网站

余杭法治网 2008 年 1 月 7 日，为了更好地总结推广利用互联网开展普法工作经验，推动"五五"普法深入开展，近日，省普法办对全省优秀普法网站进行评选，评出 10 个全省优秀普法网站和 20 名网络普法先进工作者。《余杭法治网》被评为全省优秀普法网站，区司法局陈恩美被评为全省网络普法先进工作者。

民主法治村（社区）将作为新农村"星级村"和"文明村"创建条件

城乡导报讯 2008 年 5 月 4 日　今年，余杭区把民主法治村（社区）作为新农村"星级村"和"文明村"创建的前置条件。并决定对"四星级"及以上的民主法治村（社区）实施"以奖代补"政策：获得"杭州市四星级民主法治村（社区）"称号的奖励 2 万元，获得"浙江省五星级民主法治村（社区）"称号的奖励 3 万元，被命名为"全国民主法治示范村"的奖励 5 万元。同时，严格考核，对硬件、软件等方面不达标的单位实行"一票否决"。

"八个一"活动为抓手 余杭营造法治建设浓厚氛围

中新浙江网 2008 年 10 月 14 日　日前，杭州市余杭区法建办、依普办对"法治余杭"宣传作出部署，以"八个一"活动为抓手，在余杭区范围内，多层次开展"法治余杭"建设和普法依法治理的宣传教育活动。即制作一个"法治余杭"知识教育课件；制作一系列"法治余杭"公益广告；开展一次特色亮点系列宣传；开展一次"法眼看余杭"DV 大赛；开辟一档"以案说法"电视法制板块；开展一次全民法律知识有奖竞赛；组织一次法律知识考试；组织一次"法治余杭"建设图片展。

两村官受贿被逮捕　余杭派纪检驻监察

杭州网 2008 年 10 月 29 日　余杭区瓶窑镇凤都村原总支部委员会副

书记、村民委员会主任吴来法和村原总支部委员会书记、经济联合社主任邹卫红，在担任村干部职务期间，土地出让、土地租赁及为村下属办理事务、村范围做基础工程中，利用职务之便涉嫌受贿，涉案总金额近40余万元。昨天下午，余杭区纪委召开的党风廉政建设和反腐败工作新闻通气会上，通报了这一案件。

昨天会上还透露，余杭区将推进派驻（出）纪检监察机构统一管理试点工作。首批，区纪委将派出7名纪检组长，分别进驻区发改局、区建设局、区交通局、区环保局，以及区城建集团、区农林集团、区农副物流集团7个部门及企业，监督日常工作。

区法院院长利用接待日解决群众生活困难

余杭区塘栖镇李某因为自己的诉讼请求未得到判决支持，直接以各种方式威胁承办法官，要求解决其损失问题。

6月中旬，院长傅樟绚亲自接待了来访的李某，耐心听取李某的诉求，对案件进行了仔细的分析，并对李某的错误言行进行了严肃的批评，从而促使其认识到自己的错误，并作出了书面检讨。

傅樟绚院长在接访中了解到李某家庭经济生活困难，并到其所在的村委实地了解情况。在了解到李某家庭经济困难，房屋在强降雨中漏水的情况后，傅院长提议由区政府在信访稳定工作专项资金中拨付资金给李某，解决其实际困难。

2008年8月1日，傅院长与区委政法委、塘栖镇综治办工作人员一起将2万元专项资金送到李某所在的村委，由村委会监督确保该款用于改善李某的家庭生活。李某对院领导不计前嫌，切实帮助解决生活困难表示感谢。

余杭区政府积极采纳人大代表提案并贯彻落实

区十三届人大二次会议上，人大代表吴某、付某提出余杭新车增加迅猛，而临平车辆检测速度过慢，车主需半天甚至一天时间验车。

区公安分局接受代表建议，向上级部门积极争取，在余杭镇投资一百万元，新建车辆检测站一个（二条检测线），于2008年5月正式启用，极大便利车辆检测。

农民工劳动报酬的追索落实

5 月 5 日，浙江省杭州市余杭区运河镇辖区内的杭州圣卡尼鞋业有限公司因拖欠 200 多名外来农民工工资，在劳动保障部门督促无效后，被农民集体上访到余杭区运河镇人民政府。运河镇政府协调无果，于 5 月 6 日由镇财政先行垫发给每位农民工 500 元生活费。

5 月 12 日，杭州临平法律服务所工作者姚某经 217 名农民工特别授权，向余杭区人民法院提起 217 件追薪诉讼，总标的为 525519 元。28日，该公司在余杭区崇贤镇的厂房和土地使用权经公开拍卖得 280 万元。余杭区委、区政府召集有关单位及各债权人进行协调并决定，由余杭区人民法院从 280 万元拍卖款中执行 475519 元，运河镇人民政府以困难补助方式划拨 50000 元，于 7 月 10 日，由余杭区人民法院执行局将 525519 元农民工工资全额发到 217 位农民工手中。

浙江森阳家用纺织品有限公司拖欠职工工资案

2008 年 12 月 22 日，余杭区经济开发区辖区内浙江森阳家用纺织品有限公司企业部分职工到余杭区劳动保障局劳动保障监察大队上访投诉企业已拖欠全体职工三个多月工资。余杭区劳动保障局劳动保障监察大队即会同余杭区经济开发区介入调查处理，经查，截至 2008 年 12 月 22 日，浙江森阳家用纺织品有限公司已拖欠全体 280 余名职工共 3 个半月工资，共计 160 万余元。劳动保障监察大队及余杭区经济开发区与公司方协调达成一致意见，于 12 月 24 日该公司货款到账后即监督发放了全体 280 余名职工 160 余万工资。

十八年由败转胜的艰难历程

1991 年，20 岁的胡永奎在给他人建房做泥工时，从 10 米高的楼口坠落致伤，腰部以下完全瘫痪，生活无法自理。多次向相关人等索要赔偿款遭到拒绝。1997 年 10 月向余杭区人民法院起诉，要求对方赔偿 11 万元，法院以已过诉讼时效为由驳回他的诉讼请求。1998 年上诉，因未能及时凑齐上诉费，杭州市中级人民法院裁定自动撤诉上诉处理。1999 年杭州市中级人民法院驳回其申请再审的请求。胡永奎及其年迈的双亲在之后的

10 年里不断上访。2007 年 3 月，近乎绝望的胡永奎来到余杭区法律援助中心申请法律援助，朱律师接到援助中心的指派后即刻着手帮胡永奎主张权利。最终于 2008 年 7 月双方在余杭区人们法院主持下达成民事调解协议，被告赔偿胡永奎医疗费、住院期间护理费、损失费等费用共计 7 万元。

附录二 内外部评审组的部分评分理由及法治建议

编号 ［内9］：

1. 关于"推进民主政治建设，提高党的执政能力"（85）

余杭区民主政治氛围较好，比如开展"一报告两评议"制度，干部选任采取"两推荐两票决"制度，村级组织换届选举试点"无候选人代职直选方式"。

2. 关于"全面推进依法行政，努力建设法治政府"（79）

建设"法治余杭"作为一项战略决策，组织、政策、经费保障到位，但在力度上、深度上还需要加强。

3. 关于"促进司法公正，维护司法权威"（82）

余杭检察院获得"全国先进基层检察院"荣誉称号，余杭法院执行局获"全国文明局"称号。余杭检察院副检察长获全国五一巾帼奖，两院的工作得到了民众的认可。

4. 关于"拓展法律服务，维护社会公平"（75）

乡镇、街道司法所建设步入快车道，但还未完善，村、社区一级欠缺法律服务尤甚。

5. 关于"深化全民法制教育，增强法治意识、提升法律素养"（79）

通过"法治余杭"建设，推出"法治指数"，"五五"普法宣传，增强了全民的法治意识。

6. 关于"依法规范市场秩序，促进经济稳定良性发展"（76）

依法规范市场秩序工作稳步推进，但市场原有的一些陋习、潜规则，不是一朝一夕能更改的，仍需加大力度和广度。

7. 关于"依法加强社会建设，推进全面协调发展"（85）

加强了城乡规划建设，组建"一副三组团"的格局，成功创建省级文明城区，积极实施"环境立区"战略，余杭经济社会全面发展，但仍需推进社保体系建设。

8. 关于"深化平安余杭创建，维护社会和谐稳定"（81）

开展平安余杭创建，打击犯罪，切实解决了群众反映突出的部分问题，但仍需在流动人员管理、犯罪预防等方面下工夫。

9. 关于"健全监督体制，提高监督效能"（77）

全区各级机关、部门均设立完备的信访室，但社会监督方面仍需进一步完善。

编号［内 17］：

1. 关于"推进民主政治建设，提高党的执政能力"（60）

推进民主政治建设，提高党的执政能力，思想上已经有认识，实际工作行动上一般。

2. 关于"全面推进依法行政，努力建设法治政府"（60）

很重要，在现实行动中有点差距。

3. 关于"促进司法公正，维护司法权威"（70）

正在逐步提高，但执行难、司法行政化现象比较普遍。

4. 关于"拓展法律服务，维护社会公平"（60）

有所改进和努力，但社会不公仍表现较多。

5. 关于"深化全民法制教育，增强法治意识、提升法律素养（50）

有待努力和改进。

6. 关于"依法规范市场秩序，促进经济稳定良性发展"（50）

政府主导市场色彩较突出。

7. 关于"依法加强社会建设，推进全面协调发展"（60）

正在开始重视。

8. 关于"深化平安余杭创建，维护社会和谐稳定"（70）

有进步。

9. 关于"健全监督体制，提高监督效能"（50）

监督体制发挥作用有欠缺。

编号［外4］：

1. 关于"推进民主政治建设，提高党的执政能力"（65）

党的执政能力和执政水平有较大的改善，但专制现象仍然存在。

2. 关于"全面推进依法行政，努力建设法治政府"（65）

服务型政府尚未建立起来，而建立服务型政府对于法治来说是非常重要的。政府的行政行为应有法律依据，法无明文规定的就是禁止的，而对于民众的私人行为，"法不禁止即自由"，政府不能横加干预。目前仍然存在行政大于法律的现象。

3. 关于"促进司法公正，维护司法权威"（60）

法官素质有待提高，打官司托人的现象仍然存在。执行能力即司法权威性有待加强，赢了官司执行不力的情况普遍存在。

4. 关于"拓展法律服务，维护社会公平"（55）

法律服务比较到位，但是法律援助状况不够好，律师和法律服务工作者偏少，仍然存在穷人打不起官司的现象。

5. 关于"深化全民法制教育，增强法治意识、提升法律素养"（59）

司法局做了不少工作，普及法律教育，但民众法律意识仍有待提高。

6. 关于"依法规范市场秩序，促进经济稳定良性发展"（66）

市场经济有了迅速发展，但是经济秩序没有完全符合法治国家的要求，投机分子大量存在，甚至利用法院和法律破坏市场经济秩序，例如恶意诉讼现象。

7. 关于"依法加强社会建设，推进全面协调发展"（72）

社会相对和谐，提高人民群众的生活品质、促进社会和谐对人民群众来说是最实在的，还有待进一步做好。

8. 关于"深化平安余杭创建，维护社会和谐稳定"（71）

治安状况、社会稳定程度相对令人满意。

9. 关于"健全监督体制，提高监督效能"（50）

监督状况不能令人满意。

编号［外12］：

1. 关于"推进民主政治建设，提高党的执政能力"（75）

评分理由：总体情况良好，但数据反映的情况与群众反映及余杭现实情况尚有差距。人民群众对党风廉政建设的满意度还有待于进一步提升。目前，比较满意以上的只占 61%。

2. 关于"全面推进依法行政，努力建设法治政府"（73）

评分理由：总体情况良好，但数据反映的情况与群众呼声及余杭现实情况尚有差距。人民群众对政府行政工作的认同度还有待于进一步提升。目前，比较满意以上的只占 59%。行政部门工作人员重大违法乱纪案件数有上升趋势。这从另一侧面也反映了依法行政和建设法治政府任重而道远。

3. 关于"促进司法公正，维护司法权威"（71）

评分理由：总体情况良好，但人民群众对司法工作的满意度还有待于进一步提升。目前，比较满意以上的只占 58%。上诉案件的比例与二审改判率均在 5% 左右，尚有待改进。

4. 关于"拓展法律业务，维护社会公平"（78）

评分理由：总体情况良好，数据反映的情况显示，人民群众对权利救济的满意度比较高。目前，比较满意以上的占 66%。当然，司法资源应该增加；法律援助必须不断加强；特别是个人权利的保护要随着经济社会的不断发展而进一步提高，如：城镇及农村养老保险覆盖率、辖区内失业人员和农转非人员的就业率要大大增加等。

5. 关于"深化全民法制教育，增强法制意识、提升法律素养"（79）

评分理由：数据反映的情况显示，人民群众对社会法制意识程度评价比较高。目前，比较满意以上的占 76%。

6. 关于"依法规范市场秩序，促进经济稳定良性发展"（65）

评分理由：总体情况不太好，数据反映的情况显示，人民群众对市场规范性的满意度还有待于大踏步地提升。目前，比较满意以上的只占 35%。另外，从区统计局、工商分局和质监局的统计数据看，此项问题不容乐观。

7. 关于"依法加强社会建设，推进全面协调发展"（67）

评分理由：数据反映的情况与群众反映及余杭现实情况尚有差距。对民主政治参与，人民群众目前比较满意以上的只占 48%。

8. 关于"深化平安余杭建设，维护社会和谐稳定"（67）

评分理由：总体情况尚好。

9. 关于"健全监督体制提高监督效能"（68）

评分理由：虽然余杭在行政监督方面取得了一些进步，但人民群众对监督工作目前比较满意的只占43％。

编号［外13］：

1. 关于"推进民主政治建设，提高党的执政能力"（70）

执政党的执政能力与民主政治建设之间存在紧密地联系。总体来讲，余杭的民主政治建设情况比上年有所进步，特别是体现在反贪局调查违法力度加大（案件数下降，涉案的经济数额提高）和纪委调查人数增加一倍多这两个方面。但是，在"法治余杭指数"的有利条件下，执政手段缺乏创新，让人有些遗憾。

2. 关于"全面推进依法行政，努力建设法治政府"（65）

"依法行政"是法治水平最关键的指标。提供的数据均优于上年，进步是明显的。但在"一街一路"改造和余杭经济发展模式的建立中，余杭区政府在征集民意、举行听证、人大监督这几个方面的工作都相对欠缺。怎样使用好"纳税人的钱"成为本年度民众热议话题，就是一个旁证。这一点应引起区政府的足够重视。

3. 关于"促进司法公正，维护司法权威"（80）

总体来讲，余杭司法机关的司法资源、案件审理情况均比上年有所进步。

4. 关于"拓展法律服务，维护社会公平"（85）

从提供的"余杭数据"看，民商法律援助案件提高幅度很大，至为可喜。其他各种数据都往好的方面发展，司法局的同志们辛苦了，尤其是"余杭案例"中法院院长的事迹非常感人。

5. 关于"深化全面法制教育，增强法治意识、提升法律素养"（70）

在"法治余杭"的背景下，研讨"如何做好法制教育"工作需要开发新的途径、方法、手段，这方面没有新的突破，特别提请有关部门注意。

6. 关于"依法规范市场秩序，促进经济稳定良性发展"（75）

余杭经济发展尽管存在政府决策上的偏差，但经济从业者的艰苦奋斗、守法经营还是值得肯定的。这也与余杭总体法治环境比较好有关。

7. 关于"依法加强社会建设，推进全面协调发展"（60）

这条内容有些含糊。余杭的几个经济热点（如房地产开发、道路改造、超山塘栖建设），需要稳妥处理。要因地制宜地开发本地潜能。

8. 关于"深化平安余杭创建，维护社会和谐稳定"（70）

对于一个社会，平安和谐至关重要。余杭的总体环境还是很不错的。其实，在外来务工人员集中的情况下，还能维持比较好的稳定局面，这与友善对待外来务工人员有关，也与强有力的和谐保障（公安分局在警员人数下降情况下的大付出）有关。

9. 关于"健全监督体制，提高监督效能"（65）

这很重要，但在现实下也有些艰难。抗诉案件、信访案件数量比上年下降，但这一数字应从辨证角度看。总体效能缺乏有力证据。

编号［外 14］：

1. 关于"推进民主政治建设，提高党的执政能力"（78）

总的来说余杭的工作还是令人比较满意的，但是还是有许多具体方面存在问题需要改进。

2. 关于"全面推进依法行政，努力建设法治政府"（80）

以法律约束行政机关的行为，使其更好地为人民服务，是法治的一项重要的目标。余杭政府在工作中基本上做到了这一点。

3. 关于"促进司法公正，维护司法权威"（82）

司法公正、权威有利于法治化进程更快更顺畅地进行。余杭区司法部门的工作是值得肯定的，较好地做到了这一项。

4. 关于"拓展法律服务，维护社会公平"（80）

法律服务的种类、方式和范围都有待扩展，法律服务的水平也有待提高，不过社会公平方面还是令人满意的。

5. 关于"深化全民法制教育，增强法治意识、提升法律素养"（75）

法制教育的方式需要更加多样化，接受法制教育的人群范围应该扩大。除此之外，个人认为应当将法制教育和基础教育结合起来，让孩子们从小受到法律理念的熏陶，更好地理解法治的意义。

6. 关于"依法规范市场秩序，促进经济稳定良性发展"（72）

依靠法律规范市场的秩序才能使得市场经济有序、健康发展。在这一方面，余杭的工作还应该进一步加强，创造更好的经营投资坏境。

7. 关于"依法加强社会建设，推进全面协调发展"（75）

社会建设的力度需要加强，投入更多的精力和资金，兼顾到各个方面，总的来说，余杭是向着好的方向发展的，个人感觉比上年有所进步。

8. 关于"深化平安余杭创建，维护社会和谐稳定"（90）

余杭区对于维护社会整体的稳定和谐做了许多的努力，成效也是非常显著的。

9. 关于"健全监督体制，提高监督效能"（85）

监督力度需要加大，监督的体制需要进一步的建立和健全。

第三部分

2009 年余杭法治指数报告[*]

　　法治评估体系的颁布和法治指数的公布是中国法治进程中引人瞩目的事件，一直受到社会各界的广泛关注和讨论。

　　2009 年 6 月 15 日，2008 年余杭法治指数（71.84）公布，再次引起了社会各界的关注。

　　中国社会科学院《中国法治发展报告（法治蓝皮书）》2009 年再次发表《余杭法治指数报告》对余杭法治评估实践进行阐述。

　　《人民日报》于 2009 年 7 月 22 日以《余杭法治指数应重点解决好三个问题》为题整版对其进行了报道，称余杭法治指数工作是一个试验田，对地方法治建设有很大启发意义。中央电视台《今日说法》栏目制作余杭法治指数的专题节目，主持人撒贝宁到余杭进行实地采访，作出如下评论：余杭第一个在中国内地推出法治指数，把理论变成实践，是一种态度、一种勇气；法治指数是个新概念，但它的推出有很实在的意义；通过不断地摸索和完善，推出法治指数这种做法会在将来看到成效，余杭很可能成为一个地区甚至更大范围内法治建设的样本。

　　余杭法治的量化评估实践继续受到政府高层领导的高度重视，也进一步引起学界的更深入的讨论。

　　舆论对于余杭法治评估体系的评价进一步趋向肯定法治指数的参照作

---

　　* 执笔人：钱弘道。除法治余杭课题组和余杭法治指数评审组全体成员外，余杭区司法局等有关部门的同志，浙江大学等高校戈含锋、赵骏、姜斌、王帅、钱无忧、何博、梁燕妮、张辉、范凯文、钱国玲、吴海燕、于晓琴、刘大伟、王朝霞、武威、姚艺文、邰佳、侯望、刘君斌、王晓茹、汪真燕、路驰等老师、博士后、博士生、硕士生、本科生参与了具体相关工作。

用、指导作用、反馈作用和制约作用，认为"法治指数"对法治进步产生了重大影响。

一　2006年来法治评估对余杭法治建设的推动

2006年4月15日，建设法治余杭工作座谈会在余杭区召开，余杭区委、区政府决定在全区启动"法治系统工程"，并委托钱弘道教授负责法治余杭评估体系课题。四年来，"法治余杭"已经成为我国地方区域法治建设的一项突出成就，通过法治评估活动，有效带动整个区域政府和社会组织的法治转型，改善公职人员的法治服务意识和能力，从而不断满足人民日益增长的法治监督和社会公正的需求。项目最大的成效之一就是通过评估形成了一种压力，督促余杭党委、政府领导时时刻刻将法治建设摆在重要日程，将法治理念贯彻到实处。

随着2007、2008、2009年余杭法治指数的连续出台，余杭区委、区政府积极配合课题组，多次召开专题会议进行研究，认真查找余杭区法治建设过程中的不足之处，并将通过评估反映出来的问题一一向相关职能部门进行反馈，陆续在实际工作中展开整改，有力地促进了余杭法治建设的不断发展。更进一步的影响还在于，法治评估成了政府内部考核的参照指标，这使得"法治"理念能够通过常态化的制度得以贯彻、检验。

（一）　对党委依法执政的推进

法治评估体系启动之后，余杭区委、区政府建立健全了"党委领导、政府实施、人大政协监督支持、全社会参与"的工作运行机制，先后多次召开"法治余杭"建设工作领导小组会议，区委书记、区长等区四套班子主要领导全部到会并作重要讲话。区四套班子领导多次就"法治余杭"建设工作进行专题调研，指导法治建设工作，研究存在的问题。同时成立依法行政、公正司法等八个专项小组，定期举行例会，统筹推进具体工作。

不只在区政府层面，乡镇、街道和经济开发区的各级各部门也将法治建设工作纳入重要议事日程，定期研究部署，适时进行检查。各单位都根据《"法治余杭"建设相关工作制度》（余法建办［2009］4 号），相应制定了本单位的法治建设工作制度和议事规则，明确"主要领导负总责，分管领导负要责，职能科室负细责，上下同心共负责"的职责任务。大部分乡镇落实了法治建设责任制，与村委会、居委会和有关单位签订了法治建设责任状。同时，部分乡镇街道还初步制定了党委、政府决策制度，聘请了法律顾问，不断提高依法管理水平。

（二）对政府依法行政的推进

区政府依法行政水平不断提高，各项工作逐步向依法规范、依法运行的方式转变。2006 年全区行政诉讼案例 105 件，2009 年 37 件。

区政府在拆迁工作中实现了依法行政的创新。组建项目办并专设法律服务组，围绕全区重点项目建设，引导拆迁对象理性表达诉求，规范建设主体行为，制定出台《项目建设"三图一协议"》（即"征收集体所有土地房屋拆迁流程图"、"城市房屋拆迁流程图"、"违章建筑行政强拆流程图"和"征收集体所有土地房屋拆迁补偿安置协议书"），较好地避免了程序、实体等方面法律漏洞的产生，对规范全区重点建设项目各个环节的运作起到了重要作用。创造性地将"听证会"明确融入征收集体所有土地房屋拆迁（强拆）流程中，充分听取当事人的陈述、辩论和举证，较好地避免了因信息不对称而导致行政强拆的发生。2009 年，全区共组织举办行政强制拆迁听证会 21 场次，涉及被拆迁户 80 余户，约 30 户在听证会后主动签订了拆迁协议，避免了强制拆迁的执行，促进地铁、高铁、沪杭、杭宁客专等征迁工作任务有序推进，也吸引了欧文斯科宁、阿里巴巴、瑞士诺华等众多海内外投资者来余杭投资创业。

（三）对司法公平正义的推进

政法各部门着眼于匡扶正义，按照"严格执法、严管队伍"的要求，以宣传社会主义法治理念、推行执法办案公开为抓手，全面加强了司法规范化建设。

区检察院创新刑事案件庭前证据公示制度，得到省级有关部门充分肯定；率先在全省开发了"九类罪犯电子档案库"和监所检察办公自动化系统，增强刑罚执行监督的针对性和实效性，提高民警规范执法的能力。2006 年以来，共受理提请批捕案件 3986 件 6457 人，受理移送审查起诉案件 4325 件 7345 人，查办贪污贿赂案件 85 件 106 人，为国家挽回直接经济损失一千余万元。2009 年被最高人民检察院授予"全国先进基层检察院"。

区法院开展审判质量效率评估体系建设，完善《审判流程管理规则》；出台《案件质量评查办法》，形成以案件质量评查为基础，以案卷检查、裁判文书评查、改判及发回重审案件督查、庭审旁听为重点的案件质量监督管理体系；注重审执兼顾，强化执行手段，出台《关于破解执行难推进法治余杭建设的实施意见》，开发建设了"执行威慑机制信息管理系统"，建立"破解执行难推进法治余杭建设"工作体系，明确 22 个成员单位和各商业银行、保险公司以及乡镇（街道）的工作职责，并纳入综治目标考核范围，形成"党委领导、综治牵头、法院主办、社会协动"的执行工作新格局，在全省率先运用综合手段破解执行难，得到了最高人民法院的充分肯定。2006 年荣获首批"破解执行难优秀法院"荣誉称号。

（四）对权利依法保障的推进

余杭各涉法机关认真践行"关注民生、服务民生、保障民生"精神，把"法治余杭"建设与涉及民生的热点、难点问题紧密结合。

区法院加大司法救助力度，2009 年，将执行救助标准从 2006 年的 3 万元提高到 5 万元，救助次数从一次提高到两次，共对 20 件案件的 25 名困难群众发放执行救助金 38.9 万元，全年对 2019 件案件的诉讼费依法减免缓，共减免缓交诉讼费 75.02 万元。

区司法局设立司法救助专项资金，建立健全司法救助工作机制，开展多种形式的司法救助。通过实施"双考双评"活动，不断规范法律服务市场，全区至 2009 年末共有律师事务所 11 家，比 2006 年增加 3 家，公证法律服务从业人员 176 人，比 2006 年增加 35 人；大力实施法律援助惠民工程，落实"三畅通四结合"要求，在全市率先出台《法律援助服务标准》，实行法律援助以奖代补，打造"一小时法律服务圈"。2006—2009 年，共办理法律援助案件 3494 件，办理公证 42009 件，代理法律服务案件 9379 件。推行"五项"便民新举措，确保弱势群体的合法权益得到公平维护。

工、青、妇等人民团体开辟职工维权绿色通道、积极参与劳动争议调处，试行"工会法律顾问制度"，深入推进法律进企业活动；通过推广"青少年事务管理"，发挥"12355"热线作用，加强青少年维权；大力开展"法律进家庭"活动，开设妇女维权专栏、热线，运用各类载体开展法制教育特色活动。

（五）对市场规范有序的推进

规范的市场秩序是倡导诚信风气、促进经济增长的重要保障。余杭区连续 5 年举办"法律进企业"活动，以创建诚信示范单位为工作载体，制定"诚信守法企业"创建标准；把企业职工普法计划目标任务纳入了工会重点工作目标考核内容，下发《职工学法普法教育培训任务指标分解表》，充分利用普法志愿者队伍，开展法律知识巡回宣讲等形式多样的普法教育活动；探索企业"法律体检"活动，运用律师专业特长，有针对性地进行法律风险的梳理和剖析，提出预防法律风险的措施和对策，帮助企业和项目主体依法经营。

近年来，余杭区市场秩序进一步规范，市场运行的法治环境逐步完善。城镇居民人均可支配收入从 2007 年 21098 元上升至 2009 年 26087 元，城镇和农村居民的恩格尔系数和基尼系数都有所下降，工商和质检的商品质量抽检合格率逐年提升。全区经济发展态势良好，工业经济、财政收入、城乡居民收入自 2007—2009 年保持两位数增长。2009 年实现生产总值 532.46 亿元，增长 8.8%；财政总收入 100.07 亿元，其中地方财政收入 59.67 亿元，增长 20.1% 和 22.9%，成为全省第三个财政收入超百亿的区。2009 年 6 月在达沃斯（中国）区县经济可持续发展高峰论坛上，余杭区荣获"达沃斯·魅力中国·最具投资价值区"荣誉称号。

（六）对监督体系健全的推进

"阳光是最好的防腐剂"，余杭区政府专门成立课题组，构建"权力阳光运行机制"工程。通过广泛调研、资料征集、个别访谈、实地（外出）考察等方式，制定出台《杭州市余杭区行政决策程序暂行规定（试行）》，邀请区人大代表、政协委员列席区政府常务会议，形成全区开放式行政决策体系。2009年初，又首次尝试采用网上直播区政府常务会议的方式，实现政府常务会议与公众的"零距离"，政府决策过程对公众的"全公开"。会议期间，区政府门户网站关于此次直播会议的点击率达到了3000多次，收到建设性意见建议上百条。

推进权力阳光和数字监察工作。全区39个具有行政职权的区级机关共梳理权力数量8294项，编制流程图1170份，在此基础上将相关权力全部加载到权力库内，实现对行政处罚和行政许可这两项权力的数字监察。充分利用区政府门户网站，及时、主动地公开相关信息。据统计，2009年全区各单位在区门户网站共发布各类信息4.1万余条，全年主动公开各类重点政府信息达5千余条，访问量也不断创出新高，日均IP访问量达1.5万以上。余杭区政府网站首页点击率2008年为3091185；在门户网站上开展的机关工作人员廉洁从政"五条禁令"调查问卷，仅2010年4月21—28日，网站点击率就超5400次，投票数逾950票。

加强执法监督，有效规范具体行政行为。畅通行政复议渠道，在政府门户网站上开通了行政复议网上申请专栏，建立行政复议工作交流机制，畅通了行政复议渠道；出台《余杭区行政诉讼案件应诉办法》，推行行政诉讼行政首长出庭应诉制度，将行政执法评议考核纳入综合考核范围。严格实行行政执法人员上岗前培训考试制度、执法人员法律知识更新培训制度和行政执法证件年检制度，把好执法人员的素质关。

（七）对民主政治完善的推进

推进民主政治建设是现代政治文明的必然要求，也是法治余杭评估体系的重要组成部分。2006年区委、区政府出台《关于开展社会主义新农村"星级村"创建活动的实施意见》，把"民主法治村（社区）"创建活动作为基层依法治理的重要抓手。2007 年，把浙江省民主法治村（社区）评分标准正式列入《"法治余杭"量化考核评估体系》，作为对村（社区）这一层面的评估指标。同年 11 月，省委副秘书长、法治办主任潘家玮到余杭南苑街道高地村了解基层民主政治建设情况，对村民主法治建设表示了充分肯定。2008 年 2 月，区委、区政府下发《关于进一步加强民主法治村（社区）创建工作的意见》，将"民主法治村"的创建作为社会主义新农村"星级村"、"文明村"创建的前置条件，实行一票否决制；设立以奖代补激励机制，用于完善各村（社区）开展民主法治村（社区）达标创建的软、硬件建设，各乡镇街道也相应建立配套奖励制度。

民主法治落到基层。2009 年 4 月，余杭区委采用"两轮推荐、两轮票决"的方式选拔任用区管正处级领导干部 5 名。"两轮推荐"是指从符合条件的现任区管副职干部中，经过"全区领导干部会议（邀请区党代表参加）、区委全委会"两轮民主推荐，确定提交区委常委会票决人选。"两轮票决"是指分别通过区委常委会、区委全委会（邀请区党代表参加）两次票决，决定最终拟提拔人选。2009 年，区人大常委会出台了《关于公民旁听区人大常委会会议试行办法》，年满十八周岁、具有完全民事行为能力，持有余杭区居民身份证或持有效居住证件在本区居住满一年的公民，可通过一定程序申请旁听，并对会议议题提出书面意见和建议，交区人大常委会办公室研究处理。同年 11 月 30 日，区十三届人大常委会第 22 次会议第一次试行了公民旁听制度。2009 年 8 月，余杭区人大召开例行的政府半年度工作报告会，区人大常委会改变以往单一的代表听报告的方式，添加了"区长答代表问"环节，通过代表与政府负责人面对面沟通的方式，将政府行政的意图、各项为民谋利的举措等传达给代表。

（八）对全民素质提升的推进

余杭区委、区政府结合"法治余杭"的精神和"五五"普法教育的要求，出台了《依法治区（法治余杭）2006—2010 年规划》、《关于在全区公民中开展法制宣传教育的第五个五年规划》和《关于推进我区"三五"依法治区规划和"五五"普法教育规划实施的决议》，在2006—2010年开展了大量普法特色活动。

2006年始，余杭区着手打造立体化的媒体法治阵地，先后与余杭广播电视台、新闻传媒中心共同开辟《学法看法》、"小米说法"、《情与法》等法治文化宣传阵地。创办《法治余杭》简报56期；利用"余杭法治网"宣传、交流各地法建、普法教育开展情况。开展经常化的法治文艺宣传，创作三句半《法治余杭》、《法治余杭创新高》，快板书《余杭司法你我他》，越剧联唱《法治新径山》和相声《麦冬的一天》等一系列具有浓郁地方特色、农民喜闻乐见的法治文艺作品，举办"法治之春"等全区法制文艺汇演。创设生活化的全民学法平台，每年制作法制年画、挂历1万份；举办"法眼看余杭"DV大赛、全民法律知识竞赛、企业职工法律知识竞赛、法律知识PK赛；在交通干道设置法治宣传大型户外广告牌，拍摄法治公益广告、宣传片。从2006年至今，共编印法治余杭主题宣传折页3万册、画册1000本，宣传袋、普法扇、普法伞、普法扑克等日用品6万只（把）。各成员单位编印法律法规书籍逾14万册，政策、法律宣传册150余万册，制作宣传图板12000块，普法生活用品40余万件，为广大人民群众学法提供了丰富的资源和平台。

通过扎实有效的普法宣传教育工作，全民的法治意识有了明显的提高，群体性事件逐渐减少，通过诉讼等正常途径解决问题的不断增多。区法律服务临街窗口来电、来访咨询人数从2006年的3454人增长至2009年的4663人；12315消费者维权2006年咨询3824人次、申诉931件、举报647件，2009年的咨询3672人次、申诉1350件、举报1387件；青少年维权热线的来电数从2006年的960人次增长为2009年的1750人次。

（九）对社会平安和谐的推进

余杭区委、区政府以打造"最优平安法治环境"为目标，出台《进一步加大平安综治考核力度的意见》，明确对平安创建和社会治安综合治理工作不力的乡镇（街道）和部门单位实行警示、诫免谈话、黄牌警告、一票否决制，并追究领导责任。

完善重大事项社会稳定风险评估机制，制定下发《余杭区重点项目社会稳定风险评估实施细则》，从源头上预防和减少重大不稳定因素的发生。完善信息预警研判机制，定期对预警信息进行分析研判，将不稳定因素化解在萌芽状态。完善矛盾纠纷调处化解机制，推行人民调解"以奖代补"政策。完善重点稳控机制，对可能影响社会稳定的重点群体和重点人员，开展专案经营。完善突发群体性事件应急处置机制，制作信访突出问题和群体性事件应急预案，根据预案开展演练。深化综治工作中心建设，大力实施综治"优化工程"建设，"优化工程"作为坚持和发展"枫桥经验"典型做法得到全省推广。拓展公众参与机制，在全区所有的村（社区）建立了由社区老干部、老党员、老教师和热心居民组成的"和事佬"协会、"平安议事会"等组织。

通过这一系列的措施，余杭区社会治安保持良好势头，未发生严重影响社会稳定的政治事件和大规模群体性事件，刑事案件发案下降，破案总量和处理数上升，安全生产主要指标保持"零增长"。2009 年杭州市民众安全感调查显示，余杭区民众的治安满意度和安全感得分为 95.65，在杭城位居前列。在 2009 年的群众满意度调查中，指标九"人民群众对社会治安的满意度"止跌回升，由 2008 年的 71.19 上升为 72.40；同时，在内部组与外部组的评估中，指标八"深化平安余杭创建，维护社会和谐稳定"都位居最高分，受到了评估者们的一致好评。

二 2009 年法治余杭评估的数据收集

在 2009 年法治指数的制订过程中，法治指数评审组总结了前两年评审过程中的经验，吸收了专家意见和最新的研究成果，对数据收集工作做了相应改进。

首先，我们从四个方面增加了多组与 2009 年法治指数评审相关的参考数据，供各参评组更为客观全面地了解余杭法治状况，进行更加准确有效的评审：

序号	新增数据所属的目标项	新增的数据内容	2009 年数据	来源
1	党委依法执政	群众检举党员干部贪腐问题的案件数	22 件	纪委
		群众检举党员干部贪腐问题，调查属实案件数	3 件	纪委
2	政府依法行政	组织重大事件听证的总次数	25 次	区政府
3	司法公平正义	一审通过调解结案的案件比例	34.64%	法院
		二审通过调解结案的案件比例	0	法院
		小额诉讼案受理（＜1 万元）数量及比例	2455 件，23%	法院
4	民主政治完善	市民向政府、人代会、政协提出的建议，被采纳并实施的比例	8.5%	区府办 人大办 政协办
		法律从业者担任人大代表的比例	1.34%	人大办

这些新增的余杭法治状况的数据资料，将有助于内部组、外部组和专家组了解余杭法治发展的实际状况，提高余杭法治指数评审工作的科学性与客观性，也将给余杭社会法治发展提供具有前瞻性的具体指导。① 比如，将重大事件的听证次数、统计法律从业者担任人大代表的数量等作为法治评审参考的内容，无疑会规范重大事件听证、吸收法律从业者进入人大工作。这个方面也是理论研究的热点问题之一，客观上起到了理论成果转化的作用。正如评审组预期的那样，"余杭区法治评估体系正是通过变虚为实、变抽象为具体，并通过宏观与微观的结合，把法治的原则要求转化为易判别、可操作的具体标准，引导各部门朝着某一个方向努力，不仅可以统一各地对推动依法治理的认识，而且可以形成推进依法治理的内在驱动力"。②

---

① 参见钱弘道《余杭法治指数的试验》，《中国司法》2008 年 9 月。

② 同上。

另一方面，我们将"犯罪年龄"下的一组数据从"社会平安和谐"目标项目下转移到"全民素质提升"目标项目下。我们认为，不同年龄阶段犯罪人数、违反治安管理人数、受到劳动教养的人数等数据虽然一定程度上反映出了社会违法犯罪情况的年龄分层情况，但是更重要的是反映出了各年龄阶段公民的法治素质或者守法意识，作出这样的调整可能更为合理。

余杭区社会法律实践的背景数据资料有助于理解余杭区社会法治发展的实际状况。此相关统计数据仅作为内部组、外部组以及专家组评分的辅助依据，并不直接对应于法治条件的每一项指标。以下数据反映的情况均截至 2009 年 12 月 31 日，余杭户籍人口 84.84 万人，其中非农人口 41.90 万人。年末总户数 23.82 万户，全年出生人口 8499 人，死亡人口 5226 人，人口出生率和自然增长率分别为 9.68‰和 3.48‰。

（一）与党委依法执政相关的数据

1. 廉洁状况

	2007 年	2008 年	2009 年	数据来源
纪委的调查案件总数	96 件	98 件	94 件	纪委
反贪局的调查案件总数	21 件 27 人	17 件 26 人	26 件 26 人	检察院
纪委的调查案件被控犯罪的人数	14 人	36 人	27 人	纪委
反贪局的调查案件被控犯罪的人数	23 人	25 人	17 人	检察院
纪委的调查案件中，涉案的相关违法经济数额	挽回经济损失数 730 万	挽回经济损失数 770 万	470 万	纪委
反贪局的调查案件中，涉案的相关违法经济数额	250 万	380 万	405 万	检察院
群众检举党员干部贪腐问题的案件数	-	-	22 件	纪委
群众检举党员干部贪腐问题，调查属实案件数	-	-	3 件	纪委

2. 其他

	2007 年	2008 年	2009 年	数据来源
党务公开，干部任用公示的比例	100%	100%	100%	组织部
对区管干部、中层正职以上干部的法律知识考试次数	组织部：1 次 人事局：根据杭人教〔2005〕174 号文件，自 2006 年 10 月起至 2007 年底，对全区公务员开展《行政法学》等三门公共课程的培训考试。	组织部：1 次 人事局：组织 1 次全区公职人员法律知识考试。	组织部：2 次 人事局：对中层正职以上干部的法律知识考试 1 次	组织部 人事局

（二）与政府依法行政相关的数据

1. 行政纠纷

	2007 年	2008 年	2009 年	数据来源
组织重大事件听证的总次数	–	–	25 次	区政府
行政复议案件总数	14	18	14	法制办
行政机关败诉的案件数	2	3	2	法院
行政复议案件撤销、变更率	0	0	0	法院
引发行政诉讼的复议案件数	6	6	9	法院
因违法、不当行政行为引发的重大群体性事件数	0	0	0	信访局
因违法、不当行政行为引发的上访、信访事件数	0	0	0	信访局
行政部门工作人员重大违法乱纪案件数	16 人	34 人	13 人	监察局

2. 信访案件数据

	2007 年	2008 年	2009 年	数据来源
信访案件总数	26031 件 40232 人次	39002 件 39915 人次	47413 件	信访局
信访案件结案率	99.7%	99.8%	99.13%	信访局
引发重复信访的信访案件数	4387	3865	1628	信访局
引发重复信访的信访案件数占全部案件的比率（%）	16.85%	9.9%	3.43%	信访局
老信访户（三年内信访超过 3 次）	–	–	60	信访局
纠正政府不当行为的信访案件数	0	0	0	信访局 法制办
纠正政府不当行为的信访案件数占全部案件的比率（%）	0	0	0	信访局 法制办

（三）与司法公平正义相关的数据

1. 司法案件相关

	2007 年	2008 年	2009 年	数据来源
一审案件数	6579	8223	10678	法院
上诉案件率	5.6%（上诉 368 件/6599 审理案件）	4.8%（上诉 398 件/8233 审理案件）	4.3%	法院
抗诉案件率	0.05%	0.01%	0.0094%	法院
再审案件率	0.08%	0.09%	0.22%	法院
上诉案件在一审案件中的比率	5.6%	4.8%	4.3%	法院
二审改判率	5.4%	6.0%	8.8%	法院

续表

	2007 年	2008 年	2009 年	数据来源
上诉案件中改判、发回重审案件占当年结案数的比例	0.24%	0.27%	0.24%	法院
一审通过调解结案的案件比例	–	–	34.64%	法院
二审通过调解结案的案件比例	–	–	0	法院
小额诉讼案受理（＜1 万元）数量及比例	–	–	2455 件，23%	法院

2. 司法赔偿相关

	2007 年	2008 年	2009 年	数据来源
司法赔偿案件数量	0	0	0	法院
年度发生应予司法赔偿的案件判决兑现率	0	0	0	法院
公民不服，另行起诉的司法赔偿案件	0	0	0	法院

（四）与权利依法保障相关的数据

1. 司法资源

	2007 年	2008 年	2009 年	数据来源
法律从业人员执证执业率	100%	100%	100%	司法局
法官人数	78 人	83 人	85 人	法院
每十万人的检察官人数	7	7	12	检察院

续表

	2007 年	2008 年	2009 年	数据来源
每万人的警察人数	6.47	6.15	778 人（6.02）	公安分局
每十万人的刑事警察人数	11.55	10.73	10.3（133 人）	公安分局
每十万人的律师、法律服务工作者人数	12.88 人/万人	13.38 人/万人	13.3 人/万人	司法局

2．法律援助

	2007 年	2008 年	2009 年	数据来源
法律援助案件比率	100%	100%	100%	司法局
民商法律援助案件数	333	722	1377	司法局
刑事法律援助案件数	148	223	189	司法局
行政法律援助案件数	0	0	0	司法局
其他法律援助案件数	–	–	122	司法局

3．个人权益维护

	2007 年	2008 年	2009 年	数据来源
农村养老保险覆盖率	–	46.97%	2009 年，各类养老保障参保人数达到 45.07 万人，完成区日标任务的 104.81%	劳保局
农村医疗保险覆盖率	100%	100%	99.7%	劳保局
农村五保集中供养率	94.6%	95.1%	96.9%	民政局
城镇"三无"人员集中供养率	96.2%	99%	100%	民政局
归正人员帮教安置率	100%	100%	100%	司法局

续表

	2007 年	2008 年	2009 年	数据来源
辖区内失业人员和农转非人员的就业率	68%	63%	2009 年只统计了城镇登记失业率为 3.85%	劳保局
损害消费者权益申诉次数	1043 次	1326 次	1350 次	工商分局
人民团体信访或投诉办结率	100%	100%	100%	信访局
劳动合同纠纷受理件数及增长率	871 件；15.6%	1001 件；14.9%	403 件；15.14%	劳保局
行政诉讼件数和增长率	62	47	42	法院

（五）与市场规范有序相关的数据

	2007 年	2008 年	2009 年	数据来源
城镇居民人均可支配收入	21098 元	23678 元	26087 元	区府办
恩格尔系数	农村村民：34.5 城镇居民：36.9	农村村民：33.7 城镇居民：35.9	35.6	统计局
贫富差距（吉尼系数）	农村村民：0.3514 城镇居民：0.3208	农村村民：0.3885 城镇居民：0.3066	0.3	统计局
贫富差距（收入五等分倍数）	农村村民：4.1 城镇居民：3.9	农村村民：4.3 城镇居民：5.2	4.5	统计局
在全省有重大影响的知识产权的侵权案件数	0	0	0	法院
在全省有重大影响的假冒伪劣商品案件数	0	0	0	工商分局
商品质量抽检合格率	工商：87% 质监：90.83%	工商：90% 质监：92.28%	共抽检 382 批次，合格率 95.7%	工商分局 质监局

续表

	2007 年	2008 年	2009 年	数据来源
受理的群众关于产品质量投诉案件的回复率	100%	100%	100%	工商分局 质监局
在全省有重大影响的不正当竞争案件	无	无	0	工商分局
对企业法人、经营者的法律知识培训及考试次数	129 期	125 期	培训 113 期，7539 人次，考试 1 次	工商分局

（六）与监督体系健全相关的数据

	2007 年	2008 年	2009 年	数据来源
法院"院长接待日"接待案件数	50	75	94	法院
政务、村务、厂务公开率	基本全部公开，公开率无法准确测算	基本全部公开，公开率无法准确测算	100%	纪委
人大对政府部门上报的规范性文件备案、审查率	5 件	6 件	4 件，100%	人大办
人民代表、政协委员对政府工作的满意度	96.4% 政协：未单独开展满意度调查	97.23% 政协：未单独开展满意度调查	100%	人大办 政协办
人大对依法行政的评议率	100%	100%	100%	人大办
人大、政协对提案、议案的办结率			100%	人大办 政协办
媒体监督案件数	256 件	262 件	电视：54 广播：70	广电台 新闻传媒中心

（七）与民主政治完善相关的数据

1. 公民参与民主政治

	2007 年	2008 年	2009 年	数据来源
市民向政府和人代会、政协提出建议的件数	区政府：679 件 区人大：166 件 区政协：619 件 （提案 348 件、社情民意 271 件）	区政府：719 件 区人大：138 件 区政协：682 件 （提案 420 件、社情民意 262 件）	71	区府办 人大办 政协办
居民参加居委会选举的比率	84.9%	未选举	85%	民政局
居委会达到自治标准的比率	100%	100%	2009 年居委会未换届	民政局
公民参加各类党派和社团的比率	146 人 5000 人次（社团）	161 人 26490 人次（社团）	全区共有 215 个社团，参加人员为 156349 人，比率为 18%	统战部 民政局
政府网站点击率	2782066 次	3091185 次	12560869 次	区府办
重大决策组织合法性论证的数量	5	8	9	区府办
违法选举查证属实的案件数	0	0	0	民政局
市民向政府、人代会、政协提出的建议，被采纳并实施的比例	－	－	8.5%	区府办 人大办 政协办

2. 人民代表大会制度

	2007 年	2008 年	2009 年	数据来源
人大代表性别比例（男/女）	72.43%；12.57%	72.43%；12.57%	215/83	人大办
>50 岁/30~50 岁/<30 岁	26/258/17	26/258/17	16/233/49	人大办
工人、农民代表所占比例	43.85%	43.85%	45%	人大办
少数民族代表/汉族代表	0/301	0/301	0/298	人大办
共产党代表/民主党派代表	203/7	203/7	200/7	人大办
人大代表提案数量	328 件	306 件	296 件	人大办
人大代表提案被采纳数量	328 件	306 件	296 件	人大办
法律从业者担任人大代表的比例	–	–	1.34%	人大办

（八）与全民素质提升相关的数据

1. 国民法律素养相关

	2007 年	2008 年	2009 年	数据来源
年信访案件总数及增长率	26031；22%	39002；49.7%	47413；21.5%	信访局
政府各部门受理的投诉并确立成立的案件总数	–	–	1677	法制办
中小学法制副校长、辅导员的配备率	100%	100%	100%	司法局
人均律师拥有率	6.63 人/万人	7.13 人/万人	13.3 人/万人	司法局
民事案件占所有案件比率	43.89%	35.22%	83.3%	法院
行政案件占所有案件比率	0.68%	0.40%	0.37%	法院

2. 犯罪人年龄

	2007 年	2008 年	2009 年	数据来源
14—18 岁犯罪人数	133	154	124	法院
不满 18 岁常住人口数和不满 20 岁暂住人口数	131490 人/45391 人	131191 人/50833 人	18 岁以下常口 132491 人，20 岁以下暂口 4335 人（大约数，不精确的）	公安分局
不满 18 岁违反治安管理法的人数	370	221	149	公安分局
不满 18 岁组中每十万人违反治安管理法的人数	32（全部人口数）	18（全部人口数）	11.54	公安分局
18 岁以上犯罪人数	1354	1554	1778	法院
18 岁以上接受劳动教养人数	194	118	108	公安分局
18 岁以上组中每十万人接受劳动教养数比例	16.97（全部人口数）	9.66（全部人口数）	8.37/十万	公安分局

（九）与社会平安和谐相关的数据

1. 犯罪和治安处罚案件的数据

	2007 年	2008 年	2009 年	数据来源
暴力性犯罪的总数	303	329	命案 35 起	公安分局
重大群体性事件数	2	1	0	政法委
重大公共安全事故数	重大：0；较大：0；一般：11	重大：0；较大：1；一般：7	0	安监局

续表

	2007 年	2008 年	2009 年	数据来源
八类重大案件占总刑事案件的比例	0.038%	0.041%	0.47%	公安分局
平安村、平安单位创建达标率	村 96.6% 单位 99.2%	村 96.4% 单位 99.3%	95.6%	综治办
妨害社会管理秩序的犯罪	181	223	204	公安分局
罪行严重的犯罪（被判有期徒刑 3 年以上、无期徒刑、死刑）	356	388	416	法院
每十万人犯罪率	1487/十万人	1708/十万人	1902/十万人	法院

2. 治安管理案件数据

	2007 年	2008 年	2009 年	数据来源
治安管理案件的总数	16123	18545	18316	公安分局
违反治安管理的行为和处罚	16123	18545	18316 起，处罚 7676 人	公安分局
扰乱公共秩序的行为和处罚	439	414	350 起，处罚 421 人	公安分局
妨害公共安全的行为和处罚	230	244	294 起，处罚 420 人	公安分局
侵犯人身权利、财产权利的行为和处罚	13909	15873	15427 起，处罚 2378 人	公安分局

	2007 年	2008 年	2009 年	数据来源
妨害社会管理的行为和处罚	1545	2014	2245 起，处罚 4457 人	公安分局
每十万人治安管理案件发生率	1410.59	1518.8	1418.75	公安分局

三　2009 年度法治余杭考评情况

2009 年度法治余杭考评指标基本上是与法治状况有关的各项可量化的法律数据。如具体目标"全面推进依法行政，努力建设法治政府"下的考评指标"行政机关中法律专职工作人员"达到一定比率，行政执法人员的持证率达到90%以上，每少一个百分点扣 1 分；发现不具备执法资格的人员从事执法活动的，每起扣 3 分；"依法行政示范单位"创建覆盖面未达到100%的，扣 3 分；"依法行政示范单位"达标数少于上年的，扣 3 分；没有"依法行政示范单位"的，扣 2 分。依据此考评指标，余杭 2008 年对于此项的情况是自评分 17 分（标准分 20 分），依法行政示范单位创建活动滞后。

余杭区立法机关、行政机关、司法机关等部门的内部考评数据主要来源于各个单位的统计以及相关部门的核实，能够在一定程度上反映余杭该年度的法治现状。虽然这些数据主要来自政府内部自我测评的内容，难以直接转化成可计算的法治指数，余杭法治指数并没有直接将这部分考评结果纳入到计算过程之中，但作为评审者打分的参考是较为合适并且具有操作性的，在法治评估过程中，这部分考评发挥了重要的参考作用。

2008 年度法治余杭考评情况如下表：（具体考评内容和扣分细则参见 2007 年详表）

总体目标	党委依法执政　政府依法行政　司法公平正义　权利依法保障 市场规范有序　监督体系健全　民主政治完善　全民素质提升　社会平安和谐							
基本内涵	以加强党的领导为保证，以建设法治化政府和维护司法公正为重点，以规范公共权力和保障公民权利为核心，切实做到有法必依、执法必严、违法必究，努力提高余杭区经济、政治、文化和社会各个领域的法治化水平。							
总体进程	2006—2010年，按照"十一五"规划的总体部署，通过实施"'三五'依法治区、'五五'普法教育"规划，全面落实法治余杭建设各项任务，初步实现区域法治化目标；2011—2015年，巩固、发展法治余杭建设成果，全面提高政治、经济、文化、社会生活的法治化水平，基本建成开放型、法治型社会。							

具体目标	主要任务	考评标准	标准分	自评分	自评依据	责任单位	考评分	考评依据
一、推进民主政治建设，提高党的执政能力	1. 改进执政方式 2. 巩固执政基础 3. 依法保障人民当家做主	1. 组织机构健全，分工明确，责任落实。专职人员不落实的，扣3分，工作经费未列入财政预算的，扣2分；法治建设领导小组会议一年少于二次的，扣3分；年度法治建设任务部门责任考核不落实的，扣3分；法治建设简报录用率低于全省平均水平的，扣3分。	15	15	无扣分事项	区委办、司法局等	15	
		2. 党委民主决策体系健全，在重大事项作出决策前，组织合法性论证达到100%。未达完全论证要求，每降一个百分点，扣2分。对党中央、国务院和省委、省政府明确规定，有令不行、有禁不止的，此项不得分。	15	15	无扣分事项	区委办	15	

具体目标	主要任务	考评标准	标准分	自评分	自评依据	责任单位	考评分	考评依据
一、推进民主政治建设，提高党的执政能力	1. 改进执政方式 2. 巩固执政基础 3. 依法保障人民当家做主	3. 干部选拔、任用体系科学，程序规范，奖惩制度完善。	10	10	无扣分事项	组织部、区纪委等	10	
		4. 党委分别听取同级人大常委会、政府、政协和法院、检察院党组以及工、青、妇等人民团体党组工作汇报未达到一次以上的，均扣2分；执政体制完善，党委在决策时，人大、政府、政协和民主党派参与协商比率不低于95%，每低一个百分点扣1分；人大代表建议和政协委员提案办复满意率低于95%的，每降一个百分点均扣1分。	10	10	无扣分事项	区委办、区府办、人大办、政协办	9.4	提案办复满意率仅80%
		5. 积极实施党务公开，注重党风廉政建设，促进勤政廉政优政。	10	10	总体情况优秀	组织部、区纪委	10	
		6. 支持和保障检察机关、审判机关依法独立行使司法权，无以组织或个人名义干预司法活动。	10	10	无扣分事项	区委办	10	
		7. 选民实际参加人民代表选举的比率达到98%以上。	10	10	达98.69%	区委办、人大办	10	
		8. 普通选民被推举为区人大代表候选人达到规定比率。	10	10	无扣分事项	区委办、人大办	10	
		9. 未获得省级文明城市（城区）称号的，扣5分；省级文明镇、文明村（社区）达标数低于5%的，均扣2分；星级"民主法治村（社区）"创建达标率低于全省平均水平，扣3分。	10	10	省级文明城市（城区）；其他均达标	宣传部、司法局	10	

续表

具体目标	主要任务	考评标准	标准分	自评分	自评依据	责任单位	考评分	考评依据
		10. 居（村）委会民主选举中发生贿选、暴力干涉事件的，每起扣 3 分；群众对民主政治参与的满意度达到 90% 以上，每降一个百分点扣 1 分。	10	10	无扣分事项	民政局、区纪委	9.4	
二、全面推进依法行政，努力建设法治政府	1. 转变政府职能，创新管理方式	1. 行政执法主体明晰，体制规范、合法；无执法缺位、越位、错位等状况。	15	15	无扣分事项	区府办法制办	14.7	有执法越、位缺位状况
	2. 完善决策机制，强化制度建设	2. 行政机关中法律专职工作人员达到一定比率，行政执法人员的持证率到 90% 以上。	20	20	无扣分事项	法制办	19.4	与目标有距离
		3. 制定和出台的规范性文件应向人大常委会备案和公众公布，报备和公布率分别达到 100%。	10	10	无扣分事项	人大办法制办	9.7	上报率未能达到 100%
	3. 规范行政执法，加强执法监督	4. 经行政复议确定为行政决策不当或规范性文件制定不当的，每起扣 3 分；制定和出台的规范性文件的合法率达到 100%。未达到比率的，此项不得分。	10	10	无扣分事项	法制办	10	
		5. 行政部门工作人员无重大违法乱纪、失职、渎职的案件。	15	0	13 起	监察局	0	
		6. 发生违法和不当行政行为引发重大群体性上访事件，每起扣 3 分；对群体性事件的办结率达到 90% 以上，每少一个百分点扣 1 分。	10	10	无扣分事项	法制办信访局	10	

具体目标	主要任务	考评标准	标准分	自评分	自评依据	责任单位	考评分	考评依据
二、全面推进依法行政，努力建设法治政府	1. 转变政府职能，创新管理方式	7. 行政执法责任制的覆盖率达到100%，执行到位率达到95%以上。	15	15	无扣分事项	法制办	15	
		8. 加强对乡镇公共事务决策的监督。	10	10	无扣分事项	区纪委信访局	10	
	2. 完善决策机制，强化制度建设	9. 经行政复议、行政诉讼被撤销、变更、确认违法或无效、责令履行法定职责的行政执法案件占当年行政执法件数比例高于全省平均水平的，扣5分；行政复议决定被裁判为撤销、变更、责令履行法定职责的，每起扣3分。	20	20	无扣分事项。行政诉讼案只有2件败诉，低于省均水平	法制办	20	
		10. 发生行政诉讼，主要领导出庭率不低于90%，裁决处理到位率达到100%，当事人对法律文书（判决、裁决、调解书）自觉履行率达到90%以上。	15	15	无扣分事项	法制办相关行政执法单位	14.7	领导出庭率未达标
	3. 规范行政执法，加强执法监督	11. 行政执法行为规范、程序合法。	10	10	无扣分事项	监察局法制办	10	
		12. 当年新增财力用于社会事业和解决民生保障问题的比例低于三分之二的扣2分；因对社保基金、住房公积金等公共基金管理不力造成重大损失的，每起扣2分。群众对政府行政工作满意度达到95%以上，每低一个百分点扣1分。政府领导班子民主测评中政府效能建设评价等次达不到优秀的，扣3分。	10	10	无扣分事项	区府办财政局考核办	10	

续表

具体目标	主要任务	考评标准	标准分	自评分	自评依据	责任单位	考评分	考评依据
三、促进司法公正，维护司法权威	1. 司法机关依法独立开展司法活动	1. 审判机关、检察机关未按中央和省委要求对重点领域专项整治工作作出专项部署的，扣5分；法院立案大厅或检察院申诉控告接待室规范化建设未达到省级标准的，扣3分；当年司法救助基金低于上年水平的，扣3分；对按规定应减免的诉讼费仍以其他形式收取而未减免的，发现一起扣2分。	15	15	部署专项整治工作，专项司法救助基金不低于上年水平，无以其他形式收取减免诉讼费事件。	政法委检察院法院	15	
	2. 实现司法公正和效率目标	2. 大学法律本科以上的法官、检察官人数比例不低于全省平均水平。低于全省平均水平的均扣3分。	10	10	检察官高于平均12%	检察院法院	10	
	3. 加强司法队伍、制度建设，提升法治建设质效	3. 法院案件执结率达90%以上，有效执结率达65%以上，每少1个百分点均扣2分；执行标的额到位率达到95%以上，每少1个百分点扣2分；发生为地方、部门局部利益搞执法特殊化事件的，每起扣2分；因地方保护主义或部门保护主义而提级执行的，每起扣2分。	15	15	案件执结率92.84%，有效执结率65.02%，标的到位率56.62%；没有发生为地方、部	法院	14.7	执行标的额到位率不达标

具体目标	主要任务	考评标准	标准分	自评分	自评依据	责任单位	考评分	考评依据
三、促进司法公正，维护司法权威	1.司法机关依法独立开展司法活动				门局部利益搞执法特殊化事件；无地方保护主义或部门保护主义而提级执行的案件。			
	2.实现司法公正和效率目标	4.改判、发回重审案件占当年结案数的比例不高于全省平均水平。高于全省平均水平的扣5分。	10	10	0.24%，低于全省水平	法院	10	
	3.加强司法队伍、制度建设，提升法治建设质效	5.审判程序合法公正、公开。一审普通程序案件人民陪审员参审案件低于45%，每降一个百分点扣2分；一审后当事人服判息诉占全部审结案件的比例不低于93%，每下降一个百分点扣2分；案件审限结案率未达到100%的，每降一个百分点扣4分。	20	20	全年适用普通程序审理案件2497件，陪审员参审2464件，参审率98.67%；一审后当事人服判息	法院	20	

续表

具体目标	主要任务	考评标准	标准分	自评分	自评依据	责任单位	考评分	考评依据
三、促进司法公正，维护司法权威	1. 司法机关依法独立开展司法活动				诉率 95% 以上；无超审执限案件，案件审限结案率 100%。			
	2. 实现司法公正和效率目标	6. 职务犯罪案件讯问全程同步录音录像率低于 90% 的，每降一个百分点扣 2 分；公诉案件被法院判无罪并被上级法院确认为错案的，每起扣 3 分；职务犯罪起诉率低于 90% 的，每降一个百分点扣 2 分。	15	15	案件讯问全程同步录影录像率为 100%。全年向法院提起公诉的有 1250 件 2049 人，有罪判决率为 100%，职务犯罪起诉率为 100%	区纪委检察院	15	
	3. 加强司法队伍、制度建设，提升法治建设质效							

具体目标	主要任务	考评标准	标准分	自评分	自评依据	责任单位	考评分	考评依据
三、促进司法公正，维护司法权威	1. 司法机关依法独立开展司法活动	7. 年度发生应予司法赔偿的案件兑现率达到100%。每下降一个百分点扣3分。	15	15	无	政法委	15	
	2. 实现司法公正和效率目标	8. 信访案件办结率达到90%以上。每少一个百分点扣1分。	10	10	达到	信访局	10	
	3. 加强司法队伍、制度建设，提升法治建设质效	9. 发生司法工作人员非法侵犯当事人合法权益事件的，每起扣5分；司法工作人员贪污贿赂、渎职犯罪的，每起扣5分。	10	10	无	政法委	10	
		10. 人大会议对两院工作报告满意度达90%以上，人民群众对司法机关的工作满意度达到85%以上，每降一个百分点均扣1分。	10	10	人大会议对两院工作报告满意度达95%以上。	人大办检察院法院	10	
四、拓展法律服务，维护社会公平	1. 完善服务体系	1. 基层法律服务工作者的执业持证率达到100%。每少一个百分点扣2分。	10	10	达到	司法局	10	
	2. 保障公民权利	2. 律师、法律服务工作者万人拥有数达到全省平均数以上。低于全省平均数的扣3分。	10	7	1.33 \万人	司法局	6.8	近年律师拥有数一直低于全省平均水平

续表

具体目标	主要任务	考评标准	标准分	自评分	自评依据	责任单位	考评分	考评依据
四、拓展法律服务，维护社会公平	1. 完善服务体系 2. 保障公民权利	3. 律师行为规范，自律监督机制完善。法律服务单位从业人员有违规、违法行为被追究法律责任的，每起扣3分。	10	10	无	司法局	10	
		4. 法律援助机构健全，服务体系完善。机构不健全、体系不完善的均扣2分。	10	10	机构健全，服务体系完善。	司法局	10	
		5. 法律援助专项经费、专职人员得到切实保障。专项经费不低于上年水平，并随着标准的提高和人数的增加逐步增长。专职人员未落实的扣2分；专项经费未得到保障的扣5分。	10	10	专项经费、专职人员落实	财政局 司法局	9.8	经费落实不如周边区县，如萧山
		6. 法律援助、基层服务法律渠道畅通，对应助的援助面达到100%。发生应助未助被投诉的，每例扣1分。	10	10	达到	司法局	10	
		7. 党委、政府法律顾问制度完善，覆盖率达85%以上。每降一个百分点扣1分。	10	10	顾问制度完善，覆盖率达到规定要求。	区委办 区府办	10	
		8. 困难、弱势群体法律援助、司法救济率达到100%。每降一个百分点扣2分。	10	10	达到	法院 司法局	10	

续表

具体目标	主要任务	考评标准	标准分	自评分	自评依据	责任单位	考评分	考评依据
四、拓展法律服务，维护社会公平	1. 完善服务体系	9. 群众对 12348 法律援助渠道的知晓率达到 80% 以上。每降一个百分点扣 1 分。	10	10	达到	司法局	9.7	知晓率仍存在不足
	2. 保障公民权利	10. 群众对权利受损时依法得到救助的满意率达 90% 以上。每降一个百分点扣 1 分。	10	10	达到	法院 司法局	10	
五、深化全民法制教育，增强法治意识，提升法律素养	1. 深入开展以宪法为核心的全民法制宣传教育	1. 普法领导机构健全，普法办专职、兼职人员明确。机构不健全，人员不明确的，分别扣 2 分。	10	10	普法领导机构健全，普法办专职、兼职人员明确。	区委办 司法局	10	
	2. 加强对各类重点普法对象的法制宣传教育	2. 学法制度健全，实施的计划、步骤清晰（有计划、检查、总结）。没有计划、检查或总结的，每项扣 2 分。	10	10	学法制度健全，实施的计划、步骤清晰（有计划、检查、总结）	宣传部 司法局	9.8	中心组学法内容少，实际操作资料少

续表

具体目标	主要任务	考评标准	标准分	自评分	自评依据	责任单位	考评分	考评依据
五、深化全民法制教育，增强法治意识、提升法律素养	1. 深入开展以宪法为核心的全民法制宣传教育 2. 加强对各类重点普法对象的法制宣传教育	3. 普法重点对象法制教育覆盖面低于80%的，扣5分；"一学三讲六进两延伸"活动责任明确，工作落实，措施有力，未完成年度计划的，扣3分。	15	15	"一学三讲六进两延伸"活动责任明确，工作落实，措施有力，完成年度计划。	宣传部司法局	14.7	开展情况还与目标有一定差距
		4. 法制教育基础扎实，形式多样，普法教材征订任务完成率达85%以上，每少一个百分点扣2分；经费保障到位，增长幅度不低于当年财政增长幅度，每低一个百分点扣2分。	15	15	法制教育形式多样，普法教材征订任务落实，经费保障到位，增长幅度不低于当年财政增长幅度。	司法局财政局	15	
		5. 领导干部带头学法用法，中心组学法每年不少于4次；公职人员全年学法不少于40学时；区管在职干部、中层正职以上干部任期内法律考	20	20	组织全区公务员（领导干部）参	组织部宣传部人事局司法局	20	

具体目标	主要任务	考评标准	标准分	自评分	自评依据	责任单位	考评分	考评依据
五、深化全民法制教育，增强法治意识、提升法律素养	1. 深入开展以宪法为核心的全民法制宣传教育	试不少于1次；新进、新任人员必须经过法律考试。中心组学法少一次扣2分；公职人员少于40学时扣2分；区管干部任命前未经法律知识考试的扣2分。区直属单位领导干部法律知识考试（考核）成绩合格率低于98%的，每降一个百分点扣1分；公务员法律知识考试合格率低于95%的，扣3分。			加"杭州干部学习新干线"网上"学法用法"专项考试。对部分新上任区管干部进行法律知识考试。			
	2. 加强对各类重点普法对象的法制宣传教育	6. 加强青少年法制教育工作，青少年违法犯罪率控制在1%以内，并实现逐年下降。每超过一个百分点扣1分。	10	10	青少年违法犯罪率低于全省平均水平。	教育局 司法局	10	
		7. 企业经营管理人员、农民、来余杭创业者及流动人口接受法制教育的面达到90%以上。每低一个百分点扣1分。	10	10	达到	政法委 总工会 农业局	9.7	开展情况与目标有一定差距
		8. 群众对法治工作的满意度达到90%以上。每少一个百分点扣1分。	10	10			10	

续表

具体目标	主要任务	考评标准	标准分	自评分	自评依据	责任单位	考评分	考评依据
六、依法规范市场秩序，促进经济稳定良性发展	1. 完善市场机制 2. 建设信用余杭 3. 保障经济安全	1. 社会中介组织依法运作，服务市场规范有序，发生欺诈行为未及时督办查处的，每发生一起扣 2 分。	10	10	依法运作，规范有序，及时督办查处欺诈案件。	工商分局	9.8	开展情况与目标有一定差距
		2. 土地承包、经营、流转等相关制度健全、完善，无因违法、不当行为引发群体性事件。每发生一起扣 2 分。	10	10	无	农业局 国土分局	10	
		3. 维护公平、有序的市场竞争环境，避免发生在全省有重大影响的不正当竞争案件。每发生一起扣 2 分。	10	10	无	工商分局	10	
		4. 安全生产管理措施得力，确保各类产业的生产、经营安全。发生重大责任事故未及时督办处理的，每起扣 2 分；督办不力致使事态扩大的，每起扣 4 分。	10	10	无	安监局	10	
		5. 无袒护破坏市场经济秩序、侵犯公私财产、危害经济安全的各种违法犯罪案件现象，发生一起扣 2 分。	10	10	无	工商分局 公安分局	10	
		6. "诚信守法企业"创建面达不到100%的扣 3 分；"诚信守法企业"达标企业数低于全省平均水平的扣 5 分。	10	10	创建面100%；认定余杭区	工商分局	10	

续表

具体目标	主要任务	考评标准	标准分	自评分	自评依据	责任单位	考评分	考评依据
六、依法规范市场秩序，促进经济稳定良性发展	1. 完善市场机制 2. 建设信用余杭 3. 保障经济安全				"守合同重信用"单位77家。			
		7. 保证商品质量，商品质量抽检覆盖面达到70%以上，合格率达到85%以上。每下降一个百分点扣1分。	10	10	抽检覆盖率高于70%，合格率95.7%	质监局 药监局	10	
		8. 无影响重大的假冒伪劣商品案件发生。发生重大案件督办不力、查处不及时的，每起扣2分。	10	10	无	工商分局	10	
		9. 受理的群众关于产品质量投诉案件的回复率100%，受理消费者举报投诉案件结案率95%以上。回复率、结案率每下降一个百分点均扣1分。	10	10	投诉案件的回复率、结案率100%	质监局 工商分局	10	
		10. 群众对市场秩序规范性的满意度达到95%以上。每少一个百分点扣1分。	10				10	

续表

具体目标	主要任务	考评标准	标准分	自评分	自评依据	责任单位	考评分	考评依据
七、依法加强社会建设，推进全面协调发展	1. 加强城乡规划、建设和管理	1. 城市管理体系健全，分工合理。对由于体系不健全、分工不合理而发生行政不作为或不当行为的，每起扣2分。	10	10	体系健全，分工合理。无行政不作为或不当行为问题。	区府办建设局	9.7	城市管理目标与实际有差距
	2. 推进社会各项事业健康有序发展	2. 环境保护、市容环境卫生管理、市政公用设施建设管理执法有力，重点工程建设质量达标，无违法、违章建筑行为发生。每发生一起扣2分。	10	6	发生2起违法违章建筑行为	区府办环保局执法局建设局	5.2	违章建筑多，不止2起，且时有发生
	3. 大力推进社会保障体系建设	3. 加快中心村和新型社区建设，星级村（社区）的创建达标率达到上级要求；村庄整治率达到70％以上。每少一个百分点均扣1分。	10	10	2009年，星级村创建任务110个，已完成143个；村庄整治率达70%以上。	民政局农业局	10	

续表

具体目标	主要任务	考评标准	标准分	自评分	自评依据	责任单位	考评分	考评依据
七、依法加强社会建设，推进全面协调发展	1. 加强城乡规划、建设和管理	4. 文化市场繁荣、健康，遗址、古镇、文物等保护、开发工作有序。无破坏、盗挖等行为。每发生一起扣1分。	5	5	无	文广新局 公安分局	5	
	2. 推进社会各项事业健康有序发展 3. 大力推进社会保障体系建设	5. 社会公共卫生管理到位，城镇、农村医疗保险覆盖率分别达到100%和95%以上。每少一个百分点均扣1分。	15	15	2009年职工医疗保险净增参保19025人，完成市目标任务的211.39%，农村医疗保险（新农合）参合率达99.70%	劳保局	15	

续表

具体目标	主要任务	考评标准	标准分	自评分	自评依据	责任单位	考评分	考评依据
七、依法加强社会建设，推进全面协调发展	1. 加强城乡规划、建设和管理 2. 推进社会各项事业健康有序发展 3. 大力推进社会保障体系建设	6. 城镇社会养老保险覆盖率达100%，农村逐年提升，失业率控制在全省平均水平以下。养老保险覆盖率，每少一个百分点扣2分，失业率高于全省平均水平的扣5分。	20	20	养老保障完成市局区目标任务的219.56%。2009 年城镇登记失业率要求控制在4% 以内，2009 年，我区实际城镇登记失业率为3.85%。	劳保局	20	
		7. 贫困人口得到救助率达到100%，孤寡老人集中供养率达到90%以上。每少一个百分点均扣1分。	10	10	困难群众救助实现全覆盖，贫困人口救助率达到100%，农村五	民政局	10	

具体目标	主要任务	考评标准	标准分	自评分	自评依据	责任单位	考评分	考评依据
七、依法加强社会建设，推进全面协调发展	1. 加强城乡规划、建设和管理 2. 推进社会各项事业健康有序发展 3. 大力推进社会保障体系建设				保集中供养率为96.9%，城镇三无集中供养率为100%。			
		8. 非公经济组织中工会组织组建率低于60%的，每降一个百分点扣1分；企业劳动合同签订率达到85%以上，每降一个百分点扣1分；因在劳动就业、工资待遇、子女入学等方面出台歧视性规定引发侵犯外来农民工合法权益事件的，每发生一起扣3分。	10	10	非公经济组织中工会组织组建率为96%；企业劳动合同签订率达到87%。无发生侵犯权益事件。	总工会劳保局教育局	10	
		9. 农民素质培训完成年度计划。未按年度计划完成培训任务的扣1分。	10	10	完成	农业局	10	

续表

具体目标	主要任务	考评标准	标准分	自评分	自评依据	责任单位	考评分	考评依据
八、深化平安余杭创建,维护社会和谐稳定	1. 依法打击违法犯罪 2. 强化治安防控体系建设 3. 完善矛盾纠纷调处机制 4. 加强社会治安综合治理	1. 依法打击违法犯罪,刑事案件的破案率不低于全市平均值,命案和五类案件的侦破率分别达到 90%、95% 以上。三项指标每降一个百分点均扣 1 分。	10	10	刑事案件破案率 46.01%(全市 43.68%),命案侦破率 96.67%,五类案件侦破率 100%。	公安分局	10	
		2. 维护群众生产、生活环境安全稳定,严格控制重大公共安全事故、重大群体性事件,对公共安全事故、重大群体性事件不及时查处的,每发生一起扣 2 分。	10	10	维护群众生产、生活环境安全稳定,积极查处重大安全责任事故。	政法委公安分局	10	
		3. 涉毒违法犯罪案件明显减少,"无毒"社区(村)创建率达到 100% 以上。每少一个百分点扣 1 分。	10	10	"无毒"社区(村)创建率达到 100% 以上。	公安分局	10	

具体目标	主要任务	考评标准	标准分	自评分	自评依据	责任单位	考评分	考评依据
八、深化平安余杭创建，维护社会和谐稳定	1. 依法打击违法犯罪 2. 强化治安防控体系建设 3. 完善矛盾纠纷调处机制 4. 加强社会治安综合治理	4. 治安防控体系网络健全，政府财政投入到位，投入额随着经济和社会发展同步增长。未同步增长，每低一个百分点扣1分。	10	10	无扣分情形	政法委 公安分局 财政局	10	
		5. 平安村、平安单位创建达标率达到90%以上。每少一个百分点扣1分。	10	10	95.6%	政法委	10	
		6. 调解工作网络健全，调解机制完善，矛盾纠纷排查及时，纠纷调处受理率达到100%，每少一个百分点扣1分，调解成功率未达到95%以上的，扣3分。	10	10	纠纷调处受理率达到100%，调解成功率98.3%	司法局	10	
		7. 有效化解信访矛盾，年度信访、走访人数占当地人口总数的比例高于5‰的，均扣2分；信访案件办结率达到上级标准要求，未达到标准要求的，每少一个百分点扣1分。	10	10	无扣分情形	信访局	10	
		8. 社会治安综合治理责任制落实，机制完善，网络健全，考核达标率达到90%以上。每少一个百分点扣1分。	10	10	达到	政法委	10	

续表

具体目标	主要任务	考评标准	标准分	自评分	自评依据	责任单位	考评分	考评依据
八、深化平安余杭创建，维护社会和谐稳定	1. 依法打击违法犯罪 2. 强化治安防控体系建设 3. 完善矛盾纠纷调处机制 4. 加强社会治安综合治理	9. 流动人口综合管理服务不到位、责任不落实的扣 2 分；社区矫正、帮教安置工作扎实，发生矫正、归正人员脱管、漏管现象，每例扣 0.5 分；归正人员、社区矫正对象重犯新罪率在全省平均数以上的，扣 2 分。	10	10	服务到位、责任落实，无矫正、归正人员脱管、漏管现象，归正人员重犯新罪率 0.5%，远低于全省平均数。	政法委司法局	10	
		10. 人民群众安全感和满意度达到 90% 以上。每下降一个百分点扣 1 分。	10	10		政法委	10	
九、健全监督体制，提高监督效能	1. 加强监督体系建设 2. 强化专门机关的监督职能 3. 完善社会监督	1. 人大、政协对依法行政的评议和监督率分别达到 100%。每少一个百分点扣 1 分。	10	10	达到	人大办政协办	9.8	目标与实际有差距
		2. 人大对政府和部门上报的规范性文件备案、审查率达到 100%，对政府组成人员的评议率达到 100%。两项指标每少一个百分点均扣 1 分。	10	10	达到	人大办	10	
		3. 人大、政协对议案、提案的办结率分别达到 100%，每少一个百分点扣 1 分。	10	10	分别为 100%	人大办政协办	10	

具体目标	主要任务	考评标准	标准分	自评分	自评依据	责任单位	考评分	考评依据
九、健全监督体制，提高监督效能	1. 加强监督体系建设 2. 强化专门机关的监督职能 3. 完善社会监督 4. 深入开展党风廉政建设	4. 人大代表、政协委员对政府工作的满意度达到90%以上。每少一个百分点扣1分。	10	10	达到	人大办 政协办	10	
		5. 政府要加强监督，落实决策责任追究和绩效评估制度，确保无缺位、越位和不作为、乱作为现象发生。每发生一起扣2分。	10	10	无扣分情形	区府办 监察局	9.8	缺位、不作为现象仍然存在
		6. 举报网络完善，群众监督渠道畅通。公、检、法案源中来自群众举报、投诉的案件比率达50%以上。每少一个百分点扣1分。	10	10	举报网络完善，群众监督渠道畅通。公、检、法案源中来自群众举报、投诉的案件比率逐年上升。	区纪委	10	
		7. 民主党派在人大、政协、政府中的任职比率未达到上级规定要求的均扣1分。	10	10	任职比例均达到上级要求	组织部 统战部	10	

续表

具体目标	主要任务	考评标准	标准分	自评分	自评依据	责任单位	考评分	考评依据
九、健全监督体制，提高监督效能	1. 加强监督体系建设 2. 强化专门机关的监督职能 3. 完善社会监督 4. 深入开展党风廉政建设	8. 切实发挥检察机关的法律监督和新闻媒体的舆论监督作用，监督面分别达到90%以上，每下降一个百分点扣1分；发生阻挠、干涉新闻媒体监督作用事件的，每发生一起扣1分。	10	10	法律监督和舆论监督作用明显，无阻挠、干涉新闻媒体监督作用案件。	检察院、宣传部	10	
		9. 加强对司法人员及行政执法人员的监督和管理，加大教育力度和违法、违纪案件查处力度，教育面和查处率分别达到100%。每下降1个百分点各扣1分。	10	10	达到	政法委法制办区纪委	10	
		10. 人民群众对监督工作的满意度达到80%以上。每少一个百分点扣1分。	10	10			10	

根据余杭"法治指数"出台的程序要求，区法建办召集"法治余杭"专项工作组各牵头单位负责人、"法治余杭"建设监督员参加 2010 年"法治余杭"建设专项工作组第一次扩大会议，将考核相关材料及区级评估总指标中各相关职能单位打出的单项指标自评分汇总情况送交每位考核组人员。在全面掌握情况的基础上，各考核组人员对照区级评估总指标逐条进行审核打分。区法建办对各考核组人员的审核打分情况进行汇总统计，最终得出区级法治建设自评考核得分 971.8 分。

四 2009 年"法治余杭"群众满意度调查

人民群众法治满意度调查共发出 2307 份问卷,其中包括法治余杭评审组实地调查 1000 份,网上民意调查(2009—2010 年度)共 307 份,以及余杭区统计局调查 1000 份。其中,为了保证法治评估体系的客观性和公信力,余杭区统计局的 1000 份调查仅仅作为评审组打分的参考资料之一,不会作为余杭法治指数计算的基础数据,也不会加入到下文对民意调查结果的统计当中。

问卷调查的结果是:人民群众对党风廉政建设的满意度得分为 64.8 分,人民群众对政府行政工作的认同度得分为 68.6 分,人民群众对司法工作的满意度得分为 71.4 分,人民群众对权利救济的满意度得分为 64.8 分,人民群众的社会法治意识程度得分为 67.2 分,人民群众对市场秩序规范性的满意度得分为 68.2 分,人民群众对监督工作的满意度得分为 69.4 分,人民群众对民主政治参与的满意度得分为 68 分,人民群众对社会治安的满意度得分为 72.4 分。

(一) 人民群众对党风廉政建设的满意度

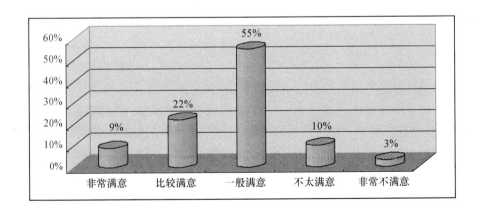

$$100 * 9\% + 80 * 22\% + 60 * 55\% + 40 * 10\% + 20 * 4\% = 64.8$$

（二）人民群众对政府行政工作的认同度

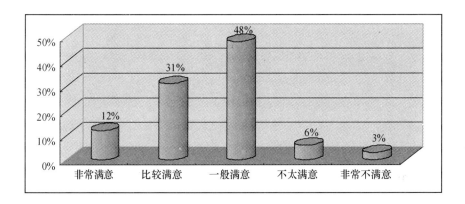

$$100 * 12\% + 80 * 31\% + 60 * 48\% + 40 * 6\% + 20 * 3\% = 68.6$$

（三）人民群众对司法工作的满意度

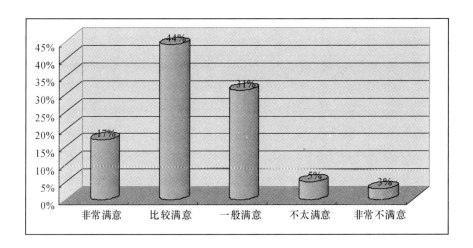

$$100 * 17\% + 80 * 44\% + 60 * 31\% + 40 * 5\% + 20 * 3\% = 71.4$$

（四）人民群众对权利救济的满意度

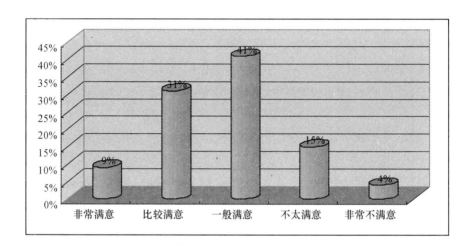

$$100 * 9\% + 80 * 31\% + 60 * 41\% + 40 * 15\% + 20 * 4\% = 64.8$$

（五）人民群众的社会法治意识程度

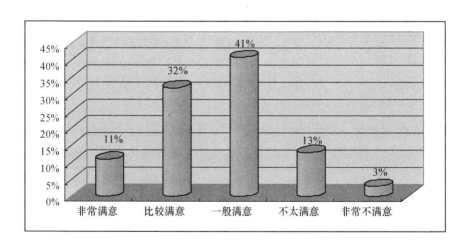

$$100 * 11\% + 80 * 32\% + 60 * 41\% + 40 * 13\% + 20 * 3\% = 67.2$$

（六）人民群众对市场秩序规范性的满意度

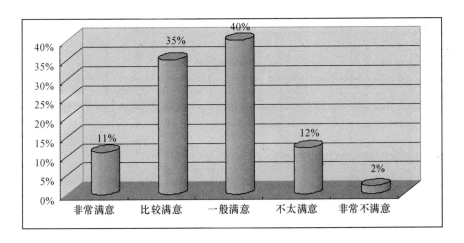

$$100 * 11\% + 80 * 35\% + 60 * 40\% + 40 * 12\% + 20 * 2\% = 68.2$$

（七）人民群众对监督工作的满意度

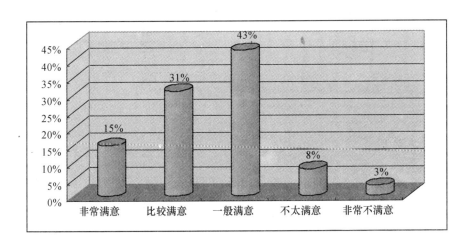

$$100 * 15\% + 80 * 31\% + 60 * 43\% + 40 * 8\% + 20 * 3\% = 69.4$$

（八）人民群众对民主政治参与的满意度

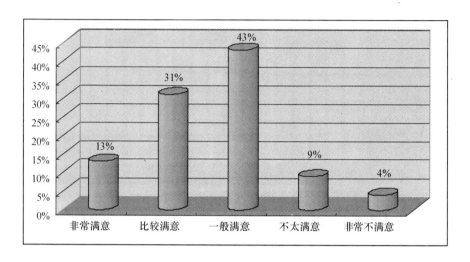

$$100 * 13\% + 80 * 31\% + 60 * 43\% + 40 * 9\% + 20 * 4\% = 68$$

（九）人民群众对社会治安的满意度

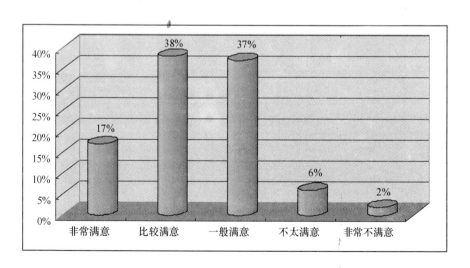

$$100 * 17\% + 80 * 38\% + 60 * 37\% + 40 * 6\% + 20 * 2\% = 72.4$$

五 2009 年"法治余杭"内外组评估

(一) 内部组的评估

在保持三年法治指数的一致性、可比较性的基础上，评审组对评估方法做了适当的改进，主要体现在内外评审组成员的确定上。

首先，我们继续增加了内部评审组、外部评审组的名录库容量。2008 年的名录库容量为 2007 年的两倍左右，2009 年名录库容量再次增加了一倍。其次，为了合理确定评审成员名单，我们在 2008 年有回馈的名录库成员、未回馈的名录库成员和新增名录库成员中各选取适当比例，本次的内外组评审成员中只有 30% 是以前参加过打分的，70% 是新增成员。

内部评估者由党委、人大、政府及司法机构中直接参与法律工作的成员随机组成，如法院、检察院、区发改局政策法规科等工作人员。评审办公室共向 51 位人员发出了邀请，其中有 24 位人员回复。在回复信件中，凡是出现表格有空缺的信件，一律视为无效，无效信件共 2 封。剩下 22 封有效信件，根据回复时间的先后（以邮件上的邮戳时间为准）选出最先发出的 20 封信件，以此 20 封信件的评分和评分理由作为内部组评审的最终评分结果。最终选定的 20 封有效信件的抽样人员信息如下：法官 2 位，检察官 2 位，司法局人员 4 位，人大工作人员 4 位，余杭区信访局 2 位、公安局、交通局办公室、教育局、城管、民政科、财政局各 1 位。下表为内部评估组打分情况：

(二) 外部组的评估

外部评估组是由非政府机关，同时不直接参与党委、人大、政府及司法机关法律工作的人员随机组成，如大学教授、企业家、新闻记者等人员。评审办公室共向 61 位人员发出了邀请，其中有 27 封回复。在回复信件中，凡是出现空缺打分的信件，一律视为无效，无效信件共 4 封。剩下 23 封有效信件，根据回复时间的先后（以邮件上的邮戳时间为准）选出

余杭法治指数内部组评分汇总表

	指标一		指标二		指标三		指标四		指标五		指标六		指标七		指标八		指标九	
	权重 (1-10)	得分 (0-100)	权重 (1-10)	得分 (0-100)	权重 (1-10)	得分 (0-100)	权重 (1-10)	得分 (0-100)	权重 (1-10)	得分 (0-100)	权重 (1-10)	得分 (0-100)	权重 (1-10)	得分 (0-100)	权重 (1-10)	得分 (0-100)	权重 (1-10)	得分 (0-100)
1	10	95	10	95	10	94	10	90	10	90	9	90	9	90	9	93	10	92
2	10	85	10	80	8	80	9	75	9	73	9	70	9	70	9	85	10	75
3	9	90	9	90	9	80	8	90	10	90	8	90	9	90	8	90	8	80
4	10	75	10	70	10	70	9	72	9	70	8	70	9	73	10	75	9	73
5	9	90	9	91	7	89	8	89	8	92	7	87	8	88	8	90	8	87
6	8	75	6	74	9	74	6	73	6	73	7	73	6	76	7	76	6	75
7	9	72	8	71	8	69	7	70	8	71	8	69	8	72	8	70	8	70
8	10	90	8	80	8	80	9	80	8	80	7	75	8	80	9	80	7	75
9	10	90	9	85	9	85	6	80	8	75	6	77	8	70	7	90	6	88
10	9	80	8	80	7	80	8	70	9	70	7	75	7	75	6	80	7	75
11	9	75	9	72	9	72	9	70	8	72	8	71	8	70	9	75	9	70

续表

	指标一		指标二		指标三		指标四		指标五		指标六		指标七		指标八		指标九	
	权重 (1-10)	得分 (0-100)	权重 (1-10)	得分 (0-100)	权重 (1-10)	得分 (0-100)	权重 (1-10)	得分 (0-100)	权重 (1-10)	得分 (0-100)	权重 (1-10)	得分 (0-100)	权重 (1-10)	得分 (0-100)	权重 (1-10)	得分 (0-100)	权重 (1-10)	得分 (0-100)
12	5	82	10	76	8	93	1	88	7	75	9	72	2	90	3	85	4	74
13	10	85	10	85	10	87	10	87	9	80	9	80	10	80	10	88	10	87
14	8	80	9	90	9	90	9	90	8	80	9	90	8	80	9	90	9	90
15	10	85	10	80	10	80	9	82	8	92	9	90	7	85	8	88	9	80
16	9	80	10	80	8	70	8	70	8	65	7	70	7	70	8	80	8	70
17	10	65	8	75	6	85	4	75	7	65	3	72	2	70	5	80	9	75
18	9	55	10	65	10	60	8	75	8	70	7	75	7	75	6	75	10	55
19	10	75	10	7C	10	76	9	69	8	70	9	72	8	80	9	78	10	70
20	10	99	9	98	9	95	9	96	9	97	9	97	9	98	9	99	9	96

内部组最终得分：78.91

最先发出的 20 封信件，以此 20 封信件的评分和评分理由作为外部组评审的最终评分结果。最终选定的 20 封有效信件的抽样人员信息如下：社区、村干部 4 位、18 岁以上高中生 2 位，银行工作人员 1 位，私营公司职员 4 位，高中教师 5 位，记者 2 位，律师 2 位。下表为外部组评审者的打分情况：

六 2009 年"法治余杭"专家组评审

通过对内部组和外部组数据采样的分析，由余杭法治评审办公室邀请的 17 位有较高知名度和专业权威的专家组成"2009 年余杭法治指数专家评审组"。出席评审会的有原全国人大常委、原中国政法大学校长、终身教授江平，原全国人大常委，民建中央副主席、北京市政协副主席朱相远教授，中国社会科学院荣誉学部委员李步云教授，中国社会科学院法学所所长李林教授，上海交通大学副校长郑成良教授，美国爱荷华大学法学院 Edward L. Carmody 荣誉终身教授 John Reitz 先生，中华人民共和国司法部研究室副主任王公义教授，北京大学法学院武树臣教授，中国人民大学法学院张志铭教授，国家统计局统计科学研究所研究室主任吕庆喆，浙江工商大学校长胡建淼教授，浙江省高级人民法院副院长童兆洪，浙江大学光华法学院党委书记费英勤教授，浙江大学光华法学院孙笑侠教授，清华大学法学院林来梵教授，原香港廉政公署审查室高级主任、大律师查锡我先生，浙江大学光华法学院钱弘道教授。钱弘道教授担任召集人。由他们根据内外组的法治指数得分和分析报告，给余杭法治水平评分表打分，并对每一个条件的打分情况逐一作出书面说明，以保证指数的得出更具公信力。之所以增加专家组的评审，目的在于避免内部和外部组评审出现法治评分不客观、不科学、不公正，而使得整个法治指数得分出现不合理的情况，同时专家组的评审更具有公信力，更能让社会群众所接受，而得出的法治指数也更能客观、全面、真实地反映余杭区法治状况。

在回收的十份有效专家评分之中，去掉一个最高分和一个最低分之后，评分状况如下：

余杭法治指数外部组评分汇总表

	指标一		指标二		指标三		指标四		指标五		指标六		指标七		指标八		指标九	
	权重(1-10)	得分(0-100)	权重(1-10)	得分(0-100)	权重(1-10)	得分(0-100)	权重(1-10)	得分(0-100)	权重(1-10)	得分(0-100)	权重(1-10)	得分(0-100)	权重(1-10)	得分(0-100)	权重(1-10)	得分(0-100)	权重(1-10)	得分(0-100)
1	10	80	9	80	5	80	4	80	3	80	2	80	7	80	8	80	6	80
2	10	72	8	73	8	71	8	70	7	72	8	73	8	71	8	72	7	73
3	10	90	10	85	10	85	7	85	6	80	9	80	8	90	8	90	9	90
4	9	70	9	75	9	72	8	72	8	70	9	75	9	70	8	75	8	70
5	8	85	10	92	10	82	9	70	9	75	8	80	8	80	8	85	10	70
6	8	84	9	85	9	88	9	86	9	88	8	82	8	83	9	89	9	88
7	7	60	10	60	9	75	8	75	8	75	8	80	7	80	8	80	10	60
8	9	80	9	75	8	85	6	80	6	70	7	75	8	70	7	85	10	65
9	8	70	10	75	10	75	9	85	9	80	9	65	8	70	8	80	10	70
10	9	80	9	75	9	74	8	75	8	74	8	76	9	78	9	77	9	74
11	9	73	9	73	9	72	8	72	9	72	8	73	9	72	9	75	9	73

续表

	指标一		指标二		指标三		指标四		指标五		指标六		指标七		指标八		指标九	
	权重(1-10)	得分(0-100)	权重(1-10)	得分(0-100)	权重(1-10)	得分(0-100)	权重(1-10)	得分(0-100)	权重(1-10)	得分(0-100)	权重(1-10)	得分(0-100)	权重(1-10)	得分(0-100)	权重(1-10)	得分(0-100)	权重(1-10)	得分(0-100)
12	9	60	8	65	6	60	5	62	4	70	3	65	1	75	2	70	7	60
13	10	71	9	71	10	73	8	71	8	71	9	71	9	71	9	72	9	71
14	10	85	10	85	10	87	10	87	9	80	9	80	10	80	10	88	10	87
15	8	83	7	70	6	69	8	83	6	68	7	70	6	69	6	69	7	70
16	8	60	9	67	9	81	6	80	6	70	7	86	6	79	6	75	9	60
17	8	65	10	70	10	65	9	70	9	70	7	75	7	75	7	75	10	60
18	10	70	10	75	10	73	10	68	10	6	7	65	7	68	8	76	7	70
19	9	80	9	78	9	75	8	80	8	76	7	82	8	72	9	77	8	73
20	10	81	8	75	9	71	8	83	8	76	7	80	8	72	10	75	9	70

外部组最终得分：75.27

	指标一		指标二		指标三		指标四		指标五		指标六		指标七		指标八		指标九	
	权重(1-10)	得分(0-100)	权重(1-10)	得分(0-100)	权重(1-10)	得分(0-100)	权重(1-10)	得分(0-100)	权重(1-10)	得分(0-100)	权重(1-10)	得分(0-100)	权重(1-10)	得分(0-100)	权重(1-10)	得分(0-100)	权重(1-10)	得分(0-100)
1	10	58	10	67	10	72	8	71	8	67	8	75	8	76	8	77	8	70
2	9	82	9	80	9	80	8	70	9	80	7	65	8	67	8	68	9	62
3	10	85	10	80	10	80	9	70	9	72	9	70	9	70	9	72	9	72
4	10	70	9	85	9	80	7	80	7	85	8	85	7	80	8	80	7	80
5	10	80	10	80	10	80	5	80	5	80	5	80	5	80	10	70	5	80
6	9	83	10	80	10	80	8	79	8	81	9	85	8	86	9	80	10	78
7	8	70	10	75	10	75	9	72	8	66	8	65	8	65	8	70	8	70
8	8	60	7	50	8	59	8	65	6	60	7	60	7	64	7	60	7	60
9	10	95	10	90	10	85	9	90	8	95	8	90	9	90	9	95	9	90
10	10	55	10	60	10	58	10	60	10	55	10	55	10	55	10	60	10	60

专家组最后得分：69.83

七 2009 年余杭法治指数的计算

各组得分的具体计算公式可参见往年相关内容。

最后,通过上述公式分别计算出内部评审组、外部评审组以及专家评审组三部分的最后法治指数得分,结合群众满意度调查得分,计算出余杭法治指数最终得分。此四部分对余杭法治指数最终得分所占比率分别为:群众满意度调查得分占 35%,内部评审组与外部评审组共占 35%,专家评审组占 30%。

2009 年余杭法治指数的最终得分为:72.12

八 2009 年法治评估结果的纵向与横向分析

(一) 民意调查结果数据分析

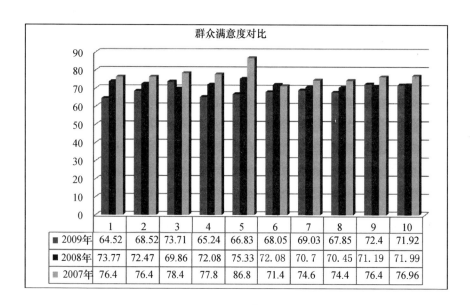

群众满意度对比

	1	2	3	4	5	6	7	8	9	10
2009年	64.52	68.52	73.71	65.24	66.83	68.05	69.03	67.85	72.4	71.92
2008年	73.77	72.47	69.86	72.08	75.33	72.08	70.7	70.45	71.19	71.99
2007年	76.4	76.4	78.4	77.8	86.8	71.4	74.6	74.4	76.4	76.96

通过历史比较我们可以发现,总的来说 2007 年度到 2009 年度的群众

满意度调查结果呈现出阶梯下降的趋势，其中最为明显的是指标五"人民群众的法治意识程度"与指标一"党风廉政建设"，而指标三"人民群众对司法工作的满意度"与指标九"人民群众对社会治安的满意度"则止跌回升，综合指标十"人民群众对余杭法治的总体满意度"止跌企稳。

人民群众满意度的历史比较能够说明以下几个问题：

首先，在广大人民群众看来，余杭地区法治建设还有比较长的路要走，集中体现在党风廉政建设、政府行政工作、公民的权利救济、民主政治建设等方面，群众满意度得分都连续两年下降，亟待改善。

其次，从指标三"人民群众对司法工作的满意度"与指标九"人民群众对社会治安的满意度"的止跌回升来看，余杭地区在司法、治安这两个与社会秩序紧密相连的方面的改善得到了群众的认可。

再次，我们应当从"群众满意度"中看到群众的期望。反映群众综合观感的指标十"人民群众对余杭法治的总体满意度"止跌企稳，2008年与 2009 年的群众总体满意度基本持平，而除了指标三"人民群众对司法工作的满意度"与指标九"人民群众对社会治安的满意度"略有回升外，其余各项指标都继续下降，其中的原因除了群众打分变得苛刻以外，更从侧面反映出余杭地区人民群众法治意识与维权意识的增强，也就对国家机关和相关部门提出了更高的要求。

2007 年余杭法治指数活动开展三年以来，引起了强烈的社会反响。余杭地区本身作为法治量化的"试验田"，通过电视、广播、网络、报刊等各种方式对余杭法治指数活动进行了广泛的宣传，引发了余杭地区人民的热烈讨论。人民群众对法治指数有了更深、更全面的认识，以更加客观、严肃的态度对待"余杭法治指数"活动，更多的人开始将余杭法治评估体系当做能够从整体上反映民意、保障私权、限制公权的有力工具，而不是作为政府的"政绩工程"走走程序摆摆样子。

以下降最为明显的指标五"人民群众的法治意识程度"为例，这项指标反映的是填表群众对"其他群众"的"法治意识"的评价，认为"其他群众"的"法治意识"低下的前提是自己有了一定的"法治意识"，希望他人能相应地提高"法治意识"，政府能够依法办事、强化权利救济等等。

（二）内外组初评数据分析

从余杭法治评估得分可以看出，随着经济和社会建设的高速发展，余杭地区整体社会法治状况也呈现比较健康、快速、良好的发展势头。九项法治分类指标领域的所有相关平均分均达到了及格（60分）以上。与2008年相比，各指标的分化较为明显，我们认为，这反映出评估者们，尤其是内部评估者们逐步打消了顾虑，参差不一的指标更接近于真实的情况，通过各指标的差异更能找出实际工作中存在的"短板"，这也是我们进行评估的初衷。

1. 内部组单项打分比较

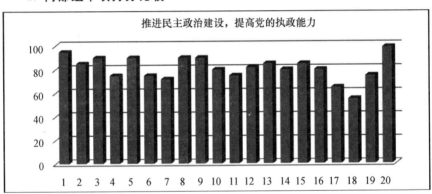

推进民主政治建设，提高党的执政能力

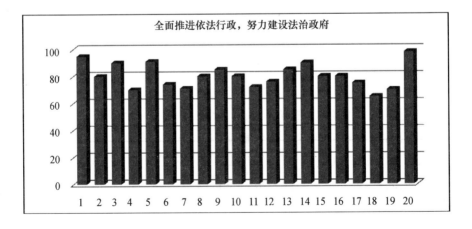

全面推进依法行政，努力建设法治政府

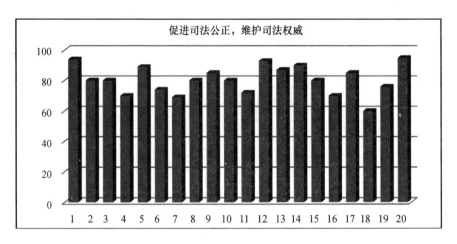

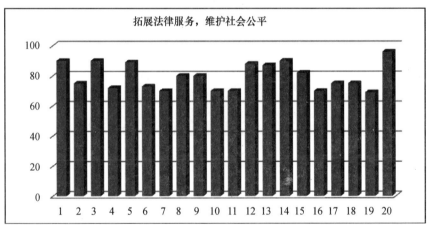

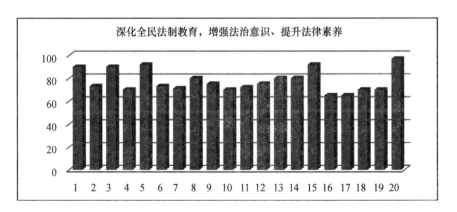

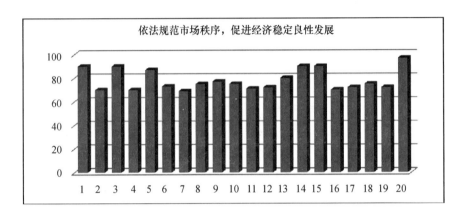

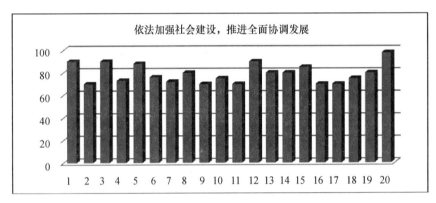

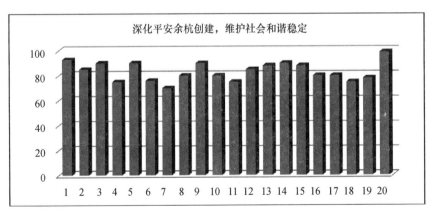

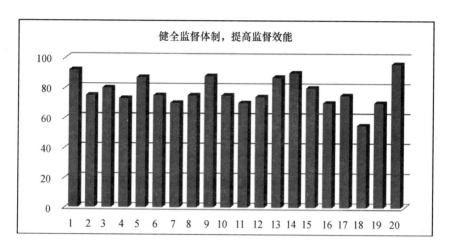

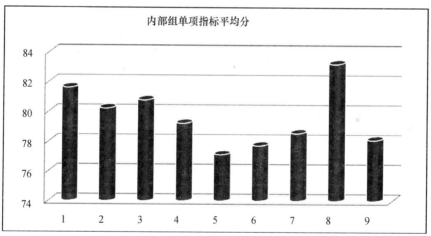

从内部组打分情况来看，和前两年相比，各项指标拉开了差距，更加具有调研价值。几项指标中得分最高的指标是"深化平安余杭创建，维护社会和谐稳定"，由此可以看出，这方面的工作是余杭区的重中之重，对此，作为余杭区法治建设"局内人"的内部组评估者们是有高度共识的。得分次之的指标分别是"推进民主政治建设，提高党的执政能力"和"促进司法公正，维护司法权威"。

在内部组评估者们看来，余杭区明显的"短板"则是这三个方面："深化全民法制教育，增强法治意识、提升法律素养"、"依法规范市场秩序，促进经济稳定良性发展"以及"健全监督体制，提高监督效能"。

这说明，内部组成员认为，余杭地区的法治状况较好，尤其是在司法体系的功能和社会治安方面，余杭区的工作得到了群众与内部组评估者们的一致好评。增强全民法治意识、规范市场秩序、健全监督体制则是群众与内部组评估者们公认需要加强的方面。值得注意的是，在群众满意度调查中，指标一"党风廉政建设"是得分最低的一项，而在内部组评估中，指标一"推进民主政治建设，提高党的执政能力"则是得分第二的一项，这反映出了"局外"与"局内"的张力：对内部评估者而言，党的建设意味着更多的压力，他们为此进行了许多制度建设；而对群众而言则意味着获得更多的保障，民众对执政党提出了更高的期望，他们更希望看到实际的成就。

2. 外部组单项打分比较

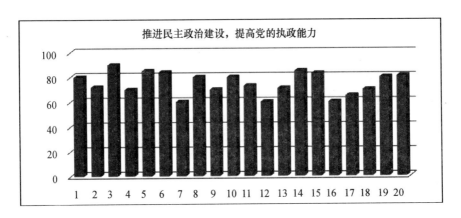

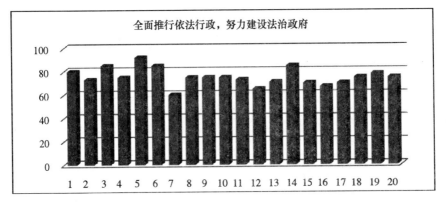

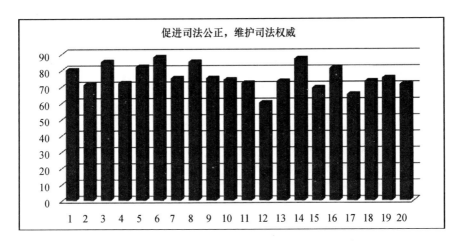

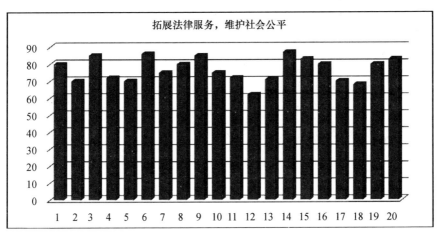

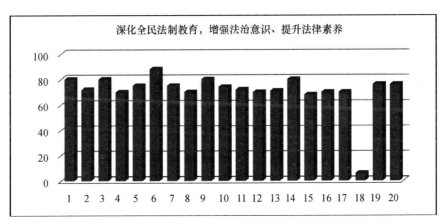

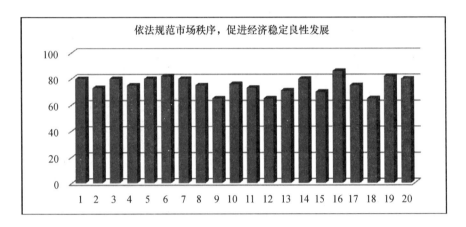

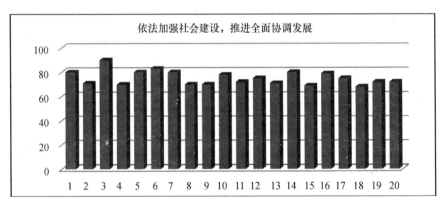

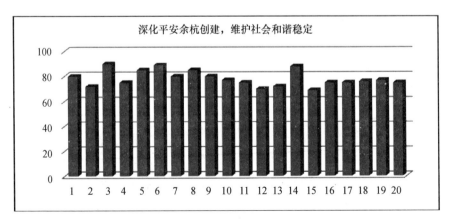

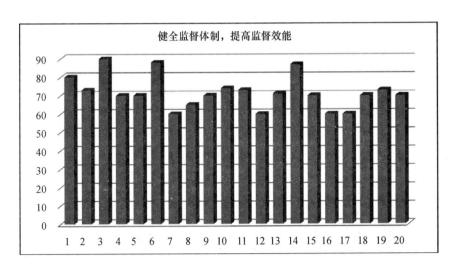

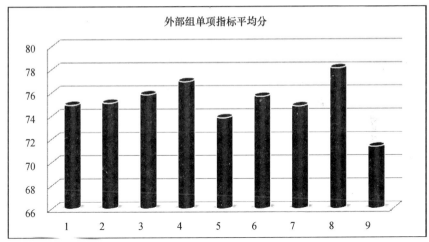

从外部组打分情况来看，总体分数相对偏低。与内部组相同，几项指标中得分最高的指标也是"深化平安余杭创建，维护社会和谐稳定"，这说明余杭在这方面的工作是非常值得肯定的。

但要注意的是，内部组此项打分为83分，外部组只有不到78分。另一方面，内部组此项为最高分数，与外部组最低分数持平。由此可见，内外部组对余杭法治水平各方面的评价存在总体上的偏差。考虑到人员组成的差异，这种偏差也是在正常范围之内的。

外部组打分中，最低的一项是"健全监督体制，提高监督效能"，平均仅得到 71 分。内部组则没有显示出这种情况。这说明，外部人员对监督体制的评价不高，对监督体制本身及其效果存在一定的意见。

另外七项指标的得分大致维持在 73—77 分之间，总体比内部组低，但本身维持了较为稳定的水平。与去年外部组的打分相比，总体上却是有所提高的。这表明，外部组对余杭法治的评价有所提高了。

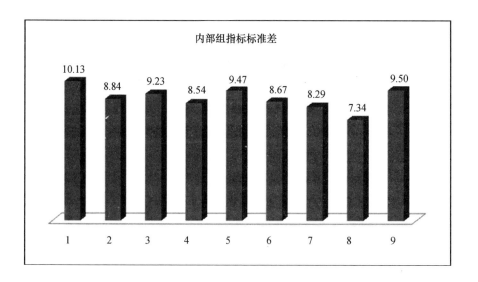

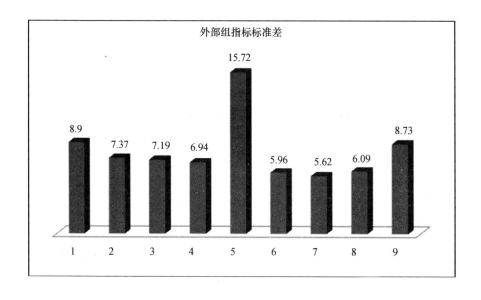

内部组成员在打分中，标准差最高的已超过 10，最低的也有 7.34，这表明内部组不同成员对余杭法治的评价中，意见的不一致表现得较为明显。这种不一致表现得较为平均，在可控范围之内。

外部组中，总的来说，标准差值相对较低。最低的数值在 6 以下，一般也没有超过 9。但是，对于第五项指标"深化全民法制教育，增强法治意识、提升法律素养"，标准差竟高达 15.72。对此异常现象的解释是：首先，余杭法制教育的覆盖面有限，仅辐射到了一部分人，造成差异；其次，民众法治意识和法律素养尚在提升，但仍处在参差不齐的阶段。

通过对内外组得分的最终比较，我们可以发现：

（1）内外组普遍满意的是余杭地区的治安状况，即指标八："深化平安余杭创建，维护社会和谐稳定"，平均分达到 80 以上。

（2）有五项指标状况良好，且内外组评价较为一致，分别为：

"推进民主政治建设，提高党的执政能力"，平均约 77 分；

"促进司法公正，保障司法权威"，平均约 77 分；

"全面推进依法行政，努力建设法治政府"，平均也为 77 分；

"拓展法律服务，维护社会公平"，平均为 78 分；

"依法加强社会建设，推进全面协调发展"，平均为 76 分。

这表明，对于余杭这五个方面工作，内外组的评价较高。

（3）一个指标的得分最低——"健全监督体制，提高监督效能"。且内外组对这个指标的意见相当一致。余杭在此方面的工作有待提高。

另外，评估组成员对余杭地区两个指标的水平产生了较大争议。对"深化全民法制教育，增强法治意识、提升法律素养"和"依法规范市场秩序，促进经济稳定良性发展"两项打分的较大差异，应当重视。

（三）内外组别的权重值差异情况比较

内部及外部评审组都对九个指标定出权重，即该指标在定出法治指数时的比重。下面三表是 2007—2009 年度各指标的权重的比对。

2007 年内外组权重比较

	具体目标	内部评估组的平均权重	外部评估组的平均权重
1	推进民主政治建设，提高党的执政能力	9.11（一）*	9.28（一、二）
2	全面推进依法行政，努力建设法治政府	8.83（二）	9.28（一、二）
3	促进司法公正，维护司法权威	8.28（四）	9.00（三）
4	拓展法律服务，维护社会公平	7.28（七）	6.78（九）
5	深化全民法制教育，增强法治意识、提升法律素养	7.67（六）	7.72（五）
6	依法规范市场秩序，促进经济稳定良性发展	7.50（七、八）	7.50（六）
7	依法加强社会建设，推进全面协调发展	7.50（七、八）	7.17（八）
8	深化平安余杭创建，维护社会和谐稳定	8.17（五）	7.22（七）
9	健全监督体制，提高监督效能	8.67（三）	8.89（四）

* 括号标示该指标的权重优先序。

2008 年内外组权重比较

	具体目标	内部评估组的平均权重	外部评估组的平均权重
1	推进民主政治建设，提高党的执政能力	9.56（二）*	9.17（三）
2	全面推进依法行政，努力建设法治政府	9.71（一）	9.39（二）
3	促进司法公正，维护司法权威	9.12（四）	9.44（一）
4	拓展法律服务，维护社会公平	7.87（九）	8.03（六）
5	深化全民法制教育，增强法治意识、提升法律素养	8.28（七）	8.19（五）
6	依法规范市场秩序，促进经济稳定良性发展	8.24（八）	7.94（七）
7	依法加强社会建设，推进全面协调发展	8.41（六）	7.44（九）
8	深化平安余杭创建，维护社会和谐稳定	9.13（三）	7.50（八）
9	健全监督体制，提高监督效能	9.10（五）	9.11（四）

* 括号标示该指标的权重优先序。

2009 年内外组权重比较

	具体目标	内部评估组的平均权重	外部评估组的平均权重
1	推进民主政治建设，提高党的执政能力	9.39（一）*	9.00（二）
2	全面推进依法行政，努力建设法治政府	9.22（二）	9.17（一）
3	促进司法公正，维护司法权威	8.78（三）	8.89（三）
4	拓展法律服务，维护社会公平	8.06（六）	7.89（六）
5	深化全民法制教育，增强法治意识、提升法律素养	8.28（五）	7.61（八）
6	依法规范市场秩序，促进经济稳定良性发展	7.94（八）	7.56（九）
7	依法加强社会建设，推进全面协调发展	7.61（九）	7.78（七）
8	深化平安余杭创建，维护社会和谐稳定	8.00（七）	8.06（五）
9	健全监督体制，提高监督效能	8.44（四）	8.72（四）

* 括号标示该指标的权重优先序。

　　从所给予的权重中，可看到各评估人对各指标在法治评估时的优先次序。

　　通过三年的对比，我们可以看出，内部评估人及外部评估人对前四个最重要的指标的认识大致是一致的，分别是指标（1）、（2）、（3）及（9），这四项指标在 2007 年与 2009 年都居前四位。

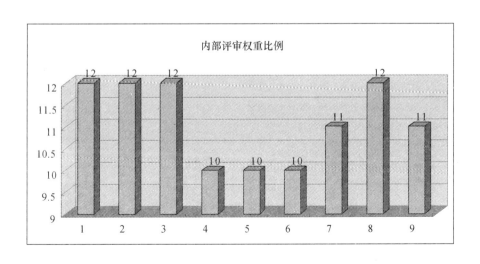

图例：

1：推进民主政治建设，提高党的执政能力

2：全面推进依法行政，努力建设法治政府

3：促进司法公正，维护司法权威

4：拓展法律服务，维护社会公平

5：深化全民法制教育，增强法治意识、提升法律素养

6：依法规范市场秩序，促进经济稳定良性发展

7：依法加强社会建设，推进全面协调发展

8：深化平安余杭创建，维护社会和谐稳定

9：健全监督体制，提高监督效能

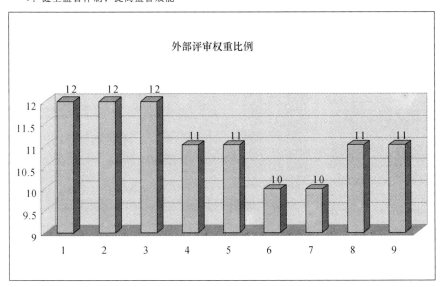

图例：

1：推进民主政治建设，提高党的执政能力

2：全面推进依法行政，努力建设法治政府

3：促进司法公正，维护司法权威

4：拓展法律服务，维护社会公平

5：深化全民法制教育，增强法治意识、提升法律素养

6：依法规范市场秩序，促进经济稳定良性发展

7：依法加强社会建设，推进全面协调发展

8：深化平安余杭创建，维护社会和谐稳定

9：健全监督体制，提高监督效能

内外组别的权重值图示

通过更直观的比较可以看出，无论是内部组还是外部组，对四个指标的注重程度都要高于其他指标，这四个指标分别为："推进民主政治建设，提高党的执政能力"，"全面推进依法行政，努力建设法治政府"，"健全监督体制，提高监督效能"，"促进司法公正，维护司法权威"。由此可见，在处于转型期的中国，"民主"、"法治"、"司法"与"监督"是紧扣时代脉搏的四大主题，得到了最多的关注。

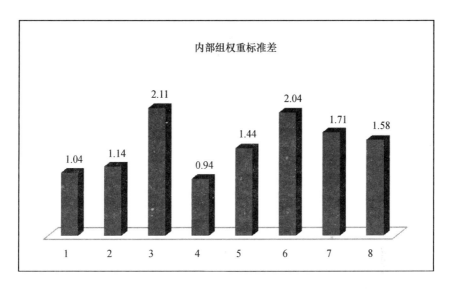

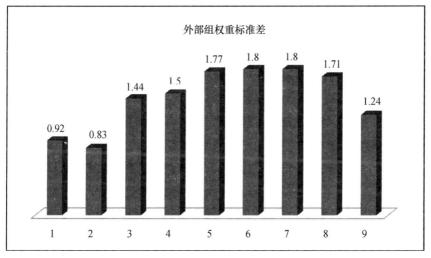

从内部组和外部组分开来看，内部组对"民主政治、党的建设"的注重程度更高，外部组对"依法行政、法治政府"的注重程度更高；而内部组与外部组都将"司法公正、司法权威"、"监督体制、监督效能"分别放在第三、第四的位置，这种共识的形成值得我们注意。

从内部组与外部组的权重标准差来看，除第一项指标"民主政治、党的建设"与第二项指标"依法行政、法治政府"之外，许多指标的权重标准差都较高，这反映出打分人之间对这些方面的重要性认识都有较大的分歧，这反映了来自社会各个阶层、各个领域的外部组成员对法治的核心和法治建设的认识很不一致。从一个侧面反映了我们国家公民对法治理念的认识尚不够统一，"民主"、"法治"、"司法"与"监督"成了人们关注的热门词，形成了一种趋势，但在这种大的趋势当中，人们的同质化程度还不高。

（四）2007—2009 年的法治评估数据的综合比较

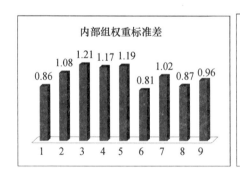
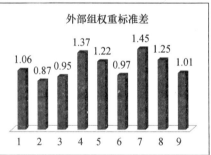

2007 年

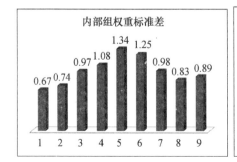
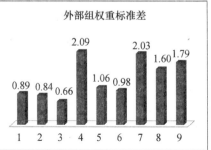

2008 年

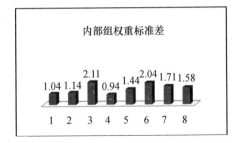
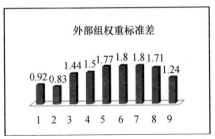

2009 年

权重值标准差的纵向比较告诉我们：

内外评审组对权重的标准差逐年增大，这表明在某些法治指标的认识上，内外组各成员的认识比以往较为不一致。如前所述，在处于转型期的中国，"民主"、"法治"、"司法"与"监督"是紧扣时代脉搏的四大主题，得到了最多的关注，但在具体的法治指标方面则呈现出多元化、差异度递增的趋势，因此，我们应当进一步思考"具体法治"，从而寻求社会共识以推进法治建设。

（五）专家评审得分情况分析

1. 专家组评审得分情况

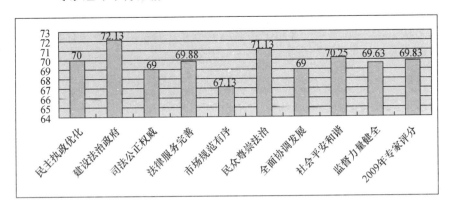

2009 年度专家评分各项分值及总分

（来源于《2009 年余杭法治指数报告（草案）》）

2007 年度专家评分：71.61；2008 年度专家评分：71.77，然而 2009

年度专家评分却下降了将近两个点。

从专家组单项指标平均分来看，2009 年度整体指标的平均分均较 2007、2008 年的对应项目有所下降，数据形成过程中涉及的单项指标打分和每项指标的打分都较往年有所降低。尤其是第六项关于市场规范的指标，权重和单项指标的平均分较总体平均水平低了很多，原因在于市场规范已经有很大的进步，没有引起专家组过分重视。司法公正、协调发展、监督体制这三项指标专家组给出的打分也略显降低，这三项都涉及制度建设，而制度建设并非一蹴而就的，尽管它们是法治建设的重要因素，但并非是目前非常急需的方面，因而综合以上因素几年专家组评分总体有所下降。

2. 专家组评审的单项指标和权重变化

从上图可以看出，2009 年平均权重及单项指标得分排在前三位的是：法治政府、社会公平、社会平安。在专家组成员的眼里，法治政府的作用是第一位的，政府能否依法执政关涉到社会成员的利益保护，关系到近年来表现突出的教育公平、医疗公平等社会公平的问题。同时，随着非传统安全问题日益增多，政府更应该发挥宏观调控的能力，这与最近发生的SARS、冻雨、食品安全、暴乱、地震、泥石流等威胁安全的非传统因素上升有关，法学家及学者以其特有的人文关怀势必将解决安全的责任寄托于政府的调控。

从 2007—2009 年外部组平均权重表格看，外部组 2009 年针对法治政府的权重也是排在第一位，但 2008 年居第二位，这说明余杭民众在现实生活中不断认识到法治政府的重要性，解决重大社会问题方面私力解决难与法治政府的作用相比拟。而列第二位、第三位的却是党的执政能力和司法公正，这与专家组的看法存在差异，原因在于余杭民众从抗震救灾、反腐败的斗争中看到增强党执政能力有利民众生活水平的提高与保障，同时，在自身遭受不公正待遇的时候希望司法能公平对待。此种情况下，专家组凭着对法律的理解与法律技术的信任，以法律人的视阈看待未来国家必须面对任务，从根本上找寻解决问题的途径。

总之，专家组评审从专业化的角度给出法治指数，一定程度上平衡了与内外部组评分产生的差异，也凭借专业化水准提示余杭法治建设应努力的方向。

九　根据评审结果对余杭法治的建议

(一) 党委依法执政方面

分析指数报告可以看出，"推进民主政治建设，提高党的执政能力"这一项在内部组和外部组中均体现出较高的权重值，平均权重分别为 9.3 和 8.79，有成员认为："该项关系到我区党委树立正确的执政理念，确保立党为公、执政为民是我党根本的政治立场和价值追求，关系到我党执政根基，可谓重中之重，余杭建设首先应提高我区民主政治水平及依法执政的能力。"由此可见，党委依法执政对于推进余杭区法治进程具有重要的意义。

在这一项中，外部组平均分为 75.44，内部组平均分为 78.79，这样的分数体现出余杭区民主政治建设较为完善，组织结构、民主体系等方面都较为出色。然而，在这个基础上，有的成员提出："民主政治是法治的前提，目前基层群众对重大决策的参与机会还有限，或仅仅是形式一下，还未达到政治民主的阶级"；"将指数评价结果更好地与民主政治建设相结合，加快建立问责制度。以促进基层单位、组织将法治建设作为一项基础性、全局性工作来抓"。

基于以上，课题组认为：首先，应进一步完善党内民主，确保围绕中心任务展开工作。其次，应加强相关制度建设，一方面加大群众对于重大决策的参与程度，另一方面配合相应的监督和问责制度，防止党内腐败的滋生，从而在这两方面的基础上建立起一个统一的制度体系。

(二) 政府依法行政方面

从客观数据上看，余杭区政府基本上遵循了依法执政的要求。具体表现在组织听证数量达标、行政诉讼比前两年有所减少、因贪腐问题被调查的行政工作人员数量略有降低等。

内外组参评人员对余杭的依法行政工作总体上表示肯定，同时我们必须看到有一些尖锐的批评意见，如"依法行政的前提没有落实"，"政府应当是有限政府，不能把精力集中在市政建设上"，这些意见表明，余杭区政府距离法治政府尚有不小的距离。主要体现在行政行为必须要有法律的授权，无法律明文规定授权则不得擅自执法。

这要求余杭区政府在制定规范性文件时必须严格遵循《立法法》的规定，逐步建立和落实规范性文件的起草制度、法制审核制度、集体审议制度、公开发布制度等，多种形式，广泛听取各方意见，采纳合理的意见和建议，确保规范性文件的质量。建立健全社会公众对规章和规范性文件的监督机制，建立备案工作责任制。

依法行政应当树立正确的民主程序意识，行政人员要带头遵守行政程序。目前的重点应当是健全和完善对行政程序制度的执行，尤其是对于职能分离制度，简易程序和普通程序分离制度，说明理由制度，不单方接触制度，听证制度和行政公开制度等。

（三）司法公平正义方面

余杭地区的客观数据显示，一审案件数大幅上升将近30%，再审案件比率、二审改判率都有一定程度的上升。民众的权利意识增强了，司法机关工作量也大大增大。从余杭法治评审组的打分来看，内外部评审组人对司法公平公正的重要性有着较为一致的认识。有评审人认为这是"看得见的正义"，"对于提升法制建设成效具有重要意义"。同时也提出了"目前实践中还存在有法不依、执法不严等情况，这都会削弱公民对法律的权威和信赖"以及"在破解执行难问题上有待近一步提高"。

根据客观数据和评审打分的综合考虑，我们认为余杭地区法治建设在司法领域还应当进一步努力，主要包括：

（1）严格遵守司法程序，加强执行工作。执行难是我国司法机关一个老大难的问题，是对我国司法机关公信力的最大威胁之一。这就要求司法机关对那些拒不执行生效裁判的案件，坚决采取强制执行措施。对妨碍司法的行为，坚决依法予以处罚。不能使判决悬空搁置，当事人的合法权利得不到实现，也不能拖延执行，减损法院的执行力和权威性。

（2）坚持法律职业性，提高司法权威。从内外组的评审来看，余杭地区仍存在司法受到党政干预的情况。客观数据显示，余杭地区的行政诉讼案件数量较少，我们不能排除司法机关在审理行政案件的公信力下降的可能性。这就要求改革和完善法院接受外部监督机制的内容、方式和程序。司法机关应通过坚持法律职业性、保证司法公正，提高司法的权威来满足人民群众对司法的需求。

（四）权利依法保障方面

权利依法保障在整个体系中处于非常重要的地位，社会公平是稳定的前提。"拓展法律服务，维护社会公平对于保障公民权利、完善服务体系具有积极意义"。

在内外组评分中，"拓展法律服务，维护社会公平"一项，内部组的分数范围在 65 到 90 分之间，平均为 79 分；外部组平均分相对稍低，为 76.5 分。内外组的评分并不低，但在"权利依法保障"方面，最有发言权的是民众。在"人民群众对权利救济的满意度"调研项中，群众打分的降低较为明显，且近三年呈持续下降的状态，从 2007 年的 77.8 降为 2008 年的 72.08，在 2009 年又降为 65.24，甚至比上年降幅还要大。对民调中分数下降的现象，应该给予相当的重视。

对"权利依法保障"方面存在的问题，有内部组成员提出，"余杭区在这一方面的工作取得了积极进展，但律师拥有仍低于全省平均水平，群众对法律援助的知晓率仍存在不足"；"法律服务不能流于形式化和表面化"；"基层法律服务体系作用没有充分发挥，律师队伍建设有待加强，监管体系有待完善"。

对此，我们提出以下建议：

（1）建立健全法律援助体系，尤其是基层法律服务体系。拓宽法律援助的范围和受援层面，加强对非诉法律援助的重视。获得法律援助是公民的权利，实施法律援助是政府的责任。增加经费，保证人员，扩大覆盖面，是政府满足困难群众对法律援助要求的当为之举。

（2）增加法律服务人员的数量，确保法官、检察官、警察、律师、法律服务工作者等法律从业人员的数量，与经济、法治发展水平相适应。同时，坚持宁缺毋滥的原则，严把法律从业人员质量关。

（3）继续在保护个人权益上下工夫，维护地区稳定和谐。继续扩大城镇、农村养老保险覆盖范围，提高农村五保集中供养率和城镇"三无"人员集中供养率，从容应对转型社会面临的失业率上升的问题，减少失业人员数量，增加就业率，切实维护好人民群众的利益。

（五）市场规范有序方面

有序的市场是决定经济稳定发展的关键因素。通过内外部组的评审结果我们可以看到，有关"依法规范市场秩序，促进经济稳定良性发展"一项的分数依然在内外部组的九项评审项目中位居前列。这也再一次充分证明了，余杭区政府对市场有序运作的关注及对其所采取的规范措施的显著效果。但是市场是时刻处于不停变幻之中的，正如"逆水行舟，不进则退"，没有可以永远适合市场的规范，因而只有在现有的基础上发现问题并解决问题才能进而促进市场的持续规范有序。

对于余杭的市场规范多数专家对其持有积极肯定的态度，但认为其仍然有些缺陷。例如，评估意见中认为余杭区"在依法稳步推进规范市场秩序工作中，市场原有的一些陋习、潜规则依然存在，并且不是朝夕之间就能更改的，仍需加大力度和广度"。"只有依法规范市场秩序，才能促进经济稳定良性发展。而这其中的关键在于如何解决管理主体之间职能交叉、遇事则相互推诿的问题。"由此我们可以看出余杭区的市场秩序治理中存在以下问题：

第一，虽然已建立起比较完善的市场运作体系，但某些旧的市场陋习在余杭区仍然存在。如坑蒙拐骗，商业欺诈、商业贿赂，恶意逃债、欠债不还等仍时不时的活跃在市场之中。

第二，市场管理机关的运作存在问题，职能不清，管理不到位。由于市场经济有其内在的弱点和缺陷，余杭区部分监管部门监管措施和机制又相对滞后，市场贪婪的本性因此而迅速膨胀，对于市场秩序的规制产生了消极的影响。

第三，市场经营主体的诚信制度仍应继续完善。根据问卷调查显示，市民普遍认为经营者销售假冒伪劣产品的情况仍然存在，且多数商家对于产品的售后服务问题仍采取推卸责任的方式，违法经营的商人也依然经常出现。

有鉴于此，评审组建议：第一，逐步完善各类法规，对于各种市场陋习采取相应的措施，提高市场相关信息的透明度。第二，加强相关的制度建设，厘清各部门在市场管理中的职权及其责任，尽量避免管理主体权责界限上的模糊。第三，加强对市场的引导和规范，引导经营者和消费者树立现代经营和消费观念；通过电台、电视台、报纸等社会媒体对社会公众进行诚信教育，加强其诚信观念。

（六）监督体系健全方面

在对内外组打分的统计中，我们发现对"健全监督体制，提高监督效能"这一项的权重给分普遍较高，但是成绩打分中许多却并不高。权重和实际得分之间的反差体现了目前余杭行政监督的实际情况和人民群众的期望之间的差距，如有的外部组成员认为监督的效率、公开、透明度等皆不尽如人意，这与余杭区对于自己的"全方位、多层级"的监督体系要求相矛盾，这当中又有人提到"过于形式化"，让我们似乎看到了主要存在的问题——监督执行。

对此，评审组建议：

（1）必须强化党内监督，人大法律监督，行政监督，司法监督，群众监督和舆论监督等多种监督，严密监督网络，打造"阳光政府"，明确监督程序，使监督真正落到实处，置于公众的视线当中。

（2）在落实决策责任追究和绩效评估方面需要进一步完善，明确责任，奖惩分明，建立一套责任监督工作体制，有效杜绝行政不作为的现象。

（3）监督网络加大，建立健全相关的舆论监督体制。区新闻媒体应该多反映民意，把人民群众最关心的问题反映给政府，而政府则可专设平台与群众及时、全面的沟通，并由媒体对政府处理相关问题进行全面监督。

（4）监督重点明确，将监督工作在几个薄弱环节主要施力，进一步加强人大、纪委、政协、审计部门的建设，最大限度发挥监督效能。

（七）民主政治完善方面

党的十七大报告中指出，发展社会主义民主政治是中国共产党始终不渝的奋斗目标。社会主义民主政治的本质和核心是人民当家做主，是最大多数人享有的最广泛的民主。完善民主政治，就是凭借公共权力，和平地管理冲突，建立秩序，并实现平等、自由、人民主权等价值理念的方式和过程。民主政治的实践需要落实到基层。

2009 年的统计数据反映的余杭在民主政治方面的状况为：在内外组评分中，"推进民主政治建设，提高党的执政能力"一项，内部组的分数范围在 55 到 90 分之间，平均为 68.05 分；内部组的评分并不低，但在"完善民主政治"方面，感受最深切的还是普通民众。在"人民群众对权利救济的满意度"调研项中，内部组成员认为"改进执政理念，巩固执政基础，依法保障人民当家做主的权利对于推进余杭的法治建设具有十分重要的意义"；"民主政治建设深入基层，基础扎实，党的执政能力经受住金融危机的世界形势的严峻考验。将指数评价结果更好地与民主政治建设相结合，加快建立以行政机关首长为重点的法治政府问责制度。以促进基层单位、组织将法治建设作为一项基础性、全局性工作来抓"。但是群众满意度得分较前两年有所下降，在这项评分中，群众满意度有所变化，从 2007 年的 71.4 上升为 2008 年的 72.08，在 2009 年又降为 68.05，可以说降幅比较大，不但没有呈现逐年提高的状态，反而是降到 2007 年的水平之下。这就说明了民主政治建设过程中存在一些问题，内部组以及外部组的成员都对民主政治提出了一些问题，有的评估成员认为"民主政治的形式色彩过于浓厚"。有的评估组成员认为"虽然有些进步，但是还需要加大力度推动民主政治的发展"；"民主政治是法治的前提，目前基层群众对重大决策的参与机会还有限，或仅仅是形式一下，还未达到政治民主的阶级"。为此，我们提建议如下：

第一，树立正确的执政理念。确保立党为公、执政为民是我党根本的政治立场和价值追求，关系到我党执政根基，可谓重中之重，因此法治余杭建设首先应提高过去民主政治水平及依法执政的能力。要真正把完善民主政治的措施落到实处。在新的历史条件下，通过政治体制改革进一步发展社会主义民主必须坚持党的领导，并且加强党的执政能力的建设。

第二，正确处理形式民主和实质民主的关系。在民主社会中，程序民主和实质民主都同等重要，而且，在某种程度上，程序民主还可以促进实质民主。普通民众可以在不断参与民主的过程中，不断学习民主。针对余杭的实际情况，在有条件的情况下，在保障选举过程形式民主的同时，更应重视选举的实质性民主。同时充分发挥人民群众和其他社会团体的监督作用，使民主落到实处。最大程度地解决权力过于集中导致的钱权交易和权力滥用等腐败问题，真正实现党的领导和执政的科学化、民主化和法治化。

（八）全民素质提升方面

首先，应当扩大法制教育的辐射面。从调研的情况来看，内部组与外部组的评估者们对第五项指标"深化全民法制教育，增强法治意识、提升法律素养"的指标标准差都处于较高水平，外部组中这一指标的标准差竟高达 15.72，说明评估者之间对这一方面的工作存在较大争议。对此异常现象的可能解释是：余杭法制教育的覆盖面较为有限，辐射面有待提高，因此，造成了感观上的差异。

其次，应当更多地引导人民群众通过"使用法律"明确权利界限，培育权利义务对等观念。社会的进步导致了人民群众权利意识的觉醒，要求划清自己权利与他人权利的"边界"，这必然会导致诉讼案件进一步增加。在群众满意度调查中，指标五"人民群众的法治意识程度"下降最为明显，这项指标反映的是填表群众对"其他群众"的"法治意识"的评价，认为"其他群众"的"法治意识"低下的前提是自己有了一定的"法治意识"，希望他人能相应地提高"法治意识"，这必然导致"权利冲突"。因此，在"权利冲突"中，如何"使用法律"无疑是人民群众极为关心的内容，应当通过加强"判后答疑"、经典案例宣传等制度延伸法制教育，纠正"只要权利，不要义务"观念，真正提升全民法律素养。

（九）社会平安和谐方面

社会的和谐安定，既是法治得以贯彻落实的前提，也是法治所追求的社会目标。在法治评估体系颁布和法治指数公布的几年里，余杭的法治建设在"深化平安余杭创建，维护社会和谐稳定"方面有了新的突破。

与过去数据相比，多项指标成绩喜人。首先，公安机关的办案效率进一步提高，各类违法犯罪事件数量减少。刑事案件破案率46.01%（全市43.68%），命案侦破率96.67%，五类案件侦破率100%；全年没有发生重大群体性事件和交通安全事故，实现了从"有"到"无"的"零"突破；违反治安管理的行为和处罚的人次相比上一年度减少229起；每十万人治安管理案件发生率相比上一年度也有显著下降。其次，社区平安建设成果显著。"无毒"社区（村）创建率达到100%以上；平安村、平安单位创建达标率达到90%以上；纠纷调处受理率达到100%，调解成功率98.3%。最让人兴奋的是，"深化平安余杭创建，维护社会和谐稳定"在九大评估指标中名列第一位，这也是专家评审组和余杭的社会各界对法治评估体系和法治指数公布在深化创建平安余杭，维护地方和谐稳定方面的积极作用给予的充分肯定。

但是问题在局部工作中仍然存在。暴力性犯罪占犯罪总数的比重略有上升，扰乱社会公共秩序的事件数量也有所增加，尤其是对外来人员的管理难题已成为构建"平安余杭"、"和谐余杭"、"法治余杭"的当务之急。因此，我们建议加强对外来人员的管理，实现外来人员的"区民待遇"。首先，鉴于外来人员流动性强，难管理，应建立相对完善的暂住管理制度对居住者进行监督管理。安排专门的机构负责外来人员租住情况的登记管理，要求出租者及出租者所在的居委会、村委会配合部门的登记工作，及时登记备案房屋的出租情况。其次，应摒弃地方保护主义，消除各种政策性歧视。在就业、居住、医疗、子女就学等政策上对所有在本区生活居住的人员一视同仁。再次，建立和完善外来人员的社会保障体系，帮助外来人员解决生活中遇到的困难，免除他们的后顾之忧，切实维护地区和谐稳定。

第四部分

2010 年余杭法治指数报告[*]

    杭州市余杭区法治指数评估活动自 2007 年以来，已经开展了四年。四年来，在社会各界包括国际人士的关注下，这项评估活动越来越成熟完善，能够比较真实明了地反映余杭的法治和社会发展状况，有力地推动了"法治余杭"工程的建设和社会文明的进步，真正成为我国区域法治建设的"试验田"[②]。在此法治价值和社会意义的激励下，余杭法治指数评估课题组将评估和研究活动延续至今。

    2011 年 6 月，2010 年度余杭法治指数经过复杂的统计过程得出72.48 分，比 2009 年度增加了 0.36 个百分点，表明余杭法治总体水平又前进了一步，而且速度在加快，尽管成效不是立竿见影，一蹴而就。我们认为，这种情形更为真实可信，更加合乎法治社会的建设规律。

    这个指数，是基于大量的数据材料得出的，来源包括法治余杭基础数据，民意调查数据，以及内、外组及专家组的打分。相应数据的考察期间和往年一样，截至 2010 年 12 月 31 日；指数的考量方法也基本上与往年保持一致，同时根据实践的发展和认知的深入，继续增强了参加内评外评人员的代表性和广泛性。这些为余杭法治状况的纵向比较提供了一个良好的基础。

---

    * 执笔人：钱弘道。除法治余杭课题组和余杭法治指数评审组全体成员外，余杭区司法局等有关部门的同志，浙江大学等高校的段海风、王梦宇、刘君斌、钱无优、范凯文、钱国玲、吴海燕、于晓琴、戈含锋、王朝霞、梁燕妮、王帅、何博、姜斌、武威、柯海雅、冯沈驹、项欢、王丛、陶枫、杨楠等博士后、博士生、硕士生、本科生亦参与了具体相关工作。

    ② 2008 年 4 月，司法部张苏军副部长到余杭专题调研时指出，法治指数要成为推进余杭法治的利器，希望余杭不仅是省市法治建设的"试验田"，更要做全国法治实践的"试验田"。

一 2010 年法治余杭评估的背景数据收集

余杭区法律实践的基础数据资料,有助于我们了解余杭区社会法治发展的实际状况。它主要包括了两组数据:一组是与余杭法治指数密切相关的背景数据;另外一组是余杭有关部门根据评估体系进行自评得出的数据。

余杭社会法治实践的背景数据仅作为内部组、外部组以及专家组评分的辅助依据,并不直接对应于构成法治条件的每一项指标。

历年部分背景数据对比与反映情况分析如下:

(一) 与民主政治完善相关的部分数据

在过去一年中,余杭区与民主政治完善方面相关的数据有着非常令人欣喜的变化(见下表)。市民向政府和人大、政协提出建议的总件数对比前几年有所增加;居民自治的程度在提高;政府网站的点击次数近四年来逐年递增,2010 年度更是有了较大攀升。由此可见,一方面,余杭人民的主体意识和民主化要求在不断增强,参与政府决策和民主政治活动的愿望越来越强烈;另一方面,也从侧面反映了政府在信息公开透明以及畅通与民众交流渠道方面的工作取得了实效。与此同时,违法选举查证属实的案件数目从无到有也佐证了民众法治意识的逐步提高。

1. 公民参与民主政治

考核指标	2007 年	2008 年	2009 年	2010 年	数据来源
市民向政府和人大、政协提出建议的件数	区政府:679; 区人大:331; 区政协:619 (提案348件、社情民意271件)	区政府:719; 区人大:306; 区政协:682 (提案420件、社情民意262件)	区政府:287; 区人大:292; 区政协:406 (提案334件、社情民意72件)	区政府:900; 区人大:250; 区政协:619 (提案398件、社情民意221)	区府办 人大办 政协办

续表

考核指标	2007 年	2008 年	2009 年	2010 年	数据来源
居民参加居委会选举的比率	84.9%	未选举	未选举	90%	民政局
居委会达到自治标准的比率	100%	100%	100%	100%	民政局
公民参加各类党派和社团的比率	146 人 140405 人次（社团）	161 人 142037 人次（社团）	全区共有 215 个社团，参加人员为 156349 人，比率为 18%	社团 218 个，人员 158003 人	统战部 民政局
政府网站点击次数	278.2 万	309.1 万	1256.1 万	3718.4 万	区府办
重大决策组织合法性论证的数量	5	8	9	9	区府办
违法选举查证属实的案件数	0	0	0	6 件共 7 人	民政局
市民向政府、人大、政协提出建议被采纳的比例（提法待商榷）	-	-	8.5%	区政府：无法统计 区人大：96% 区政协：61%	区府办 人大办 政协办

2. 人民代表大会制度

	2007 年	2008 年	2009 年	2010 年	数据来源
人大代表性别比例（男/女）	72.43%； 12.57%	72.43%； 12.57%	215/83	207/83	人大办

续表

	2007 年	2008 年	2009 年	2010 年	数据来源
＞ 50 岁/30—50 岁/＜30 岁	26/258/17	26/258/17	16/233/49	12/229/49	人大办
工人、农民代表所占比例	43.85%	43.85%	45%	44%	人大办
少数民族代表/汉族代表	0/301	0/301	0/298	0/290	人大办
共产党代表/民主党派代表	203/7	203/7	200/7	195/5	人大办
人大代表议案、建议数量	328 件	306 件	296 件	251 件	人大办
人大代表议案、建议被采纳数量	328 件	306 件	296 件	243 件	人大办
法律从业者担任人大代表的比例	－	－	1.34%	1.34%	人大办

（二）与政府依法行政相关案件的数据

在与政府依法行政相关的数据当中（见下表）：第一，2010 年度余杭区行政复议与行政诉讼案件的数量相较前几年有一定的增加。第二，信访案件的数量依然保持着逐年增加的态势，信访案件的结案率高，重复信访的比例较低。这说明余杭区的信访工作卓有成效，相较于其他的纠纷解决方式更加受到群众倚重，其解决纠纷的效果也比较令人满意；相形之下，行政纠纷解决的司法途径"亲和力"虽然有了一定的改善，但其渠道的畅通和权威性仍然有待进一步的提高。

1. 行政纠纷

	2007 年	2008 年	2009 年	2010 年	数据来源
组织重大事件听证的总次数	-	-	25	5	法制办
行政复议案件总数	14	18	14	29	法制办
行政机关败诉的案件数	2	3	2	4	法院
行政复议案件撤销、变更率	0	0	0	0	法院
引发行政诉讼的复议案件数	6	6	9	19	法院
因违法、不当行政行为引发的重大群体性事件数	0	0	0	0	信访局
因违法、不当行政行为引发的上访、信访事件数	0	0	0	0	信访局
行政部门工作人员重大违法乱纪案件数	16 人	34 人	13 人	17 人	监察局

2. 信访案件数据

	2007 年	2008 年	2009 年	2010 年	数据来源
信访案件总数	26031 件 40232 人次	39002 件 39915 人次	47413 件	49364 件 55821 人次	信访局
信访案件结案率	99.7%	99.8%	99.13%	99.8%	信访局

续表

	2007 年	2008 年	2009 年	2010 年	数据来源
引发重复信访的信访案件数	4387	3865	1628	1513	信访局
引发重复信访的信访案件数占全部案件的比率（%）	16.85%	9.9%	3.43%	3.06%	信访局
老信访户（三年内信访超过3次）	－	－	60	55	信访局
纠正政府不当行为的信访案件数	0	0	0	0	信访局 法制办
纠正政府不当行为的信访案件数占全部案件的比率（%）	0	0	0	0	信访局 法制办

（三）与司法公平正义相关的数据

在与司法公平正义相关的数据当中（见下表）：第一，余杭地区一审案件的数量与前一年相比基本持平；一审案件的上诉、抗诉和再审率也没有出现很大波动，其中二审改判的比例略微有所下降；司法赔偿案件连续四年"零"发生。虽然判决结果不能为百姓接受的比例①相较于 2009 年度增加了近 2 个百分点，但二审改判率、再审案件率有明显下降，总体来

---

① 详见下页表（与司法公平正义相关的数据）中"上诉案件率"一栏。

说，余杭区近几年案件审判质量的变化还是比较平稳的。第二，调解结案在一审案件中的比例有较大提升，这说明余杭区 2010 年调解工作的效能有所提升。调解作为一种替代性纠纷解决机制，具有成本低、耗时少、当事人心理压力较小等优点，在有利于实现"案结事了"的前提下通过调解手段予以结案，客观上也有利于节约社会司法资源和促进社会和谐。

1. 司法案件相关

	2007 年	2008 年	2009 年	2010 年	数据来源
一审案件数	6579	8223	10678	10023	法院
上诉案件率	5.6%（上诉368 件/6599审理案件）	4.8%（上诉398 件/8233审理案件）	4.3%	6.1%	法院
抗诉案件率	0.05%	0.01%	0.0094%	0.05%	法院
再审案件率	0.08%	0.09%	0.22%	0.04%	法院
上诉案件在一审案件中的比率	5.6%	4.8%	4.3%	6.1%	法院
二审改判率	5.4%	6.0%	8.8%	7.5%	法院
上诉案件中改判、发回重审案件占当年结案数的比例	0.24%	0.27%	0.24%	0.39%	法院
一审通过调解结案的案件比例	-	-	34.64%	55.85%	法院
二审通过调解结案的案件比例	-	-	0	0	法院
小额诉讼案件受理（1 万元以下）的数量及比例	-	-	2455 件，23%	3825 件，38%	法院

2. 司法赔偿相关

	2007 年	2008 年	2009 年	2010 年	数据来源
司法赔偿案件数量	0	0	0	0	法院
年度发生应予司法赔偿的案件判决兑现率	0	0	0	0	法院
公民不服，另行起诉的司法赔偿案件	0	0	0	0	法院

（四）与全民素质提升相关的部分数据

在与全民素质提升相关的数据当中（见下表），2007 年至 2010 年余杭地区年信访案件总数逐年上升是其中一个最为显著的现象。这一现象在反映出行政力量给予民众的信赖感增强的同时，也投射出法治在今天的余杭社会还未完全成为民众的首要生活习惯，法治建设依然需要着力推进。从违法犯罪的情况来看，在余杭地区近两年来人口无明显波动的前提下，无论是未成年人还是成年人组，犯罪人数都有所下降，每十万人治安管理案件发生数量也大幅下降。

1. 国民法律素养相关

考核指标	2007 年	2008 年	2009 年	2010 年	数据来源
年信访案件总数及增长率	26031；22%	39002；49.7%	47413；21.5%	49364；4.1%	信访局
政府各部门受理的投诉并确立成立的案件总数	0	0	1677	1693（公民权益依法保障行动计划，消保委报送）	法制办

续表

考核指标	2007 年	2008 年	2009 年	2010 年	数据来源
中小学法制副校长、辅导员的配备率	100%	100%	100%	100%	司法局
人均律师、法律服务工作者拥有率	6.63 人/万人	7.13 人/万人	13.3 人/万人	14.7 人/万人	司法局
民事案件占所有案件比率	43.89%	35.22%	83.3%	57.04%	法院
行政案件占所有案件比率	0.68%	0.40%	0.37%	0.39%	法院

2. 犯罪人年龄

考核指标	2007 年	2008 年	2009 年	2010 年	数据来源
14—18 岁犯罪人数	133	154	124	112	法院
18 岁以上犯罪人数	1354	1554	1778	1358	法院
不满 18 岁违反治安管理处罚法的人数	370	221	149	191	公安分局
不满 18 岁组中每十万人违反治安管理处罚法的人数	32	18	11.54	13.46	公安分局
每十万人治安管理案件发生数量	1410.59	1518.8	1418.75	1080.58	公安分局

注：根据 2010 年 11 月 1 日第六次全国人口普查结果，余杭全区常住人口为 117.03 万人，其中区外流入人口为 36.51 万人；居住人口为 145.00 万人，其中外来人口有 65.32 万人。

（五）与党委依法执政相关的数据

1. 廉洁状况

	2007 年	2008 年	2009 年	2010 年	数据来源
纪委的调查案件总数	96 件	98 件	94 件	99 件	纪委
反贪局的调查案件总数	21 件 27 人	17 件 26 人	26 件 26 人	22 件 26 人	检察院
纪委的调查案件被控犯罪的人数	14 人	36 人	27 人	30 人	纪委
反贪局的调查案件被控犯罪的人数	23 人	25 人	17 人	8 人	检察院
纪委的调查案件中，涉案的相关违法经济数额	挽回经济损失数 730 万	挽回经济损失数 770 万	470 万	677 万	纪委
反贪局的调查案件中，涉案的相关违法经济数额	250 万	380 万	405 万	647 万	检察院
群众检举党员干部贪腐问题的案件数	-	-	22 件	13 件	纪委
群众检举党员干部贪腐问题，调查属实案件数	-	-	3 件	1 件	纪委

2. 其他

	2007 年	2008 年	2009 年	2010 年	数据来源
党务公开，干部任用公示的比例	100%	100%	100%	100%	组织部

续表

	2007 年	2008 年	2009 年	2010 年	数据来源
对区管干部、中层正职以上干部的法律知识考试次数	组织部：1 次 人事局：根据杭人教〔2005〕174 号文件，自 2006 年 10 月起至 2007 年底，对全区公务员开展《行政法学》等三门公共课程的培训考试。	组织部：1 次 人事局：组织 1 次全区公职人员法律知识考试。	组织部：2 次 人事局：对中层正职以上干部的法律知识考试1 次	公职人员法律知识考试1 次	组织部人事局

（六）与权利依法保障相关的数据

1. 司法资源

	2007 年	2008 年	2009 年	2010 年	数据来源
法律从业人员执证执业率	100%	100%	100%	100%	司法局
法官人数	78	83	85	88	法院
每十万人的检察官人数	7	7	12	13	检察院
每万人的警察人数	6.47	6.15	6.02（778 人）	5.46（警力775 人，总人口以 141.85万人计）	公安分局
每十万人的刑事警察人数	11.55	10.73	10.3（133 人）	9.16（130 人）	公安分局

续表

	2007 年	2008 年	2009 年	2010 年	数据来源
每十万人的律师、法律服务工作者人数	12.88 人/万人	13.38 人/万人	13.3 人/万人	14.7 人/万人	司法局

2. 法律援助

	2007 年	2008 年	2009 年	2010 年	数据来源
法律援助案件比率	100%	100%	100%	100%	司法局
民商法律援助案件数	333	722	1377	1364	司法局
刑事法律援助案件数	148	223	189	149	司法局
行政法律援助案件数	0	0	0	0	司法局
其他法律援助案件数	–	–	122	231	司法局

3. 个人权益维护

	2007 年	2008 年	2009 年	2010 年	数据来源
农村养老保险覆盖率	–	46.97%	2009 年，各类养老保障参保人数达到 45.07 万人，完成区目标任务的 104.81%	2010 年，全区各类养老保障参保人数达 57.2 万。其中，40263 名 60 周岁以上无保障人员直接领取 90 元基础养老金	劳保局

	2007 年	2008 年	2009 年	2010 年	数据来源
农村医疗保险覆盖率	100%	100%	99.7%	99.6%	劳保局
农村五保集中供养率	94.6%	95.1%	96.9%	97.2%	民政局
城镇"三无"人员集中供养率	96.2%	99%	100%	100%	民政局
归正人员帮教安置率	100%	100%	100%	100%	司法局
辖区内失业人员和农转非人员的就业率	68%	63%	2009 年只统计了城镇登记失业率为 3.85%	城镇登记失业率为 3.24%	劳保局
损害消费者权益申诉次数	1043 次	1326 次	1350 次	1313 次	工商分局
人民团体信访或投诉办结率	100%	100%	100%	100%	信访局
劳动合同纠纷受理件数及增长率	871 件；15.6%	1001 件；14.9%	403 件、增长率 15.14%	455 件、增长率 12.9%	劳保局
行政诉讼件数和增长率	62	47	42	61	法院

（七）与市场规范有序相关的数据

	2007 年	2008 年	2009 年	2010 年	数据来源
城镇居民人均可支配收入	21098 元	23678 元	26087 元	28836 元	统计局

续表

	2007 年	2008 年	2009 年	2010 年	数据来源
恩格尔系数	农村村民:34.5 城镇居民:36.9	农村村民:33.7 城镇居民:35.9	农村村民:33.5 城镇居民:35.6	农村村民:33.1 城镇居民:35.5	统计局
贫富差距(吉尼系数)	农村村民:0.3514 城镇居民:0.3208	农村村民:0.3885 城镇居民:0.3066	农村村民:0.3084 城镇居民:0.287	农村村民:0.3160 城镇居民:0.295	统计局
贫富差距(收入五等分倍数)	农村村民:4.1 城镇居民:3.9	农村村民:4.3 城镇居民:5.2	农村村民:5.2 城镇居民:4.5	农村村民:4.7 城镇居民:4.8	统计局
在全省有重大影响的知识产权的侵权案件数	0	0	0	0	法院
在全省有重大影响的假冒伪劣商品案件数	0	0	0	0	工商分局
商品质量抽检合格率	工商:87% 质监:90.83%	工商:90% 质监:92.28%	工商:共抽检382批次,合格率95.7% 质监:91.88%	工商:584批次,合格率90.1% 质监:91.58%	工商分局 质监局
受理的群众关于产品质量投诉案件的回复率	100%	100%	100%	100%	工商分局 质监局
在全省有重大影响的不正当竞争案件	无	无	0	0	工商分局
对企业法人、经营者的法律知识培训及考试次数	129 期	125 期	培训113期,7539人次,考试1次	77期,4200人次	工商分局

（八）与监督体系健全相关的数据

	2007 年	2008 年	2009 年	2010 年	数据来源
法院"院长接待日"接待案件数	50	75	94	65	法院
政务、村务、厂务公开率	基本全部公开，公开率无法准确测算。	基本全部公开，公开率无法准确测算。	100%	100%	纪委
人大对政府部门上报的规范性文件备案、审查率	5 件，100%	6 件，100%	4 件，100%	12 件，100%	人大办
人民代表、政协委员对政府工作的满意度	96.4%	97.23%	100%	100%	人大办政协办
人大对依法行政的评议率	100%	100%	100%	100%	人大办
人大、政协对提案、议案的办结率	表述不对		100%	100%	人大办政协办
媒体监督案件数	256 件	262 件	电视：54广播：70	电视：77广播：572	广电台新闻传媒中心

（九）与社会平安和谐相关的数据

1. 犯罪和治安处罚案件的数据

	2007 年	2008 年	2009 年	2010 年	数据来源
暴力性犯罪的总数	303	329	命案 35 起	命案 20 起五类案件 18 起	公安分局

续表

	2007 年	2008 年	2009 年	2010 年	数据来源
重大群体性事件数	2	1	0	0	政法委
重大公共安全事故数	重大：0；较大：0；一般：11。	重大：0；较大：1；一般：7。	0	0	安监局
八类重大案件占总刑事案件的比例	0.038	0.041	0.47%	0.476%（38/7983）	公安分局
平安村、平安单位创建达标率	村：96.6%单位：99.2%	村：96.4%单位：99.3%	95.6%	村：95%单位：100%	综治办
妨害社会管理秩序的犯罪	181	223	204	216	公安分局
罪行严重的犯罪（被判有期徒刑3年以上、无期徒刑、死刑）	356	388	416	325	法院
每十万人犯罪率	1487/十万人	1708/十万人	1902	1470	法院

2. 治安管理案件数据

	2007 年	2008 年	2009 年	2010 年	数据来源
治安管理案件的总数	16123	18545	18316 起	15328 起	公安分局
违反治安管理的行为和处罚	16123	18545	18316 起，处罚 7676 人	15328 起，处罚 6002 人	公安分局
扰乱公共秩序的行为和处罚	439	414	350 起，处罚 421 人	274 起，处罚 316 人	公安分局

续表

	2007 年	2008 年	2009 年	2010 年	数据来源
妨害公共安全的行为和处罚	230	244	294 起，处罚 420 人	226 起，处罚 358 人	公安分局
侵犯人身权利、财产权利的行为和处罚	13909	15873	15427 起，处罚 2378 人	12713 起，处罚 1419 人	公安分局
妨害社会管理的行为和处罚	1545	2014	2245 起，处罚 4457 人	2115 起，处罚 3909 人	公安分局
每十万人治安管理案件发生率	1410.59	1518.8	1418.75	1080.58（总人口 141.85 万）	公安分局

上述结合历年数据对反映余杭法治实践的主要方面进行了对比。鉴于法治量化评估在中国内地仍然是一项比较新近的实践，因此有关数据的收集标准和方法也处于不断地完善和调整之中；但就已有的背景数据来看，余杭区的法治状况总体稳中有升，同时仍然存在着较大的发展空间。

二　2010 年度法治余杭考评情况

2010 年度法治余杭考评，是针对与法治状况有关的各项可量化的法律数据，主要围绕九项目标（见下表，下文把九项目标分别简称为：民主执政优化、建设法治政府、司法公正权威、法律服务完善、市场规范有序、民众尊崇法治、全面协调发展、社会平安和谐、监督力量健全）展开。这些原始数据主要来源于各个单位的统计以及相关部门的核实，由余杭区立法机关、执法机关、司法机关人员共同进行分项考核评测，打出九个方面的得分，初步反映出余杭该年度的法治现状。虽然这些分值数据主要来自国家机关内部的自我测评，难以直接转化成可计算的法治指数，但作为其他评审者打分的参考，是较为合适并且具有可操作性的。

本次报告仍然严格按照余杭法治指数制定和出台的程序要求，余杭区法建办负责召集，并将考核相关材料及区级评估总指标中各职能单位的单项指标自评分汇总情况送交每位考核组人员。在全面掌握情况的基础上，各考核组人员对照区级评估总指标逐项进行审核打分。区法建办对各考核组人员的审核打分情况进行了汇总统计，最终算出本区法治建设自评考核得分909分（见下表，具体考评内容和扣分细则参见2007年详表）。

表4－1　　　　　2010年度余杭法治指数区级自评表

（标准分：1000；自评得分：909）

总体目标	党委依法执政　　政府依法行政　　司法公平正义　　权利依法保障 市场规范有序　　监督体系健全　　民主政治完善　　全民素质提升　　社会平安和谐					
基本内涵	以建设法治化政府和维护司法公正为重点，以规范公共权力和保障公民权利为核心，以加强党的领导为保证，切实做到有法必依、执法必严、违法必究，努力提高余杭区经济、政治、文化和社会各个领域的法治化水平。					
总体进程	2006—2010年，按照"十一五"规划的总体部署，通过实施"'三五'依法治区、'五五'普法教育"规划，全面落实法治余杭建设各项任务，初步实现区域法治化目标；2011—2015年，巩固、发展法治余杭建设成果，全面提高政治、经济、文化、社会生活的法治化水平，基本建成开放型、法治型社会。					
具体目标	主要任务	考评标准	标准分	自评分	自评依据	责任单位
一、推进民主政治建设，提高党的执政能力	1.改进执政方式 2.巩固执政基础 3.依法保障人民当家做主	1.组织机构健全，分工明确，责任落实。专职人员不落实的，扣3分，工作经费未列入财政预算的，扣2分；法治建设领导小组会议一年少于二次的，扣3分；年度法治建设任务部门责任考核不落实的，扣3分；法治建设简报录用率低于全省平均水平的，扣3分。	10	10	机构健全，人员、责任落实。工作经费列入财政预算；法治建设领导小组会议一年不少于二次，年度法治建设任务部门责任落实，法治建设简报录用率高于全省平均水平。	区委办财政局司法局

具体目标	主要任务	考评标准	标准分	自评分	自评依据	责任单位
一、推进民主政治建设，提高党的执政能力	1. 改进执政方式 2. 巩固执政基础 3. 依法保障人民当家做主	2. 党委民主决策体系健全，在重大事项作出决策前，组织合法性论证达到 100%。未达完全论证要求，每降一个百分点，扣 2 分。对党中央、国务院和省委、省政府明确规定，有令不行、有禁不止的，此项不得分。	15	12	民主决策体系健全，重大事项作出决策前基本能组织合法性论证。未发生有令不行、有禁不止现象。	区委办
		3. 干部选拔、任用体系科学，程序规范，奖惩制度完善。	10	10	干部选拔、任用体系科学，程序规范，重要人事任用实行全委会票决，无侵犯党员民主权利和因选拔任用不公，引起群众投诉事件。	组织部 区纪委 区委办
		4. 党委分别听取同级人大常委会、政府、政协和法院、检察院党组以及工、青、妇等人民团体党组工作汇报未达到一次以上的，均扣 2 分；执政体制完善，党委在决策时，人大、政府、政协和民主党派参与协商比率不低于 95%，每低一个百分点扣 1 分；人大代表建议和政协委员提案办复满意率低于 95% 的，每降一个百分点均扣 1 分。	10	10	按计划听取工作汇报，人大、政府、政协和民主党派参与协商比率不低于 95%，人大代表建议和政协委员提案办复满意率均高于 95%。	区委办 区府办 人大办 政协办

具体目标	主要任务	考评标准	标准分	自评分	自评依据	责任单位
一、推进民主政治建设，提高党的执政能力	1. 改进执政方式 2. 巩固执政基础 3. 依法保障人民当家做主	5. 积极实施党务公开，注重党风廉政建设，促进勤政廉政优政。	15	0	根据述职和民主测评要求，对党政班子落实党风廉政建设责任制、遵守领导干部廉洁从政有关规定等"廉"的情况进行测评，总体情况优秀。全区党员干部工作人员重大违法乱纪案件查处17人。	组织部区纪委
		6. 支持和保障检察机关、审判机关依法独立行使司法权，无以组织或个人名义干预司法活动。	10	10	无	区委办
		7. 选民实际参加人民代表选举的比率达到98%以上。	10	10	达到98%以上	区委办人大办
		8. 普通选民被推举为区人大代表候选人达到规定比率。	10	10	达到	区委办人大办
		9. 未获得省级文明城市（城区）称号的，扣5分；省级文明镇、文明村（社区）达标数低于5%的，均扣2分；星级"民主法治村（社区）"创建达标率低于全省平均水平，扣3分。	10	10	省级文明城市（城区）；其他均达标。	宣传部司法局

续表

具体目标	主要任务	考评标准	标准分	自评分	自评依据	责任单位
一、推进民主政治建设，提高党的执政能力	1. 改进执政方式 2. 巩固执政基础 3. 依法保障人民当家做主	10. 居（村）委会民主选举中发生贿选、暴力干涉事件的，每起扣3分；群众对民主政治参与的满意度达到90%以上，每降一个百分点扣1分。	10	0	违法选举查证属实的案件6件共7人；群众对民主政治参与的满意度达到90%以上。	民政局组织部区纪委
二、全面推进依法行政，努力建设法治政府	1. 转变政府职能，创新管理方式	1. 行政执法主体明晰，体制规范、合法；无执法缺位、越位、错位等状况。	15	15	行政执法主体明晰，体制规范、合法；无执法缺位、越位、错位等状况。全面实行电子政务实时监督。	区府办法制办区纪委
	2. 完善决策机制，强化制度建设 3. 规范行政执法，加强执法监督	2. 行政机关中法律专职工作人员达到一定比率，行政执法人员的持证率达到90%以上。	15	15	行政机关中法律专职工作人员达到75%以上，行政执法人员的持证率达到100%。无不具备执法资格的人员从事执法活动，"依法行政示范单位"创建覆盖面为100%。	法制办

具体目标	主要任务	考评标准	标准分	自评分	自评依据	责任单位
二、全面推进依法行政，努力建设法治政府	1. 转变政府职能，创新管理方式 2. 完善决策机制，强化制度建设 3. 规范行政执法，加强执法监督	3. 制定和出台的规范性文件应向人大常委会备案和公众公布，报备和公布率分别达到100%。	15	12	乡镇、部门法律顾问的覆盖率达85%以上；行政决策体系健全，程序合法，重大事项决策前能及时组织合法性论证。	区府办法制办
		4. 经行政复议确定为行政决策不当或规范性文件制定不当的，每起扣3分；制定和出台的规范性文件的合法率达到100%。未达到比率的，此项不得分。	15	11	规范性文件能及时向人大常委会备案和公众公布，区政府的报备和公布率分别达到100%，但乡镇、街道的规范性文件报备案执行不力；无备案审查中被撤销、变更的情况。	法制办
		5. 行政部门工作人员无重大违法乱纪、失职、渎职的案件。	15	0	行政部门工作人员重大违法乱纪案件查处17人	监察局

续表

具体目标	主要任务	考评标准	标准分	自评分	自评依据	责任单位
二、全面推进依法行政，努力建设法治政府	1. 转变政府职能，创新管理方式	6. 发生违法和不当行政行为引发重大群体性上访事件，每起扣 3 分；对群体性事件的办结率达到 90% 以上，每少一个百分点扣 1 分。	10	10	无重大群体性上访事件。	法制办信访局
	2. 完善决策机制，强化制度建设	7. 行政执法责任制的覆盖率达到 100%，执行到位率达到 95% 以上。	15	15	行政执法责任制的覆盖率和执行到位率均达到 100%	法制办
	3. 规范行政执法，加强执法监督	8. 加强对乡镇公共事务决策的监督。	15	15	对乡镇公共事务决策实行监督，各部门对群众投诉案件的办结率达到 100%。	农业局区府办
		9. 经行政复议、行政诉讼被撤销、变更、确认违法或无效、责令履行法定职责的行政执法案件占当年行政执法件数比例高于全省平均水平的，扣 5 分；行政复议决定被裁判为撤销、变更、责令履行法定职责的，每起扣 3 分。	15	3	行政复议案件没有被撤销、变更、确认违法或无效、责令履行法定职责的情况。行政诉讼案件有 4 件败诉，但低于全省平均水平。	法制办区法院

续表

具体目标	主要任务	考评标准	标准分	自评分	自评依据	责任单位
二、全面推进依法行政，努力建设法治政府	1. 转变政府职能，创新管理方式 2. 完善决策机制，强化制度建设 3. 规范行政执法，加强执法监督	10. 发生行政诉讼，主要领导出庭率不低于90%，裁决处理到位率达到100%，当事人对法律文书（判决、裁决、调解书）自觉履行率达到90%以上。	15	13	2010年行政诉讼案件立案61件，主要领导出庭60件，出庭率为98%、裁决处理到位率、法律文书自觉履行率达到规定指标。	区法院法制办
		11. 行政执法行为规范、程序合法。	10	10	行政行为规范、程序合法，无超越规定权限、程序设定行政许可、行政处罚、行政强制措施和行政收费现象，无对已取消的行政许可事项仍以其他形式进行许可的事件。	法制办
		12. 当年新增财力用于社会事业和解决民生保障问题的比例低于三分之二的扣2分；因对社保基金、住房公积金等公共基金管理不力造成重大损失的，每起扣2分。群众对政府行政工作满意度达到95%以上，每低一个百分点扣1分。政府领导班子民主测评中政府效能建设评价等次达不到优秀的，扣3分。	10	10	财力保障达到要求，社保基金、住房公积金等管理有力，无重大损失，效能建设成效明显。	区府办区纪委财政局考核办

续表

具体目标	主要任务	考评标准	标准分	自评分	自评依据	责任单位
三、促进司法公正，维护司法权威	1. 司法机关依法独立开展司法活动	1. 审判机关、检察机关未按中央和省委要求对重点领域专项整治工作作出专项部署的，扣5分；法院立案大厅或检察院申诉控告接待室规范化建设未达到省级标准的，扣3分；当年司法救助基金低于上年水平的，扣3分；对按规定应减免的诉讼费仍以其他形式收取而未减免的，发现一起扣2分。	15	15	部署专项整治工作，专项司法救助基金不低于上年水平，无以其他形式收取减免诉讼费事件。	政法委检察院法院
		2. 大学法律本科以上的法官、检察官人数比例不低于全省平均水平。低于全省平均水平的均扣3分。	10	10	法官、检察官高于省平均水平	检察院法院
	2. 实现司法公正和效率目标 3. 加强司法队伍、制度建设，提升法治建设质效	3. 法院案件执结率达90%以上，有效执结率达65%以上，每少一个百分点均扣2分；执行标的额到位率达到95%以上，每少一个百分点扣2分；发生为地方、部门局部利益搞执法特殊化事件的，每起扣2分；因地方保护主义或部门保护主义而提级执行的，每起扣2分。	15	15	大力推进破解执行难工作机制建设，全年执结5504件，同比上升37.22%，收结案增幅均居杭州地区首位；没有发生为地方、部门局部利益搞执法特殊化事件；无地方保护主义或部门保护主义而提级执行的案件。	法院政法委

具体目标	主要任务	考评标准	标准分	自评分	自评依据	责任单位
三、促进司法公正，维护司法权威	1. 司法机关依法独立开展司法活动 2. 实现司法公正和效率目标 3. 加强司法队伍、制度建设，提升法治建设质效	4. 改判、发回重审案件占当年结案数的比例不高于全省平均水平。高于全省平均水平的扣5分。	10	10	0.39%；低于全省平均水平	法院
		5. 审判程序合法公正、公开。一审普通程序案件人民陪审员参审案件低于45%，每降一个百分点扣2分；一审后当事人服判息诉占全部审结案件的比例不低于93%，每下降一个百分点扣2分；案件审限结案率未达到100%的，每降一个百分点扣4分。	20	20	一审普通程序案件人民陪审员参审案件达90%以上；一审后当事人服判息诉率95%以上；无超审执限案件，案件审限结案率100%。	法院
		6. 职务犯罪案件讯问全程同步录音录像率低于90%的，每降一个百分点扣2分；公诉案件被法院判无罪并被上级法院确认为错案的，每起扣3分；职务犯罪起诉率低于90%的，每降一个百分点扣2分。	15	15	案件讯问全程同步录音录像率为100%。全年向法院提起公诉有罪判决率为100%，职务犯罪起诉率为100%	区纪委检察院
		7. 年度发生应予司法赔偿的案件兑现率达到100%。每下降一个百分点扣3分。	15	15	无	政法委
		8. 信访案件办结率达到90%以上。每少一个百分点扣1分。	10	10	达到	政法委

具体目标	主要任务	考评标准	标准分	自评分	自评依据	责任单位
三、促进司法公正，维护司法权威	1. 司法机关依法独立开展司法活动 2. 实现司法公正和效率目标 3. 加强司法队伍、制度建设，提升法治建设质效	9. 发生司法工作人员非法侵犯当事人合法权益事件的，每起扣 5 分；司法工作人员贪污贿赂、渎职犯罪的，每起扣 5 分。	10	10	无	政法委
		10. 人大会议对两院工作报告满意度达 90% 以上，人民群众对司法机关的工作满意度达到 85% 以上，每降一个百分点均扣 1 分。	10	10	人大会议对两院工作报告满意度达 95% 以上。	人大办检察院法院
四、拓展法律服务，维护社会公平	1. 完善服务体系 2. 保障公民权利	1. 基层法律服务工作者的执业持证率达到 100%。每少一个百分点扣 2 分。	10	10	达到	司法局
		2. 律师、法律服务工作者万人拥有数达到全省平均数以上。低于全省平均数的扣 3 分。	10	8	法律服务从业人员万人拥有率为 14.7 人/万人，但律师万人拥有数低于全省平均数	司法局
		3. 律师行为规范，自律监督机制完善。法律服务单位从业人员有违规、违法行为被追究法律责任的，每起扣 3 分。	10	7	发生一起法律服务单位从业人员违法行为被追究法律责任案件	司法局

续表

具体目标	主要任务	考评标准	标准分	自评分	自评依据	责任单位
四、拓展法律服务，维护社会公平	1. 完善服务体系 2. 保障公民权利	4. 法律援助机构健全，服务体系完善。机构不健全、体系不完善的均扣2分。	10	10	机构健全，服务体系完善。	司法局
		5. 法律援助专项经费、专职人员得到切实保障。专项经费不低于上年水平，并随着标准的提高和人数的增加逐步增长。专职人员未落实的扣2分；专项经费未得到保障的扣5分。	10	10	专项经费、专职人员落实	财政局 司法局
		6. 法律援助、基层服务法律渠道畅通，对应助的援助面达到100%。发生应助未助被投诉的，每例扣1分。	10	10	达到	司法局
		7. 党委、政府法律顾问制度完善，覆盖率达85%以上。每降一个百分点扣1分。	10	10	顾问制度完善，覆盖率达到规定要求。	司法局
		8. 困难、弱势群体法律援助、司法救济率达到100%。每降一个百分点扣2分。	10	10	达到	法院 司法局
		9. 群众对12348法律援助渠道的知晓率达到80%以上。每降一个百分点扣1分。	10	8	近年来加大对12348法律援助的宣传，但知晓率无法准确统计	司法局
		10. 群众对权利受损时依法得到救助的满意率达90%以上。每降一个百分点扣1分。	10	10	达到	法院 司法局
五、深化全民法制教育，增强法治意识、提升法律素养	1. 深入开展以宪法为核心的全民法制宣传教育	1. 普法领导机构健全，普法办专职、兼职人员明确。机构不健全、人员不明确的，分别扣2分。	10	10	普法领导机构健全，普法办专职、兼职人员明确	司法局
		2. 学法制度健全，实施的计划、步骤清晰（有计划、检查、总结）。没有计划、检查或总结的，每项扣2分。	10	10	学法制度健全，实施的计划、步骤清晰（有计划、检查、总结）	司法局

续表

具体目标	主要任务	考评标准	标准分	自评分	自评依据	责任单位
五、深化全民法制教育，增强法治意识，提升法律素养	2. 加强对各类重点普法对象的法制宣传教育	3. 普法重点对象法制教育覆盖面低于 80% 的，扣 5 分；"一学三讲六进两延伸"活动责任明确，工作落实，措施有力，未完成年度计划的，扣 3 分。	15	15	新闻媒体作用发挥充分，"法律六进两延伸"活动责任落实、对象明确、重点突出、成效明显。	宣传部司法局
		4. 法制教育基础扎实，形式多样，普法教材征订任务完成率达 85% 以上，每少一个百分点扣 2 分；经费保障到位，增长幅度不低于当年财政增长幅度，每低一个百分点扣 2 分。	10	8	法制教育基础扎实，形式多样，普法教材征订率达 85% 以上；经费保障到位，但增长幅度未达当年财政增长幅度。	司法局财政局
		5. 领导干部带头学法用法，中心组学法每年不少于 4 次；公职人员全年学法不少于 40 学时；区管在职干部、中层正职以上干部任期内法律考试不少于 1 次；新进、新任人员必须经过法律考试。中心组学法少一次扣 2 分；公职人员少于 40 学时扣 2 分；区管干部任命前未经法律知识考试的扣 2 分。区直属单位领导干部法律知识考试（考核）成绩合格率低于 98% 的，每降一个百分点扣 1 分；公务员法律知识考试合格率低于 95% 的，扣 3 分。	20	15	组织全区公务员（领导干部）参加"杭州干部学习新干线"网上"学法用法"专项考试。对新上任区管干部全部进行法律知识考试。市管领导干部网上学法作业完成率未达上级要求。	组织部宣传部人事局司法局

具体目标	主要任务	考评标准	标准分	自评分	自评依据	责任单位
五、深化全民法制教育，增强法治意识、提升法律素养	1. 深入开展以宪法为核心的全民法制宣传教育 2. 加强对各类重点普法对象的法制宣传教育	6. 加强青少年法制教育工作，青少年违法犯罪率控制在1%以内，并实现逐年下降。每超过一个百分点扣1分。	10	10	青少年违法犯罪率低于全省平均水平。	教育局 司法局
		7. 企业经营管理人员、农民、来余杭创业者及流动人口接受法制教育的面达到90%以上。每低一个百分点扣1分。	10	10	达到	司法局 总工会 农业局 民政局
		8. 群众对法治工作的满意度达到90%以上。每少一个百分点扣1分。	10	8	满意度以课题组民意调查结果为准，群众满意度仍有待提升。	法建办
六、依法规范市场秩序，促进经济稳定良性发展	1. 完善市场机制 2. 建设信用余杭 3. 保障经济安全	1. 社会中介组织依法运作，服务市场规范有序，发生欺诈行为未及时督办查处的，每发生一起扣2分。	10	10	依法运作，规范有序，及时督办查处欺诈案件。	工商分局
		2. 土地承包、经营、流转等相关制度健全、完善，无因违法、不当行为引发群体性事件。每发生一起扣2分。	10	10	无	农业局 国土分局
		3. 维护公平、有序的市场竞争环境，避免发生在全省有重大影响的不正当竞争案件。每发生一起扣2分。	10	10	无	工商分局
		4. 安全生产管理措施得力，确保各类产业的生产、经营安全。发生重大责任事故未及时督办处理的，每起扣2分；督办不力致使事态扩大的，每起扣4分。	10	10	无	安监局
		5. 无袒护破坏市场经济秩序、侵犯公私财产、危害经济安全的各种违法犯罪案件现象，发生一起扣2分。	10	10	无	工商分局 公安分局

续表

具体目标	主要任务	考评标准	标准分	自评分	自评依据	责任单位
六、依法规范市场秩序，促进经济稳定良性发展	1. 完善市场机制 2. 建设信用余杭 3. 保障经济安全	6. "诚信守法企业"创建面达不到100%的扣3分；"诚信守法企业"达标企业数低于全省平均水平的扣5分。	10	7	规模企业创建面为100%，中小企业未能统计；认定余杭区"守合同重信用"单位77家。	总工会 司法局
		7. 保证商品质量，商品质量抽检覆盖面达到70%以上，合格率达到85%以上。每下降一个百分点扣1分。	10	10	抽检覆盖率高于70%，合格率90%以上	质监局 工商局
		8. 无影响重大的假冒伪劣商品案件发生。发生重大案件督办不力、查处不及时的，每起扣2分。	10	10	无	工商分局
		9. 受理的群众关于产品质量投诉案件的回复率100%，受理消费者举报投诉案件结案率95%以上。回复率、结案率每下降一个百分点均扣1分。	10	10	投诉案件的回复率、结案率100%	质监局 工商分局
		10. 群众对市场秩序规范性的满意度达到95%以上。每少一个百分点扣1分。	10	10	满意度以课题组民意调查结果为准	工商分局
七、依法加强社会建设，推进全面协调发展	1. 加强城乡规划、建设和管理	1. 城市管理体系健全，分工合理。对由于体系不健全、分工不合理而发生行政不作为或不当行为的，每起扣2分。	10	10	体系健全，分工合理。无行政不作为或不当行为问题。	区府办 建设局

具体目标	主要任务	考评标准	标准分	自评分	自评依据	责任单位
七、依法加强社会建设，推进全面协调发展	1. 加强城乡规划、建设和管理 2. 推进社会各项事业健康有序发展 3. 大力推进社会保障体系建设	2. 环境保护、市容环境卫生管理、市政公用设施建设管理执法有力，重点工程建设质量达标，无违法、违章建筑行为发生。每发生一起扣2分。	10	6	防违控违措施到位，重点工程无违法、违章建筑行为；但全区尚存违章、违法建筑行为	区府办城管执法局
		3. 加快中心村和新型社区建设，星级村（社区）的创建达标率达到上级要求；村庄整治率达到70%以上。每少一个百分点均扣1分。	10	10	创建达标率达到上级要求	司法局
		4. 文化市场繁荣、健康，遗址、古镇、文物等保护、开发工作有序。无破坏、盗挖等行为。每发生一起扣1分。	5	5	无	文广新局公安分局
		5. 社会公共卫生管理到位，城镇、农村医疗保险覆盖率分别达到100%和95%以上。每少一个百分点均扣1分。	15	15	职工医疗保险超额完成市目标任务，农村医保覆盖率99.6%	卫生局劳保局
		6. 城镇社会养老保险覆盖率达100%，农村逐年提升，失业率控制在全省平均水平以下。养老保险覆盖率，每少一个百分点扣2分，失业率高于全省平均水平的扣5分。	20	20	全区各类养老保障参保人数达57.2万；失业率控制在全省平均水平以下	劳保局
		7. 贫困人口得到救助率达到100%，孤寡老人集中供养率达到90%以上。每少一个百分点均扣1分。	10	10	困难群众救助实现全覆盖，贫困人口救助率达到100%，农村五保集中供养率为97.2%，城镇三无集中供养率为100%	民政局

续表

具体目标	主要任务	考评标准	标准分	自评分	自评依据	责任单位
七、依法加强社会建设，推进全面协调发展	1. 加强城乡规划、建设和管理 2. 推进社会各项事业健康有序发展 3. 大力推进社会保障体系建设	8. 非公经济组织中工会组织组建率低于60%的，每降一个百分点扣1分；企业劳动合同签订率达到85%以上，每降一个百分点扣1分；因在劳动就业、工资待遇、子女入学等方面出台歧视性规定引发侵犯外来农民工合法权益事件的，每发生一起扣3分。	10	8	非公经济组织中工会组织组建率逐年提升；企业劳动合同签订率达到85%以上。无发生侵犯权益事件	总工会劳保局
		9. 农民素质培训完成年度计划。未按年度计划完成培训任务的扣1分。	10	10	完成	农业局
八、深化平安余杭创建，维护社会和谐稳定	1. 依法打击违法犯罪 2. 强化治安防控体系建设 3. 完善矛盾纠纷调处机制 4. 加强社会治安综合治理	1. 依法打击违法犯罪，刑事案件的破案率不低于全市平均值，命案和五类案件的侦破率分别达到90%、95%以上。三项指标每降一个百分点均扣1分。	10	10	刑事案件的破案率高于全市平均值，命案和五类案件的侦破率达到90%、95%以上。	公安分局
		2. 维护群众生产、生活环境安全稳定，严格控制重大公共安全事故、重大群体性事件，对公共安全事故、重大群体性事件不及时查处的，每发生一起扣2分。	10	10	维护群众生产、生活环境安全稳定，积极查处重大安全责任事故。	政法委 公安分局
		3. 涉毒违法犯罪案件明显减少，"无毒"社区（村）创建率达到100%以上。每少一个百分点扣1分。	10	10	"无毒"社区（村）创建率达到100%以上。	公安分局

续表

具体目标	主要任务	考评标准	标准分	自评分	自评依据	责任单位
八、深化平安余杭创建，维护社会和谐稳定	1. 依法打击违法犯罪	4. 治安防控体系网络健全，政府财政投入到位，投入额随着经济和社会发展同步增长。未同步增长，每低一个百分点扣1分。	10	10	财政投入到位，投入额随着经济和社会发展同步增长。	政法委公安分局财政局
		5. 平安村、平安单位创建达标率达到90%以上。每少一个百分点扣1分。	10	10	平安村、平安单位创建率分别为95%、100%	政法委
	2. 强化治安防控体系建设 3. 完善矛盾纠纷调处机制	6. 调解工作网络健全，调解机制完善，矛盾纠纷排查及时，纠纷调处受理率达到100%，每少一个百分点扣1分，调解成功率未达到95%以上的，扣3分。	10	10	全年受理各类矛盾纠纷16105件，调处成功16025件，成功率达99.5%	司法局
	4. 加强社会治安综合治理	7. 有效化解信访矛盾，年度信访、走访人数占当地人口总数的比例高于5‰的，均扣2分；信访案件办结率达到上级标准要求，未达到标准要求的，每少一个百分点扣1分。	10	10	有效化解信访矛盾，年度信访、走访人数占当地人口总数的比例低于5‰；信访案件办结率达99%以上	信访局
		8. 社会治安综合治理责任制落实，机制完善，网络健全，考核达标率达到90%以上。每少一个百分点扣1分。	10	10	达到	政法委

具体目标	主要任务	考评标准	标准分	自评分	自评依据	责任单位
八、深化平安余杭创建，维护社会和谐稳定	1. 依法打击违法犯罪 2. 强化治安防控体系建设 3. 完善矛盾纠纷调处机制	9. 流动人口综合管理服务不到位、责任不落实的扣 2 分；社区矫正、帮教安置工作扎实，发生矫正、归正人员脱管、漏管现象，每例扣 0.5 分；归正人员、社区矫正对象重犯新罪率在全省平均数以上的，扣 2 分。	10	10	服务到位、责任落实，无矫正、归正人员脱管、漏管现象，归正人员重犯新罪率 0.589%，远低于全省平均数。	政法委司法局
	4. 加强社会治安综合治理	10. 人民群众安全感和满意度达到 90% 以上。每下降一个百分点扣 1 分。	10	10	人民群众安全感和满意度达到 90%	政法委
九、健全监督体制，提高监督效能	1. 加强监督体系建设	1. 人大、政协对依法行政的评议和监督率分别达到 100%。每少一个百分点扣 1 分。	10	10	达到	人大办政协办
	2. 强化专门机关的监督职能	2. 人大对政府和部门上报的规范性文件备案、审查率达到 100%，对政府组成人员的评议率达到 100%。两项指标每少一个百分点均扣 1 分。	10	10	达到	人大办
	3. 完善社会监督	3. 人大、政协对议案、提案的办结率分别达到 100%，每少一个百分点扣 1 分。	10	10	分别为 100%	人大办政协办
	4. 深入开展党风廉政建设	4. 人大代表、政协委员对政府工作的满意度达到 90% 以上。每少一个百分点扣 1 分。	10	10	达到	人大办政协办

具体目标	主要任务	考评标准	标准分	自评分	自评依据	责任单位
九、健全监督体制，提高监督效能	1. 加强监督体系建设 2. 强化专门机关的监督职能 3. 完善社会监督 4. 深入开展党风廉政建设	5. 政府要加强监督，落实决策责任追究和绩效评估制度，确保无缺位、越位和不作为、乱作为现象发生。每发生一起扣2分。	10	10	落实决策责任追究和绩效评估制度，无缺位、越位和不作为、乱作为现象。	区府办监察局
		6. 举报网络完善，群众监督渠道畅通。公、检、法案源中来自群众举报、投诉的案件比率达50%以上。每少一个百分点扣1分。	10	10	举报网络完善，群众监督渠道畅通。公、检、法案源中来自群众举报、投诉的案件比率逐年上升。	公安局检察院法院区纪委
		7. 民主党派在人大、政协、政府中的任职比率未达到上级规定要求的均扣1分。	10	10	任职比例均达到上级要求	组织部统战部
		8. 切实发挥检察机关的法律监督和新闻媒体的舆论监督作用，监督面分别达到90%以上，每下降一个百分点扣1分；发生阻挠、干涉新闻媒体监督作用事件的，每发生一起扣1分。	10	10	法律监督和舆论监督作用明显，无阻挠、干涉新闻媒体监督作用案件。	检察院宣传部
		9. 加强对司法人员及行政执法人员的监督和管理，加大教育力度和违法、违纪案件查处力度，教育面和查处率分别达到100%。每下降一个百分点各扣1分。	10	10	达到	人事局组织部区纪委
		10. 人民群众对监督工作的满意度达到80%以上。每少一个百分点扣1分。	10	8	该满意度无法准确测评，但自我感觉工作有待进一步提升	法建办

2008、2009、2010 年度法治余杭考评各项指标得分情况对比

序号	考评目标	标准分	2008 年考评分	2009 年考评分	2010 年考评分
1	推进民主政治建设，提高党的执政能力	110	100	108.8	82
2	全面推进依法行政，努力建设法治政府	160	140	133.3	129
3	促进司法公正，维护司法权威	130	120	129.7	130
4	拓展法律服务，维护社会公平	100	95	96.3	93
5	深化全民法制教育，增强法治意识、提升法律素养	100	90	94.2	86
6	依法规范市场秩序，促进经济稳定良性发展	100	85	85	97
7	依法加强社会建设，推进全面协调发展	100	90	90.9	94
8	深化平安余杭创建，维护社会和谐稳定	100	85	90	100
9	健全监督体制，提高监督效能	100	90	89.6	98
	总　分	1000	895	917.8	909

　　从 2008、2009 和 2010 年考评分数来看：第一，除了 2010 年在"推进民主政治建设，提高党的执政能力"项下的评分相对较低以外，其他各项考评分都达到了标准分的 80% 以上；第二，2010 年度的总评分略低于前一年的得分，在 1000 分的总标准分里降低了 8.8 分。自评得分因为

涉及各个具体的职能部门，故其相对于背景数据资料主观色彩要浓一些，因此，对于自评考核得分我们需要一分为二地看待。自评得分高了，并不一定就意味着法治状况好了；自评得分低了，也不能断言法治状况就一定恶化了。举两个例子来说，2010年区级自评考核在"促进司法公正，维护司法权威"一项上的得分是满分，但从客观背景材料来看（如前表的数据显示民众面对行政纠纷大量地选择了信访途径），民众对于司法的信任还不充分，司法在人们心目中的权威感和公正感还有待加强；反过来说，当年"推进民主政治建设，提高党的执政能力"一项的得分降低了，这也可能是一个好的现象，它也许从另一个角度说明党委对于自身民主建设的认识正在逐步提高。

三 2010年"法治余杭"群众满意度调查

生活在余杭地区的普通民众是余杭法治的直接感受者，其满意程度是法治指数中很重要的一个方面。根据2010年余杭群众满意度调查数据的变化，再通过与往年的群众满意程度的对比，我们可以看出余杭区在2010年的法治余杭建设中所取得的成绩和需要改善的地方。

（一）群众满意度问卷调查

群众满意度调查是项目组通过网上民意调查、实地调查和发放调查问卷等社会调查方式，获取当地群众对与法治余杭建设密切相关的九项内容（1. 党员干部廉洁从政；2. 政府依法行政；3. 司法公正；4. 法律服务完善；5. 民众尊崇法治；6. 市场规范有序；7. 监督力量健全；8. 民主政治参与；9. 社会平安和谐）的满意程度，分别对各项进行打分（第10项为受访者对余杭的法治总体情况的打分），通过分类统计，得出本年度群众对法治余杭建设给出的客观分数。下图为2007—2010年度问卷调查各项得分情况。

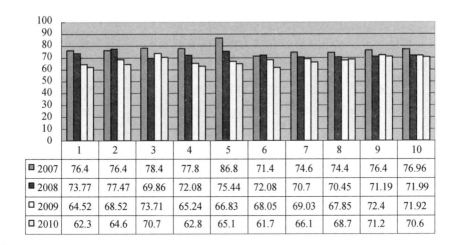

	1	2	3	4	5	6	7	8	9	10
■ 2007	76.4	76.4	78.4	77.8	86.8	71.4	74.6	74.4	76.4	76.96
■ 2008	73.77	77.47	69.86	72.08	75.44	72.08	70.7	70.45	71.19	71.99
□ 2009	64.52	68.52	73.71	65.24	66.83	68.05	69.03	67.85	72.4	71.92
□ 2010	62.3	64.6	70.7	62.8	65.1	61.7	66.1	68.7	71.2	70.6

调查人员根据广泛、客观、简便易行的原则来开展这项工作。调查小组共发放各类调查问卷 2249 份，其中包括余杭实地调查 1188 份、网上民意调查 61 份以及余杭区统计局协助调查 1000 份，问卷数量和调查方式与 2009 年类似，但较 2007—2008 年有所增加。问卷采用了社会统计学通用的五个向度，即非常满意、比较满意、一般满意、比较不满意、非常不满意的选项来进行评审，使测量结果尽量充分地涵盖群众的真实评价，也使群众便于答复。

(二) 调查结果数据分析

总体说来，群众满意度调查数据整体呈下降的趋势。相比于 2009 年度来说，2010 年度的群众满意度下降 1.8%。其中"市场规范有序"和"政府依法行政"方面下降幅度较为明显，分别为 6.3% 和 3.9%。当然，也有的指标项例如"民主政治参与"的群众满意度较 2009 年有所提高，提高幅度为 1.2%。

通过对历年群众满意度的比较，我们可以得出如下分析结果：

首先，余杭地区的法治建设基础不错，但总体来说还有很多地方可以改善。主要体现在党风廉政建设、行政工作、市场经济秩序等方面。相对于前三年，2010 年度这三个方面的下降较为明显，说明余杭地区在这些方面的工作还需加强。

其次，通过上图我们也可以看出，根据民意调查，余杭地区的民主参与程度和社会治安水平一直处在较为恒定的良好水平，说明余杭居民对这两项指标的评价是稳定而较为满意的。

对余杭近四年民意调查的数据进行比较发现，2008 年度余杭民众对余杭的法治水平较 2007 年有一个急剧下滑的评价，近三年虽然也呈现下滑的局面，但渐趋平缓，说明余杭民众的法治意识也渐趋理性和稳定，对于这项调查更加认真和严谨审慎，同时也显现了法治余杭的评估手段日益科学，能越来越直观、客观地反映余杭民众对余杭法治建设的态度，评估的信度和效度不断增强，这对于余杭区的整个法治建设是有积极意义的。

四 2010 年"法治余杭"内外组评估

内外组成员的不同主要体现在内部组是"自己评自己"，人员主要是余杭的党政、司法人员；外部组是"他人评自己"，人员主要是余杭的知识分子、企业家、社区干部及在杭州或余杭区工作的媒体人员。内外组的成员都是余杭建设的参与者，是对法治余杭最直接的体验者和观察者。

（一）内部组的评估

内部组四年的评审结果总体来说是稳定的，相对于其他评审主体，内部组的评审结果反映了内部组成员高度重视历年的法治指数评审，并且呈现出普遍打分较高的现象。通过对这些数字的分析，我们可以看出内部组成员对余杭地区法治建设努力的充分肯定。下面我们通过对数据的具体分析来考查这些情况。

1. 内部评估组评审人员选取与指标权重确定

内部评估组是由余杭地区的党委、人大、政府以及司法机构中与法治关系密切的部门成员，经从上百人的名单中随机选取组成。对于他们反馈回来的评分表，抽取 20 份作为样本，得出九项指标的平均值，如下图所示。

2010年余杭法治指数内部组评分汇总表

	指标一		指标二		指标三		指标四		指标五		指标六		指标七		指标八		指标九	
	权重 (1-10)	得分 (0-100)	权重 (1-10)	得分 (0-100)	权重 (1-10)	得分 (0-100)	权重 (1-10)	得分 (0-100)	权重 (1-10)	得分 (0-100)	权重 (1-10)	得分 (0-100)	权重 (1-10)	得分 (0-100)	权重 (1-10)	得分 (0-100)	权重 (1-10)	得分 (0-100)
1	10.00	68.00	9.00	69.00	7.00	67.00	6.00	70.00	4.00	71.00	3.00	71.00	5.00	70.00	2.00	75.00	8.00	72.00
2	9.00	95.00	8.00	80.00	9.00	90.00	9.00	90.00	7.00	75.00	7.00	75.00	9.00	90.00	8.00	85.00	9.50	98.00
3	9.00	78.00	10.00	80.00	5.00	74.00	2.00	70.00	8.00	73.00	3.00	71.00	7.00	75.00	6.00	77.00	4.00	73.00
4	9.50	80.00	9.20	78.00	9.00	75.00	9.20	70.20	8.90	71.00	8.90	69.00	8.50	69.20	8.50	72.00	8.60	68.00
5	7.00	75.00	9.00	75.00	9.90	80.00	5.00	85.00	4.00	65.00	2.00	65.00	3.00	60.00	6.00	75.00	8.00	60.00
6	10.00	95.00	9.80	93.00	9.00	98.00	9.00	90.00	9.00	85.00	9.00	90.00	9.00	90.00	9.00	90.00	9.80	90.00
7	10.00	90.00	9.00	85.00	10.00	85.00	8.00	90.00	8.00	85.00	8.00	70.00	8.00	80.00	8.00	80.00	8.00	60.00
8	10.00	80.00	10.00	80.00	8.00	85.00	9.00	85.00	9.00	80.00	9.00	75.00	8.00	85.00	9.00	85.00	9.00	80.00
9	10.00	80.00	9.00	80.00	9.00	70.00	8.00	60.00	8.00	40.00	8.00	50.00	7.00	60.00	10.00	80.00	8.00	70.00
10	10.00	99.00	10.00	80.00	9.00	98.00	8.00	90.00	8.00	85.00	10.00	87.00	8.00	98.00	7.00	92.00	10.00	85.00
11	9.00	70.00	9.00	75.00	9.50	70.00	10.00	75.00	8.00	65.00	8.50	70.00	8.00	70.00	8.50	70.00	8.00	60.00

续表

	指标一		指标二		指标三		指标四		指标五		指标六		指标七		指标八		指标九	
	权重(1-10)	得分(0-100)	权重(1-10)	得分(0-100)	权重(1-10)	得分(0-100)	权重(1-10)	得分(0-100)	权重(1-10)	得分(0-100)	权重(1-10)	得分(0-100)	权重(1-10)	得分(0-100)	权重(1-10)	得分(0-100)	权重(1-10)	得分(0-100)
12	7.00	68.00	9.00	74.00	8.00	72.00	8.00	78.00	6.00	68.00	9.00	69.00	8.00	65.00	9.00	78.00	9.00	68.00
13	10.00	82.00	8.00	78.00	9.00	85.00	3.00	87.00	5.00	80.00	6.00	82.00	4.00	79.00	2.00	84.00	7.00	79.00
14	10.00	85.00	10.00	80.00	9.00	75.00	8.00	70.00	9.00	80.00	9.00	80.00	9.00	85.00	9.00	90.00	9.00	90.00
15	9.00	90.00	10.00	100.00	10.00	100.00	10.00	100.00	10.00	100.00	9.00	90.00	9.00	90.00	10.00	100.00	9.00	90.00
16	10.00	85.00	10.00	78.00	10.00	80.00	9.00	80.00	10.00	90.00	9.00	80.00	10.00	78.00	10.00	76.00	10.00	80.00
17	10.00	93.00	9.00	90.00	5.00	80.00	6.00	94.00	7.00	92.00	4.00	88.00	3.00	85.00	8.00	95.00	2.00	89.00
18	8.00	80.00	8.00	75.00	8.00	81.00	9.00	85.00	8.00	80.00	7.00	80.00	9.00	70.00	10.00	70.00	8.00	70.00
19	9.00	90.00	10.00	70.00	10.00	90.00	9.00	90.00	9.00	90.00	8.00	90.00	9.00	90.00	9.00	80.00	9.00	90.00
20	3.00	75.00	8.00	71.00	4.00	76.00	9.00	70.00	7.00	69.00	5.00	74.00	6.00	80.00	10.00	85.00	2.00	70.00

内部组最终得分：79.66

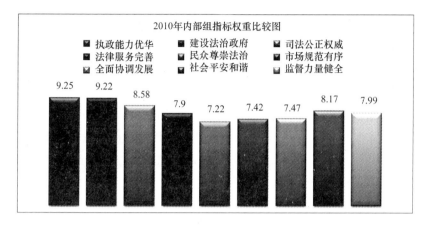

　　内部组在据以进行评估的九个指标权重选择上存在着不同的优先次序。通过对图表的观测我们可以看出,内部组在 2010 年的法治指数的评审中,在民主执政能力优化、建设法治政府、司法公正权威等方面给予了较大的权重,说明内部组成员认为这三个指标对于余杭地区的法治建设较为重要。相对于前三年的给予民主执政优化和监督力量健全更大权重的评分结果而言,内部组成员更加认识到了司法公正、法治政府这些与立法、司法和执法的具体环节有关的方面对实现法治理想的重要性。

2.内部评估组各指标平均分数

　　2010 年的内部组评估分值考查可从两个角度进行:其一,通过对内部组平均得分进行比较,分析各目标项的发展状况;其二,分析内部评估总分值。九项指标平均分对比状况如图:

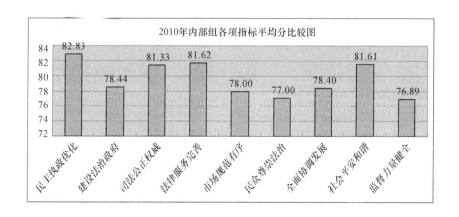

2010 年内部组对"民主执政优化"的指标评分最高，这与群众满意度调查中民众对"社会平安和谐"指数评分最高相异。同时内部组成员对"法律服务完善"、"社会平安和谐"、"司法公正权威"的评分也相对较高，都在 80 分以上。

通过对内部组连续四年的评分比较不难看出，内部组成员对余杭法治建设总体上呈现乐观态度（如下图所示）：2007 年内部组成员的平均总分为 68.27 分，2008 年的平均分为 73.6 分，2009 年保持了继续增长的势头，平均总分为 78.91 分，而 2010 年度为 79.66 分。连续四年的增长说明内部组成员充分肯定法治余杭的建设成果，评价较高。

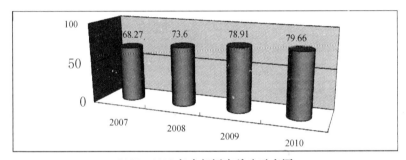

2007—2010 年内部评审总分示意图

（二）外部组的评估

1. 外部组评审人员来源与指标权重确定

外部组由不直接参与余杭政法工作，但直接、间接参与或者关注、知晓余杭法律事务的专业型人员组成。该组成员相对熟悉法治的理念与实践要求，对余杭法治的现状也有真切体会，其评估得分能一定程度上反映余杭法治的程度，作为余杭法治指数的参考数据，可以与内部评审组的结论相互对照，进一步调整结论偏差。

外部评估组也是由上百人的名单中随机选取组成。他们反馈回来的评分表，同样被抽取 20 份作为样本，得出九项指标的平均值。评审指标在外部组评审过程中所占的平均权重可以反映外部组成员对各指标在法治评估中的重视程度与心目中的优先次序，进而反映外部组所代表的广泛群体对法治发展方面的基本认识和评价。

2010 年余杭法治指数外部组评分汇总表

	指标一		指标二		指标三		指标四		指标五		指标六		指标七		指标八		指标九	
	权重 (1-10)	得分 (0-100)	权重 (1-10)	得分 (0-100)	权重 (1-10)	得分 (0-100)	权重 (1-10)	得分 (0-100)	权重 (1-10)	得分 (0-100)	权重 (1-10)	得分 (0-100)	权重 (1-10)	得分 (0-100)	权重 (1-10)	得分 (0-100)	权重 (1-10)	得分 (0-100)
1	10.00	95.00	9.80	95.00	9.90	95.00	9.50	85.00	9.00	85.00	9.00	85.00	9.00	80.00	9.00	90.00	10.00	90.00
2	10.00	100.00	9.00	80.00	10.00	60.00	10.00	70.00	10.00	70.00	10.00	70.00	9.00	80.00	10.00	70.00	9.00	80.00
3	10.00	80.00	10.00	85.00	10.00	90.00	9.00	80.00	10.00	75.00	9.00	80.00	8.50	80.00	10.00	90.00	9.00	75.00
4	8.00	80.00	8.00	75.00	7.00	80.00	10.00	70.00	8.00	75.00	9.00	80.00	8.00	75.00	9.00	78.00	10.00	70.00
5	10.00	80.00	10.00	80.00	10.00	80.00	10.00	80.00	8.00	70.00	8.00	80.00	8.00	80.00	8.00	80.00	8.00	70.00
6	8.00	70.00	10.00	70.00	10.00	75.00	8.00	80.00	8.00	80.00	8.00	75.00	8.00	70.00	8.00	75.00	8.00	70.00
7	10.00	85.00	10.00	85.00	10.00	90.00	9.00	90.00	9.00	90.00	9.00	80.00	9.00	80.00	9.00	90.00	10.00	85.00
8	10.00	80.00	10.00	82.00	9.00	82.00	9.00	85.00	9.00	85.00	9.00	75.00	7.00	77.00	7.00	78.00	8.00	75.00
9	10.00	98.00	10.00	98.00	8.00	85.00	8.00	75.00	9.00	80.00	10.00	88.00	8.00	85.00	10.00	80.00	9.00	75.00
10	9.00	75.00	10.00	70.00	9.00	70.00	9.00	75.00	9.00	70.00	10.00	75.00	9.00	75.00	9.00	70.00	10.00	70.00
11	8.00	73.00	9.00	72.00	9.00	72.00	8.00	72.00	9.00	72.00	8.00	71.00	8.00	72.00	8.00	73.00	9.00	72.00

续表

	指标一		指标二		指标三		指标四		指标五		指标六		指标七		指标八		指标九	
	权重(1-10)	得分(0-100)	权重(1-10)	得分(0-100)	权重(1-10)	得分(0-100)	权重(1-10)	得分(0-100)	权重(1-10)	得分(0-100)	权重(1-10)	得分(0-100)	权重(1-10)	得分(0-100)	权重(1-10)	得分(0-100)	权重(1-10)	得分(0-100)
12	10.00	82.00	8.00	78.00	9.00	85.00	3.00	87.00	5.00	80.00	6.00	82.00	4.00	79.00	2.00	84.00	7.00	79.00
13	9.00	95.00	8.00	93.00	9.00	97.00	6.00	92.00	5.00	92.00	7.00	94.00	9.00	93.00	9.00	95.00	8.00	96.00
14	8.00	89.00	8.00	85.00	9.00	85.00	9.00	82.00	8.00	85.00	8.00	85.00	8.00	85.00	9.00	85.00	9.00	82.00
15	10.00	60.00	8.00	50.00	10.00	70.00	7.00	60.00	9.00	60.00	7.00	60.00	7.00	65.00	7.00	70.00	8.00	60.00
16	9.00	80.00	9.10	69.00	9.00	83.00	8.70	75.00	9.50	70.00	9.20	65.00	8.80	80.00	8.50	78.00	8.40	60.00
17	8.00	78.80	8.00	76.80	7.00	72.60	7.00	73.70	7.00	71.60	9.00	83.20	9.00	84.60	8.00	77.20	9.00	88.60
18	2.00	80.00	10.00	60.00	8.00	90.00	4.00	75.00	7.00	80.00	9.00	70.00	6.00	80.00	5.00	80.00	3.00	80.00
19	10.00	70.00	10.00	65.00	9.00	70.00	8.00	60.00	8.00	70.00	8.00	65.00	9.00	70.00	9.00	70.00	10.00	70.00
20	10.00	73.00	10.00	74.00	9.00	75.00	8.00	76.00	7.00	79.00	7.00	77.00	8.00	78.00	8.00	80.00	9.00	73.50

外部组最终得分：78.29

对比四年来的外部组评估数据（见下表），可见，外部组成员始终认为，第一项、第二项和第三项指标，即"民主执政优化"、"建设法治政府"和"司法公正权威"占据非常重要的地位。2010 年的外部组评审中，上述三项的权重显著上升。这说明，民主政治、法治政府、司法公正的主题得到了群众代表较多的关注。

年份	民主执政优化	建设法治政府	司法公正权威	法律服务完善	市场规范有序	民众尊崇法治	全面协调发展	社会平安和谐	监督力量健全
2010	9.28	9.27	9.16	8.01	8.19	8.40	8.18	8.36	8.80
2009	9.00	9.17	8.89	7.89	7.61	7.56	7.78	8.06	8.72
2008	9.17	9.39	9.44	8.06	8.22	7.94	7.44	7.50	9.11
2007	9.28	9.28	9.00	6.78	7.72	7.50	7.17	7.22	8.89

整体而言，各项指标的权重差异较大，反映了来自社会各个领域的外部组成员对法治核心价值和法治建设认识上的较大分歧。

2. 外部组评审指标分析

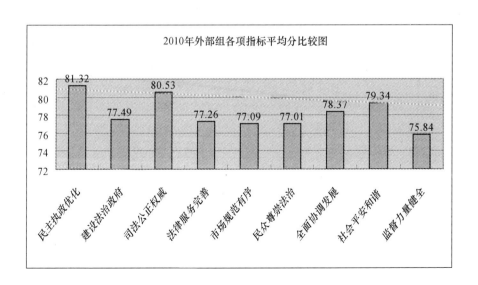

2010年外部组各项指标平均分比较图

我们对外部组评分情况主要从两个方面分析:其一,通过对比 2008、2009 年和 2010 年三年的单项指标进行直观检视。其二,小结外部组评分总体情况。

2008、2009 和 2010 年三年的单项指标平均分如下表所示:

年份	民主执政优化	建设法治政府	司法公正权威	法律服务完善	市场规范有序	民众尊崇法治	全面协调发展	社会平安和谐	监督力量健全
2010	81.32	77.49	80.53	77.26	77.09	77.01	78.37	79.34	75.84
2009	74.94	75.20	75.65	76.70	71.15	75.65	75.25	78.25	71.70
2008	70.10	67.45	69.50	69.90	68.70	71.70	71.00	72.55	63.55

2010 年外部组所有的单项指标平均分较 2009 年都有所增长。可见外部组成员总体认为 2010 年余杭地区的法治建设是有长足进步的。

总体看来,近四年的外部组平均分与内部组一样,是呈连年上升的趋势。这说明外部组对余杭法治建设也给予了充分的肯定,对于这几年余杭法治发展的体会是正面因素为主。2007 年的外部组平均分为 64.18,2008 年的平均分为 69.8,2009 年上升到了 75.27,2010 年则增长到 78.25。

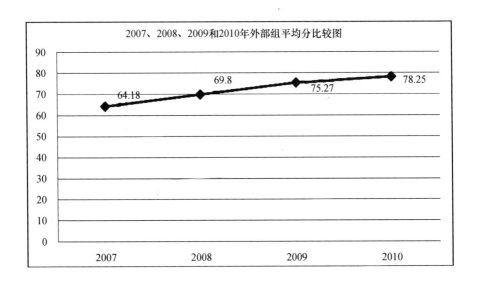

2007、2008、2009和2010年外部组平均分比较图

(三) 内外组评估方式的改进与对比分析

余杭法治评审组 2010 年在内外组总体评审指标的收集过程中，除了注意保持与往年的可比较性和稳定性以外，还在评估方法上进行了尽量客观的改进。这些改进主要体现在对内外组成员的选择和数据有效性的分析上。首先，内部组的名录库有所扩容。在 2009 年扩容一倍的基础上，2010 年又进行了扩容和整理，对名录的甄选更为合理。其次，在内外组的成员选择上，采取了更为符合社会统计学的随机原则，尽量扩大统计样本的数量，增强其代表性。2010 年内外组的评审成员是在 2009 年有回馈的、未回馈的和新增的名录库中各选取适当比例，争取样本的代表性，尽量符合总体特征的要求。其中有 30% 是往年参加过打分的，有 70% 是新增成员，这样就较好地保证了评审结果的客观性。2010 年内外组成员的总体评分为 78.98。

五 2010 年"法治余杭"
专家组评审

(一) 专家组评审过程和方法

余杭的 2010 年法治指数评估同样少不了专家组的参与。与往年实地评审、现场打分不同的是，这次采取了通信评审的方式。2011 年 6 月份，由余杭法治指数课题组向由"法治指数专家评审组"成员——16 位国内外有较高知名度和权威的法学专家[①]寄送材料，专家们根据民意调查结果、内外组的最后法治指数得分和分析报告，以及余杭有关部门提供的当

[①] 专家组人员包括 (排名不分先后)：江平、李步云、石泰丰、李林、郑成良、王公义、胡建淼、张志铭、吕庆喆、孟祥锋、胡虎林、戴耀廷、孙笑侠、林来梵、夏立安、钱弘道等；民建中央副主席、北京市政协副主席朱相远教授，美国爱荷华大学法学院 John Reitz 教授，北京大学法学院武树臣教授，司法部刘武俊处长，原香港廉政公署审查室高级主任查锡我大律师担任观察员。

地法治建设详细陈述，特别是一系列数据，在余杭法治水平评分表上打分，并对每一个条件的打分情况逐一作出书面说明。这次采取通信评审的方式，主要是考虑到专家组成员经过以前的实地考察、现场评审，已经对余杭当地的实际情况比较熟悉，而且通信评审能给专家们更充裕的审查材料、衡量给分的时间，总体上也省时省力。

相对于内、外部组的评审，专家组的评审能尽量避免法治指数可能出现不合理的情况，使之能更客观、全面、真实地反映余杭的法治状况，因而更具有公信力，更能让社会群众接受。

评审时，专家组成员就反映余杭法治状况的九个指标项分别给出权重值和得分，由课题组收回统计。在收到的 10 份有效评分表中，每个指标项的 10 个打分去掉一个最高值和最低值后，按照以往的统计方式进行计算，最终得出各项的平均值，最终算出专家组对余杭 2010 年法治情况的总体打分 72.02，这个分数占余杭 2010 年法治指数的 30%。

（二）专家组评审得分及结果分析

相对于 2007 年的 71.61 分、2008 年的 71.77 分以及 2009 年的 69.83 分，2010 年余杭的专家组评分显著提高，为 72.02 分。各项法治目标的实施得分与 2009 年的情况对比如下图所示。由之可以看出，2010 年"民主执政优化"、"司法公正权威"、"法律服务完善"、"社会平安和谐"等几项得分比 2009 年显著增加。其中增幅最明显的是"民主执政优化"、"社会平安和谐"，这两项得分是九项中专家打分最高的，也创下了 2007 年以来单项得分的历史新高（10 位专家的打分中，因去掉一个最高分和最低分，满分 80 分）。这说明余杭的党委执政水平、社会生态建设近几年有了明显改善。总分 72.02 分也较前几年有所提高，反映出在法学专家心目中，余杭法治建设四年来在整体上也有所进步。

2010年余杭法治指数专家组评分汇总表

	指标一		指标二		指标三		指标四		指标五		指标六		指标七		指标八		指标九	
	权重(1-10)	得分(0-100)	权重(1-10)	得分(0-100)	权重(1-10)	得分(0-100)	权重(1-10)	得分(0-100)	权重(1-10)	得分(0-100)	权重(1-10)	得分(0-100)	权重(1-10)	得分(0-100)	权重(1-10)	得分(0-100)	权重(1-10)	得分(0-100)
1	10	63	10	68	10	74	8	71	8	70	8	80	8	76	8	78	8	72
2	10	68	9	69	9	67	8	70	8	70	7	70	7	70	7	70	6	68
3	10	80	9	78	8	73	7	75	7	75	8	80	7	80	7	80	7	75
4	9	73	10	72	9	71	8	75	8	68	9.5	68	8	75	8	71	9	67
5	8	70	8	65	7	62	7	70	8	65	6	65	7	63	7	62	8	63
6	4	80	10	40	10	40	5	100	4	100	10	60	8	60	1	100	8	70
7	10	75	10	75	10	75	6	70	6	70	6	70	6	70	8	75	8	75
8	9	79	9.2	74	9.2	72	8	75	8	76	8.5	78	8	80	9	79	8.5	75
9	10	70	10	69	9	71	9	68	10	70	9	71	10	68	10	71	9	69
10	10	80	8	80	9	75	2	70	3	70	5	70	4	72	7	73	6	70
平均分	9.50	74.38	9.40	71.25	9.15	70.63	7.13	72.00	7.13	71.13	7.75	71.50	7.38	71.75	7.63	74.63	7.81	70.75
总分																		72.02

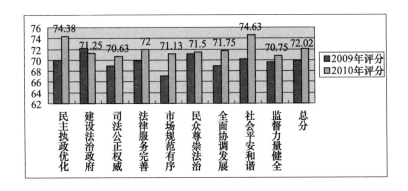

六 2010 年余杭法治指数的计算

余杭法治指数的计算公式：

$$\bar{\bar{s}} = \sum_{j=1}^{9} \overline{w}_j \tilde{s}_j。$$

通过上述公式可分别计算出内部评审组、外部评审组以及专家评审组三部分的最后法治指数分值，结合群众满意度调查分值，计算出余杭法治指数最终分值。各部分的分值在余杭法治指数最终分值中所占比率分别为：群众满意度调查分值占 35%，内部评审组与外部评审组的评分共占 35%，专家评审组的评分占 30%。

综合计算，得到 2010 年余杭法治指数：72.48。具体计算过程如下图所示：

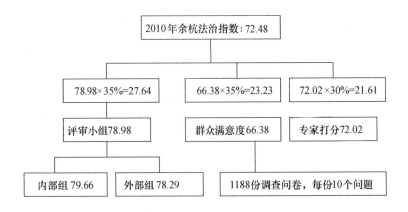

与 2007—2009 年的得分 71.6、71.84、72.12 对比，2010 年的 72.48

分反映余杭法治总体水平稳中有升。

七　2010 年法治评估结果的分析与建议

余杭法治水平评估活动开展四年来，当地群众对法治指数有了更为深入的认识，由感性渐至理性，公民权利意识和法治意识在逐步增强，对各方面工作成效的评判更为客观实际；内、外部组代表的地方政法工作人员和知识分子也用更大的热情参与这项活动，所提建议更富有针对性和建设性，他们亲眼目睹了余杭法治进程的逐步推进；法学专家也一直在保持对余杭的关切和注视，通过直接或间接的途径看到了余杭一点一滴的进步，也在不断地给余杭提出颇具启发性的指导意见。国内各种媒体也在不断跟踪着"余杭法治现象"，有肯定，也有质疑。基于各方面的动力和压力，余杭党政、司法等国家权力机关和公共组织近几年来定大目标，下大工夫，按照法治精神的要求，特别是法治指数九项指标的要求，做了诸多的努力，取得了不少成效，但仍有一些需要继续加强的地方。分述如下：

（一）余杭司法公正权威程度近两年有所提高，但尚待巩固

对于余杭的司法公正权威程度，我们可以通过下表看出，2009 年以来有显著提高，但 2010 年的增幅有所回落，尚待进一步巩固。

组别	2007 年	2008 年	2009 年	2010 年	权重
民意调查	78.4	69.86	73.71	70.7	35%
内部组	68.78	76.06	80.78	81.33	35%
外部组	62.06	69.5	75.65	80.53	
专家组	72.09	70.85	69	70.63	30%
总分	71.96	71.18	73.87	74.26	

该项指数 2010 年得分 74.26 分，显著高于当年总分 72.48 分，表明

余杭的司法公正权威程度较高。1188 份调查问卷显示，群众满意率 12%，基本满意率 44%，一般评价 34%，三项合计 90%，不太满意、很不满意率合计 10%，说明多数群众对于余杭的司法给予正面评价。余杭司法系统 2010 年获得的一系列国家级荣誉也反映出当地的司法水平，如区法院被评为"全国优秀法院"，余杭临平检察院被评为"全国先进基层检察院"，区司法局被评为"全国司法所建设先进单位"，等等。

据悉，区法院全年新收各类案件 15629 件，依法审结 15651 件，同比分别增加 245 件和 815 件，收结案数均列全省前列。大力推进破解执行难工作机制建设，全年执结 5504 件，同比上升 37.22%，收结案增幅均居杭州地区首位，执行民警人均结案超 200 件。加大司法救助力度，继续简化缓交、免交诉讼费的审批手续，为困难当事人缓减免交诉讼费共 2404 件计 94.22 万元。区检察院全年突出查办职务犯罪大案要案，共查办大案 24 件 28 人，要案 6 人；围绕典型职务犯罪案件，先后开展警示教育、预防咨询、帮助发案单位健全机制各上百次，接受行贿犯罪档案查询 1500 余批次，检察长在余杭门户网站现场回答网友问题，取得较好的社会效果和法律效果。区司法局全面深化"一小时法律援助服务圈"工作，设立法院立案大厅"法律援助站"，增加法律服务流动窗口"六进"活动量，提升便民服务质量，全年办理各类法律援助案件 1744 件，同比增长 11.79%，受援人满意度达100%。这些措施是余杭司法的公正权威性得以实现的落脚点。

通过问卷调查、实地访谈、网络调查等各种途径收集到的群众意见值得我们重视。这些评价大体上肯定了余杭司法工作的成绩，同时也指出了一些不足，如：a. 近年来虽司法公正有较大进步，"亲民爱民，利民护民"举措时有出现，但部分百姓对司法仍有看法，不信上诉信上访；b. 司法公开不够；c. 还需要加强诉讼监督；d. 综治过程中过度要求法院参与，给法院施加信访压力，这些都是对于司法权威的伤害。这些意见反映的问题，有些是属于我国法治社会建设中整体面临的难题，在余杭仍不同程度地存在，需要当地下更大的力气加以消除。

(二) 余杭社会治安更加让人放心，整体环境更加和谐

通过前文的数据，可以看出余杭 2009—2010 年社会治安在原本较好

的基础上更加改善，犯罪人数、违反治安管理处罚法的人数居国内沿海城市偏低水平。问卷调查显示，对于余杭的社会治安状况，群众满意率13%，基本满意率41%，一般评价37%，三项合计91%。

下表则从三个方面反映出了余杭的社会和谐情况：

项　目	2007 年	2008 年	2009 年	2010 年	数据来源
重大群体性事件数	2	1	0	0	政法委
重大公共安全事故数	重大：0；较大：0；一般：11	重大：0；较大：1；一般：7	0	0	安监局
平安村、平安单位创建达标率	村 96.6%单位 99.2%	村 96.4%单位 99.3%	村 95.6%单位 99.6%	村 95%单位 100%	综治办

综合四个组别的评分，余杭社会平安和谐指数 2010 年得分 75.48 分，在前两年的基础上保持连续增长态势，从社会效果上显示了余杭区域法治建设的突出成效。（见下表）

组别	2007 年	2008 年	2009 年	2010 年	权重
民意调查	76.4	71.19	72.4	71.2	35%
内部组	71.44	74.83	83.22	81.61	35%
外部组	67.61	72.55	78.25	79.34	
专家组	72.64	71.08	70.25	74.63	30%
总分	72.87	72.03	74.67	75.48	

取得上述成效，对于当地并不容易。2010 年正处于余杭"项目建设三年行动计划"的关键之年，城建、铁路修筑等项目众多，涉及了大量的利益矛盾和法律纠纷。针对这一现实，余杭区充分调动区内各种法律服务资源，为各大项目把好法律关，开展矛盾纠纷大排查，对因强制拆迁和施工引发的不安定因素和矛盾有效化解；同时积极推进社会管理创新，如

实行出租房星级化服务管理、开展突发性事件应急处置演练等。此外，基层人民调解工作不断深入，全年受理各类矛盾纠纷 16105 件，调处成功 16025 件，有效维护了社会稳定；安全生产形势总体稳定，事故发生数、死亡人数、直接经济损失数分别下降 3.4%、2% 和 3.5%。由于良好的社会环境保障，余杭近几年连获"中国最佳休闲度假旅游名区"、"联合国最佳生态和谐环境美丽城区"、达沃斯"最具投资价值区"等荣誉，生活品质评价指标体系综合测评名列杭州市第一。

在调查中，民众也发表了他们的一些看法、建议，如：a. "平安余杭"的口号在余杭已经深入人心，在这方面余杭的成绩有目共睹，但警力不足的矛盾凸显，平安余杭创建活动不能得到更有效的开展；b. 流动人口管理需要进一步强化；c. 要进一步加强犯罪预防工作，为外来就业人员创造良好的工作生活环境，减少一些因生活困难，为解决生计而导致的犯罪；d. 要创新社会治安防控体系，少搞"运动战"。这些来自基层的意见对"平安余杭"的创建具有重要的参考价值。

(三) 市场秩序有待进一步改善

如下表所示，2010 年余杭"市场规范有序"这项指数得 70.07 分，明显低于当年总分 72.48，在所有指标项中得分靠后，也是民众打分最低的一项；纵向来看，连续三年呈走低之势，近四年的得分均不算高。这些说明，余杭的市场秩序有待努力整治。群众反映：现在余杭市场上某些地段经营秩序有些混乱，部分商家缺少诚信；城乡接合部无照经营比较普遍；对关系民生及垄断经营的行业监管力度不够强；伪劣商品在一定程度上存在；等等。

组别	2007 年	2008 年	2009 年	2010 年	权重
民意调查	71.4	72.08	68.05	61.7	35%
内部组	65.17	71	77.11	78	35%
外部组	62.33	68.7	71.15	77.09	
专家组	73.64	71.92	67.13	71.13	30%
总分	69.39	71.30	70.37	70.07	

上述这些情况的出现有其客观原因，如余杭的外来人口、商户较多，几乎占到总体的 1/3；作为杭州的非中心区域，中小工商户比较普遍，自律意识不足；余杭经济尚处于快速发展的前期，仍在经历从传统农业区县向新兴工商业区转型的过程中，必然面临大量的经营失范问题，这些都不可能一步到位全盘解决。浙江的其他一些同类地区也遇到类似的问题困扰。政府很难有足够的精力、人力去悉数解决这些问题，但肯定有责任、有能力去逐步减少这类现象。

2010 年，余杭开展了以食品药品安全整治、"十小行业"整治、环境污染整治等工作为主体的"服务民生法治行"工程，着力解决了一批涉及人民群众生命财产安全和切身利益的突出问题，新增食品安全示范镇乡（街道）8 个，可以说也做了不少工作，但离人民群众的期望和法治化市场经济的要求还有距离。社会主义市场经济必然是法治经济，经济只有在法律的指引、规制和保障下才能健康运行，达到各方面利益的平衡和统一，实现长期的可持续良性发展，同时满足公平与效率、速度与质量、富裕与幸福的综合要求。为此，余杭区要付出更多的努力。

（四）监督力量亟待健全

2010 年余杭"监督力量健全"这项指数得分 71.09，也低于当年法治指数总分，是当年专家组和内、外部组打分最低的一项；2009—2010年的得分虽然比此前两年有所提高，但绝对值仍然不够理想。见下表：

组别	2007 年	2008 年	2009 年	2010 年	权重
民意调查	74.60	70.70	69.03	66.10	35%
内部组	67.61	67.22	78.11	76.89	35%
外部组	60.89	63.55	71.70	75.84	
专家组	69.09	70.15	69.63	70.75	30%
总分	69.32	68.79	71.20	71.09	

要提高法治水平，必须建立健全的监督体系，提高监督效能。监督体制的存在，可以杜绝公权力的滥用，规范其在合法合理的轨道运行，使党政机关的廉洁高效得以保证，公民的权益和自由得到有效的保障。没有监督的权力必然导致腐败。有关监督力量包括党内监督、人大及政协监督、政府内部监督、司法监督、媒体监督、公众监督等。

据群众反映，余杭的监督体制还存在较多问题，如：a. 目前各种各样的监督好似很多，但效能低下，可能是因为公权力不够透明而难以监督，监督者的业务素质不高而不会监督，被监督者与监督者关系错综复杂而不敢监督；b. 现在政府的透明度有限，而人民的监督意识又太过薄弱，监督只是一种形式大于内容的存在；c. 政府监督组织体系要健全，实施多渠道、全方位的监管，如让党员、群众、人大代表、政协委员等党外民主人士及社会群众参与，提供网络监督平台等，提高监督效能；d. 存在懒作为、慢作为、假作为（例如齐司镇烟花爆竹市场上出现许多不规范情况）、后作为（例如某些行业、领域本身存在问题，等到出现严重后果或媒体曝光才去作为）；e. 群众监督仍需加强，体制内监督如行政复议、诉讼尤其必须加强。这些群众意见在指出问题的同时，也揭示了加强监督工作的途径。

（五）各组人员对于九项评测内容重要性的认识存在差异

当地民众受调查者普遍认为司法公正权威这项指标"至关重要"，称"既然是给'法治余杭'打分，这个肯定最重要"。这反映了民众对于司法环节在法治结构中核心地位的深切体认。司法作为法治社会的终极性救济手段，直接关系到法的功能能否实现、法的生命能否存续；其是否公正权威，最容易为大众所感知，直接影响到他们对于社会法治化程度的评判。然而，在以法律职业者和知识分子为主体的专家组和内、外部组人员看来，司法并非为构建法治社会的最重要的力量，他们认为民主政治建设、政府依法行政对于法治的形成更具决定性的影响。这种认识，通过他们对于民主执政优化和政府依法行政两项指标的权重评估可以反映出来：

项目	民主执政优化	政府依法行政	司法公正权威
专家组平均分	9.50	9.40	9.15
内部组平均分	9.25	9.22	8.58
外部组平均分	9.28	9.27	9.16

　　由上表可见，2010 年各评审组一致认为，对于余杭的法治建设而言，民主政治建设具有最为关键的意义，起着先导性的、根本性的作用，党能否进一步推进政治体制改革、加强民主政治建设、优化执政作风、提高执政能力，直接决定着法治社会的根基是否坚实；其次是法治政府的建设，政府能否全面依法行政也事关重大。

　　对于余杭的民主政治建设，2010 年各评审组评分较高，如专家组和内、外部组分别作出 74.38、82.83、81.32 的评分，在往年的基础上连续有小幅增长，说明余杭党组织的民主执政在逐渐优化。评审组有人称："余杭党建在民主政治建设、廉洁自律方面都走在全市乃至全省的前列。"

　　但是相比之下，政府依法行政方面得分就差强人意了。专家组和内、外部组分别作出 71.25、78.44、77.49 的评分，较之往年有所起伏；群众打分 64.6，看来他们作为行政相对人，对现存的问题更为敏感。群众也有针对性地指出了具体方面的不足，如：a. 在城市改建过程中，旧的建筑一般说拆就拆，很少开民主听证会；b. 近年来，涉及城镇化建设，政府部分特别是镇一级政府的法律意识有待进一步加强；c. 我区行政部门人员违法乱纪行为偏多。也有评审人员指出：该区行政诉讼无论收案还是审判均不理想，行政诉讼收案偏低正是非法治的表现，这意味着大量对政府的不满都经过特殊渠道诸如信访解决，故给予较低分数。

　　在法治社会中，行政权力的界限必须明确，权力运行的程序必须公开，行政权力在法治框架下运行，群众才能产生公正感、安全感；反之，如果行政权力不受法律约束，政府公信力就会严重下降。因此，余杭区政府各级组织应当更加全面地依法行政，遵照法律、行政法规以及其他法律规范性文件的要求，尊重相对人的合法权益，奉行服务型政府的现代行政理念，在行政过程中注重行为的合法性和合理性，适当约束自身的行政裁量权，不能因为片面追求行政效率和公共利益的实现，而忽视了守法的界限和公民的合法权益。同时，应当进一步加强行政监察和行政申诉、复议制度的实施，尊重公民的行政诉讼权利，从而使公民拥有更多的行政救济机会，这样才更有利于和谐社会的形成和余杭的长治久安，以及地方行政工作的良性开展。

结　语

经过五年探索、四年评审，余杭法治指数项目已经形成一套比较成熟的评估方法。实践证明，这套方法适合中国国情。为使之更加科学，具有国际共性和通用价值，项目组 2009 年邀请中国香港学者作为观察员，2010 年邀请美国学者作为观察员，2011 年又和美国斯坦福大学法学学者合作，对法治指数进行不同地区的比较研究，并拓展研究领域，旨在深化以法治为核心内容的善治研究。相信，这些研究将有助于我国制度文明的演进。各地陆续开展的法治评价实践已在越来越广地彰显法治指数的必要性和生命力。可以说，法治评估是我国法治发展的一个增长点。

附录一　2010 年度余杭法治指数评估参考素材

2010 年度余杭区法治十件大事

2010 年，余杭区对照"创优量化评估体系，全国法治县（市、区）创建活动先进单位"的工作目标，围绕"规范公权、维护民权、保障人权"，主动研究、积极探索，认真抓好"法治余杭"建设各项工作，为加快建设"品质之城、美丽之洲"提供了良好的法治环境。应法治指数评估方要求，余杭区法建办梳理了 2010 年度全区法治建设实践的十件大事，具体如下：

1. 强化余杭法治指数应用，指数报告第三次载入法治蓝皮书

2009 年度法治指数发布后，针对问题开展了一系列整改实践活动。一是进行《应用法治指数与建设法治余杭的关系研究》；二是进行问题整

改和难题破解的可行性分析研究，并将部分重大项目纳入了全区非建设类项目管理；三是结合法治余杭建设年度考核对各项整改任务进行了督查。《杭州余杭法治指数报告》第 3 次载入《法治蓝皮书》地方法治篇。蓝皮书认为，余杭的法治指数已经形成了一套比较成熟可行的法治评估方法。……国内不少地方已经开展探索法治评估，从这个意义上讲，法治评估是未来中国法治的一个增长点。

2. 开展乡镇、部门行政决策程序试点实践

为进一步促进乡镇、街道和机关部门行政决策的科学化、民主化、法治化，根据《杭州市余杭区行政决策程序暂行规定》，分别在乔司镇、径山镇、文广新局、旅游局和司法局进行了乡镇（街道）和部门行政决策程序的试点工作。目前乡镇（街道）和机关部门的行政决策程序范本均已制定完成，并将于 2011 年在全区推广。至此，余杭区已构建起区政府和乡镇（街道）、部门两级的行政决策体系框架，实现了从"经验决策"到"科学决策、民主决策、依法决策"的转变。

3. 填补全国法律服务质量标准体系空白

结合本区法律援助服务现状及发展趋势，在打造"一小时法律援助圈"的同时，对法律援助服务规范作了有效探索。目前余杭以区级服务业地方标准的形式，出台了《余杭区法律援助服务规范》，填补了全国法律服务质量标准体系的空白。2010 年，共受理法律援助案件 1744 起，为困难群体挽回经济损失 2000 多万元，受援人满意率达 100%。区法援中心也被命名为全省法律援助工作先进集体，并被推荐为全国法律援助工作先进。

4. 全面深化"村（社区）法律顾问"工作

为进一步深化"一村（社区）一法律顾问"工作，更好发挥法律服务的引导、规范、保障作用，确立了法律顾问"一月一坐班"制、月报制和抽查制，并落实专项工作经费，实施以奖代补考核。村（居）民只需拨打电话，或前往村（居）委会的法律顾问工作室，就能享受专属法律顾问提供的免费服务。截至 2010 年 12 月，全区村（社区）法律顾问

接受委托办理法律事务 622 件，提供上门服务 718 次，起草审查法律文书 423 件，成功调解各类纠纷 617 件，提供其他各类法律服务 3000 余次。

5. "两家两中心"建成使用，深化权力阳光机制构建

建立"市民之家"，完善行政服务中心功能；组建"网上市民之家"，打造"网上行政服务中心"。"市民之家"和"行政服务中心"总建筑面积近 15000 平方米，30 多个部门进驻，为市民和广大投资者提供 400 余项审批、便民服务。区政府门户网站、政民互动统一服务平台和余杭区综合办公平台，实现了信息报送、简报、通知、文件、项目控制、群众来信受理等日常工作的无纸化，大大提高了机关的工作效率和办公质量，提升了政府社会管理和公共服务能力。通过摸清权力事项、明确权力运行程序、规范行政处罚裁量权、导入 ISO9000 质量管理体系等举措，构建起了目标明确、程序科学、功能合理的权力阳光运行机制，进一步规范了行政权力的运行。

6. 事务听证会——居民自治新模式

闲林镇方家山社区施行居民"事务听证会"、"民情恳谈会"、"事务协调会"等制度，保障社区居民的民主权利。遇到与居民切身利益密切相关，而相关政策尚不明朗的事务，社区会及时启动"事务听证会"制度和程序进行决策。如今在闲林镇，不论大事小事，只要是与群众切身利益密切相关的，都要通过听证会、恳谈会、协调会等程序转化为人民群众的意志，并进行合法性审查，确保不发生因决策失误、民主不到位对群众利益造成损害的事件。

7. 公安分局深入推进执法规范化建设

2010 年，公安余杭分局在实体控权方面先行一步，全面推进执法规范化建设。硬件上，全区 18 个户籍派出所有 13 个建立了与外界物理隔离的独立办案区域，并做到制度规范上墙，执法流程公开。软件上，将执法工作相关工作制度、常发案件基本证据标准等编辑成册，方便民警学习应用。实行执行值班所领导坐堂制，大大提高执法效能。软硬件建设的完善得到了市公安局执法规范化建设考核验收组的好评。

8. 全面开展规范行政处罚裁量权工作

在全区不少单位对行政处罚自由裁量权进行探索性规范的基础上，6月10日，区政府法制办加强了行政处罚基准制度建设，下发《关于全面开展规范行政处罚裁量权工作的实施意见》，全面规范我区行政处罚自由裁量行为，推动建立权责明确、行为规范、监督有效、保障有力的行政执法体制，保障公民、法人和其他组织的合法权益，进一步提高依法行政水平，优化我区经济社会发展的法治环境。

9. 风险评估机制体系建设走在全省前列

以重点建设项目为切入点，运用项目管理理念，深化风险评估机制体系建设。全区各相关部门全部建立或调整评估工作领导小组，对120件重点建设项目和2件重大行政决策开展评估。经评估，除3件暂缓实施或调整实施外，其余119件作出可以实施结论。在项目实施推进过程中，均未引发影响社会稳定的重大事件，评估工作实现了"面有拓展、质有提升"的目标。我区社会稳定风险评估工作得到了省、市充分肯定，7月22日在全省重大事项社会稳定风险评估工作现场会作经验介绍。

10. 获得首批全国"法治县（市、区）"创建活动先进单位荣誉

按照《关于开展法治城市、法治县（市、区）创建活动的意见》精神和要求，扎实推进法治县（市、区）创建活动。2010年底，全国普法办下发文件对全国各地在法治县（市、区）创建活动中，取得优异成绩的单位予以表彰。余杭区荣获首批"全国法治县（市、区）创建活动先进单位"称号。

附录二 内外部评审组的部分评分理由及法治建议

1. 关于"推进民主政治建设，提高党的执政能力"

（1）民主法治建设，特别是党内的民主法治建设，是提高法制建设的龙头。目前，党政不分、以党代政的现象十分严重，对推进民主政治建

设影响很大。

（2）深化积极创新民主政治建设，不断加大对干部人事制度改革，如在干部用人方面实施公开透明，让党外人士、群众代表参与，实行定期考核制度，又如对村级党支部村委会实行公选，巩固了基层组织建设。

（3）民主意识有，但只停留在形而上学，没有真正的运用到日常的行政和执政中，最简单的事例就是在城市改建过程中，旧的建筑一般说拆就拆，很少开民主听证会，但在国外似乎要专家论证，社区居民听证，财政审核后才可以决定拆旧建新是否合理。可见民主程度上的差距。

（4）党委依法行政，以加强党的领导为保证。

（5）与其他县市、省、直辖市相比，我区是相当可以的。

（6）这是一个永恒的话题，应该重视。

（7）政府行政指导思想来源于执政党，党的执政能力对于政府行政行为至关重要。能否保障人民当家做主与党的执政能力息息相关。

（8）组织机构健全，责任明确，有健全的人才选拔和激励机制，是法制建设的基本保证。

（9）该问题与目标是我党进行执政的当务要提高的方面。没有民主作为基础，党执政的基石就不够牢靠。

（10）推进余杭法治水平，首先必须要遵守党的正确的理论、路线、方针、政策和策略，遵守由其领导制定和实施的宪法和法律、发挥我党民主优势。

（11）执政党的建设是关系国家兴旺的组织基础。权重10分。余杭党建从民主政治建设、廉洁自律都走在全市乃至全省的前列。

（12）党建比较重要，还有提升空间。

（13）党的执政能力关系到国家发展的全局。

（14）党的执政能力如不强，如何推进民主政治建设？

（15）民主建设事关人民群众的参政议政能力及秩序，政府在推进民主政治建设方面力度较大，成效明显，特别是对社会民主政治建设具有重大进步，取得了非常好的效果。

（16）目前对干部考核仍停留在官评官为主，民评官形式简单走过场。

（17）民主政治建设成效明显。

（18）民主与公开执行程度与领域需要深化。

（19）此关系到我党的执政地位，十分重要，现工作得很好。

（20）党领导一切。

（21）作为基层政府此项职权上所能发挥之功能较为有限，故给予较低权重，就评审材料而言，这方面的工作尚属理想。

2．关于"全面推进依法行政，努力建设法治政府"

（1）依法行政，是一项长期的工作。目前有一个比较好的基础，需要巩固、坚持。

（2）深化努力打造法治型政府，建立"两家两中心"，实施阳光工程，成文之明显，深受群众好评，建立和创新法律服务体系，全面规范行政处罚裁量权工作。

（3）政府有时难免还存在官本位思想，政府在之中起决定性因素。

（4）政府依法行政，以建设法制化政府为重点，规范公共权力。

（5）与其他县市、省、直辖市相比，我区是相当可以的。

（6）行政权力的界限必须明确，权力运行的程序必须公开，行政权力在法治框架下运行，群众才能产生公正感、安全感；反之，如果行政权力不受法律约束，政府公信力就会严重下降。我区行政部门人员重大违法乱纪行为偏多。

（7）依法行政是我国各级政府都在努力遵守提高的方面，而法治政府的可贵之处在于将法律作为自己行动、行政管理的依据，摆脱人治政府的种种弊端。

（8）仝面推进依法行政、努力建设法治政府是坚持立党为公执政为民的必然要求，对全面实施依法治国、加快建设社会主义法治国家、实现党和国家长治久安具有重要的意义。

（9）行政纠纷的处理，信访案件的化解都体现了法治政府的行为，彰显了执政为民的服务型政府的理念。

（10）行政部门工作人员重大违法乱纪案件查处 17 人，政府法治十分重要。

（11）中国现阶段的国情，需要以法治国。

（12）依法行政，可以提高社会管理的能力。

（13）法治政府建设是事关政府与群众和法治的重大事件，政府与群众密切相关，政府只有依法行政才能使百姓信服，但近年来，涉及城镇化建设，政府部分特别是镇一级政府的法律意识有待进一步加强，百姓评声仍有不和谐。

（14）至关重要，不错。

（15）要改变人治大于法治，难！

（16）基层执法机构依法行政还有很长距离，权大于法的意识在官员头脑仍根深蒂固。

（17）依法行政能力提高明显，法治政府构建有效。

（18）制度建设更需完善。

（19）此关系到我党的执政地位，十分重要，现工作得很好。但建设法治政府不是一朝一代就能做到的。

（20）地方政府可以说是一个地方的父母官，加强和规范政府依法行政行为有利于法治的进程。

（21）就法治政府而言，该项目标为重中之重，是故给予较高权重。该区行政诉讼无论收案还是审判均不理想，行政诉讼收案偏低正是非法治的表现，这意味着大量对政府的不满都经过非理性渠道诸如信访解决，给予较低分数。

3. 关于"促进司法公正，维护司法权威"

（1）司法公正，在人民群众中的印象非常重要。

（2）深化司法系统积极创建规范化司法服务体系，创建基层满意站所活动，及时侦破和审理案件，为惩治违法分子，保护人民群众生命财产安全作出了较大努力。

（3）黑暗的一面也许并不为人所知，但至少我看见的、听见的还是大家的认可。既然是"法治余杭"打分，这个肯定最重要。

（4）司法公平正义，以维护司法公正为重点，切实做到有法必依，执法必严，违法必究。

（5）与其他县市、省、直辖市相比，我区是相当可以的。

（6）司法公正是前提，同样重要。

（7）司法手段作为最后一道救济途径，要是无法公平公正，没有权威性，那么社会和谐遥遥无期了。

（8）司法公正的重要保障是程序公正，群众不认可司法公正的原因很多，包括司法公开不够，司法腐败现象。

（9）促进司法公正、维护司法权威是司法体系司法机制能够得人心、维护社会公正、平稳发展的最大保障。

（10）司法公正是社会主义法治的价值追求，是人类社会进步的重要标志，必须要高度重视，司法公正使正义的要求更法律化制度化，使实现正义的途径程序化、公开化。

（11）公平正义更多体现司法的公正，法治必须从司法公正得到显现。

（12）司法公正十分重要，有待提升。

（13）司法公正，才能更好地实现社会公平正义。

（14）只有建立公平、公正，有权威的司法制度，司法环境，才能保证司法秩序、社会秩序的正常运转。

（15）这是一定要做的。

（16）司法不公正直接导致社会对司法失望，引发不稳定因素。近年来虽司法公正有较大进步，"亲民爱民，利民护民"举措时有出现，但百姓对司法仍有偏见，不信上诉信上访，不信法律信书记。

（17）至关重要，较好。

（18）司法公正跟不上经济发展水平。

（19）还需要加强诉讼监督。

（20）司法公正，维护司法权威成效体现不够明显。

（21）相对满意。

（22）"司法公正"必须做到，否则司法权威无从谈起，公安机关的公正可信度不高。

（23）程序正义，程序非正义即为不公平。

（24）就法治政府而言，本项目标给予较高权重。该区创建平安余杭，综治过程中过度要求法院参与，给法院施加信访压力，通过给法院发放年终奖对法院进行考评，这些都是对于司法权威的伤害，给予低分。

4. 关于"拓展法律服务,维护社会公平"

(1) 降低司法成本,完善司法救助,是社会公平的重要环节。

(2) 深化法律服务体系较前有了加强,但还得进一步拓展内容,真正把法律"六进"活动落到实处。

(3) 从法律援助到一村一顾问,以及区里的以奖代补政策,总体上感觉服务上还是全面铺开,又各有着重的,基本上做到市民有需求,都能找到救助或咨询的对象。

(4) 权力依法保障,以保障公民权力为核心。

(5) 我区这一块工作不光服务团队强大,服务时间不限服务态度至上,而且财政支持保障有力。

(6) 社会公平,健全法律服务体系,均重要。

(7) 在依法治国的背景下,法律服务的开展是维系社会公平的手段之一。

(8) 健全法律服务体系,扩展法律服务,实现法律服务的多样性,才能更大范围地解决群众的法律问题。

(9) 通过扩大法律服务的领域,令社会的各个阶层都可以享受到法律给他们带来的切身保障,这样社会的公平在一定程度上获得实现。

(10) 拓展法律服务,特别是基层法律服务,面向老百姓,充分发展法律服务队伍发挥基层乡镇法律服务法律知识渗透作用。

(11) 法律服务使更多弱势群体在法律面前人人平等。

(12) 比较重要,有待提升。

(13) 社会公平正义关和能否实现人民福祉、幸福感,有助于构建社会主义核心价值观。

(14) 更好地普及法律。

(15) 法律服务水平仍然欠缺,老百姓寻找法律保护不多。百姓不知如何维护自己的权利,缺乏法律服务机构。法律事务所、律师事务所代理案件收费,无免费服务。

(16) 做了很多工作,成效不错。

(17) 法律服务业主体人员鱼龙混杂,需要加强管理。

(18) 重要,还可以。

（19）维护社会公平的措施落实不到位。

（20）相对满意。

（21）近几年，法律服务是改善了，社会公平还算提高。

（22）加强法律服务建设，实现更快更好的发展。

（23）就法治的本质而言，首先当强调规则之治，而此种所谓法律服务的重要性并不强，至于公平当然重要，然而公平应该在制定的框架下实现，抽象的公平并无价值，给予较低权重。就评审材料而言，这方面的工作较为突出。

5. 关于"深化全民法制教育，增强法治意识、提升法律素养"

（1）公平的法律环境，就是最好的教育。

（2）深化全民法制教育得到加强，但此项工作还需进一步深化和巩固，法制教育形式和范围需不断创新，真正让老百姓知法守法，提高了整体法律水平。

（3）法制教育政府重视，学校也重视，但学生家长自身不是很重视，这主要还是法制意识低的缘故。

（4）全民素质有所提升。

（5）各乡镇、部门参差不齐，总体可以。

（6）"法治"观念深入人心，知法懂法，可以使人民保护自己的同时，促进社会的和谐。

（7）普通民众的法律知识尚不全面。

（8）民众的法律意识对法治建设至关重要，但百姓法律水平太低，只看重分数不重视德育是社会的通病。老百姓不知怎么打官司，不知道法律是什么是怎么办的。法条多，法治教育、普法宣传没有针对性、实践性。

（9）至关重要，一般。

（10）做了很多工作，成效不错。

（11）形式多于内容，需要创新深化法制教育。

（12）法治教育活动有特色，社会民众法治意识提高明显。

（13）进一步深化法治教育，时时更新普法知识，强化特殊群体的专项教育。

（14）做了大量工作，意识、素养进步不大。

（15）公民法律素养的提高有利于促进区域法治稳定。

（16）如前所述，政府在法治中实不应肩负过度的教育职能否则会沦为我国法家的"以吏为师"的模式，是故给予较低权重。就评审材料而言，这方面工作较为理想。

6. 关于"依法规范市场秩序，促进经济稳定良性发展"

（1）重要，还可以。

（2）城乡接合部无照经营十分普遍，需要引起重视。

（3）完善市场机制，加强诚信建设，才能保障公共秩序安全。

（4）工作质量还须提高。

（5）市场管理在各环节都要加强。

（6）现在市场上经济秩序有些混乱，部分商家缺少诚信。

（7）依法规范市场秩序较之前有了进步，但当前市场经济条件还需进一步加强管理，更好规范市场行为，落实相关制度，加大监管力度。

（8）执法人员的素质是规范市场秩序的关键因素，总体情况良好。

（9）市场规范有序。

（10）好的。

（11）本项中依法规范市场秩序较为重要给予较高权重，但"促进经济良性发展"不应在法治中给予过度重视。就评审材料而言尚属理想，但总的而言过度重视，促进经济发展、依法守法方面相对不足。

7. 关于"依法加强社会建设，推进全面协调发展"

（1）社会建设是社会进步的标志，但现在盲目拆迁旧城改造浪费大量纳税人的钱 要经过论证。改造工程劳民伤财，花力气、花金钱讨老百姓骂的事不能做。

（2）一般重要，还可以。

（3）有待多方面推进和加强。

（4）保障和改善民生尚有差距。

（5）加强社会保障体系建设，加强城乡规划、建设和管理，从而更好地推进社会各项事业有序发展。

（6）做得还行。

（7）城乡规划建设需更具前瞻性和合理性，社会保障体系建设进一步深化与细化。

（8）社会协调能力有待提高。

（9）社会的发展需要均衡，这样才能持续健康。

（10）坚持依法治国、依法行政，注重社会管理，促进政治、经济、民主协调发展。

（11）加强社会建设，共享发展成果，社会才能和谐。

（12）全面协调不容易。

（13）民主政治完善。

（14）全面协调发展。

（15）社会建设的加强可以从城乡规划，建设和管理等方面入手，可以大力推进社会保障体系建设，余杭在这方面可以完成指标。

（16）加强社会建设须以人民群众的需要为出发点，真正落到实处，而不是做形象工程，片面追求数字。

（17）全面协调稳定的发展建设是一个社会良性运作的标志。

（18）依法加强社会建设，既有利于改善民生，又有利于发展经济，还能促进法治建设。

（19）社会建设是促进民主、人民参与社会管理的重要渠道。

（20）本项中依法加强社会建设，但不应强调其结果即推进全面发展，给予一定权重，材料过度重视推进全面协调发展，而对"依法"过于忽视，酌情扣分。

8．关于"深化平安余杭创建，维护社会和谐稳定"

（1）平安建设也是事关百姓安居乐业，发展经济的保障，政府近年来也投入不少，社会环境有所改善，要进一步加强犯罪预防工作，为外来就业人员创造良好的工作、生活环境，减少一些因生活困难而导致的犯罪。

（2）重要，较好。

（3）有待进一步巩固提高。

（4）要创新社会治安防控体系，少搞"运动战"。

（5）依法打击违法犯罪，强化治安防控体系建设，完善矛盾纠纷调处机制，加强社会治安综合治理，从而更好地维护区域和谐稳定。

（6）创建工作做得不错，维护还需深化。

（7）流动人口管理需要进一步强化。

（8）警力不足矛盾凸显，平安创建不能得到有效开展。

（9）政府积极深化平安余杭创建活动，定期组织检查和评估，并实行单位主要领导负责制，签订平安余杭创建目标体制，为维护社会稳定起到促进作用。

（10）平安创建工作要制度化、网络化、主体化。

（11）这个有公安各项数据可参考。

（12）社会平安和谐。

（13）机制健全，人员到位，经费保障有力。

（14）余杭平安，社会和谐稳定是关键。

（15）"平安余杭"的口号在余杭已经深入人心，在这方面余杭的成绩有目共睹。

（16）平安余杭创建除打击犯罪、综合治理等措施外，更要从源头入手，人民群众生活水平提高了，思想素质进步了，犯罪、纠纷等社会矛盾自然会下降。

（17）余杭很久以前就意识到社会和谐稳定发展的重要性这是与余杭人民切身利益密切相关的。

（18）本项之目标就法治而言实无足轻重，且有形式化"和谐"之嫌。材料反映出这方面较为突出，给予满分。

9. 关于"健全监督体制，提高监督效能"

（1）重要，但做得一般。

（2）是最有效方法，期待进一步加强。

（3）行政监管途径和方式要创新。

（4）做得还行。

（5）加强监督体系建设，强化监督力度。

（6）社会监督效能日益完善，监督能力有待提高。

（7）政府监督组织体系要健全，实施多渠道、全方位的监管。如让党员、群众、人大代表、政协委员等党外民主人士及社会群众参与各项监督，提供网络监督平台等，提高监督效能。

（8）目前各种各样的监督好似很多，但效能低下，可能是因为公权力不够透明而难以监督。监督者的业务素质不高而不会监督，被监督者与监督者错综复杂的关系而不敢监督。

（9）不论法治与民主，要想贯彻实施还需监督，但似乎这是我们的弱项，都说政府要人民来监督，但现在政府的透明度有限，而人民的监督意识又太过薄弱，监督只是一种形式大于内容的存在。

（10）存在懒作为、慢作为、假作为（例如齐司镇烟花爆竹市场上许多不规范情况出现）、后作为（例如某些行业、领域本身存在问题，要等到出现严重后果或媒体曝光才去作为）。

（11）机制健全，监督政府，是打造平安余杭的手段，应当重视。

（12）没有监督的体制是腐败的，强化专门机关的监督智能是十分重要的。

行政效率不高，执法不严很大程度上在于有没有健全的监督体制。监督不应该仅仅是政府部门的行为，而应以群众监督为主，这样才能使行政行为真正与群众利益挂钩。

（13）一个没有监督的运作体系是不会长久的，稳定地发展只有通过不断监督才能使体制与规范得到切实执行与遵守。

（14）法治要完善，必须建立健全的监督体系，提高监督效能，监督体制的存在，可以杜绝公权力的滥用，使公民的权益和自由得到了有效的保障。

（15）材料反映这方面工作尚可，但群众监督仍需加强尤其是体制内之监督如行政复议、诉讼必须加强。

第五部分

2011 年余杭法治指数报告[*]

2012 年 5 月 29 日，2011 年度余杭法治指数在历经了近半年的群众满意度调查、内外部评审组评分、专家组评审之后，最终借助科学设计的统计模型，得出 2011 年度的余杭法治指数为 72.56，比 2010 年度略增了 0.08 个百分点。余杭法治指数评估至今已持续了 5 年，"综观 5 年的指数，从最初的 71.6 到现在的 72.56，每年的法治指数都有微幅上扬，总体上升的这 1 个百分点，实属不易"①。这是地方有关部门的整体认识，也是评审专家的普遍看法。

5 年来，余杭法治指数评审组本着严谨、精细的态度，与余杭当地有关部门密切合作，每年通过考察当地与法治相关的 9 大项 100 多种数据，对"法治余杭"的建设情况进行考评，并得出上一年的余杭法治指数，指导和推动当地的法治工作，并为全国基层法治建设提供参考。5 年下来，我们欣慰地发现，余杭的法治状况在一点一滴地切实改善，总体指数增长不多，但即使是小小的数字变化，仍然可以折射出多个角度的面貌，使我们看到今天中国东部省份一个先发先行的区县推行地方

* 执笔人：钱弘道。除课题组专家成员外，余杭区委法建办毛新利、马永年、陈建六、唐文薇等同志对民调等相关工作提供了支持。段海风、王梦宇、杨楠三位同学参与了报告初稿的写作。其中，王梦宇参与撰写第一部分，杨楠参与撰写第二、三部分，段海风参与撰写第四、五部分。徐博峰、柯海雅、项欢、陶枫、单轶、张珊珊、胡军、张夏子等博士、硕士研究生、本科生参与了数据收集、民意调查等工作。钱无忧协助校审、数据复核等工作。

① 参见杭州市市法制办《杭州余杭区第 5 个法治指数通过专家评审》，载中国政府法制信息网，http://www.chinalaw.gov.cn/article/dfxx/dffzxx/zj/hzs/201206/20120600368432.shtml，2012 年 6 月 7 日最后一次访问。

法治的原本进程。以下林林总总的数据，便构成了支撑这个多棱体的基座。

一　2011 年的基础数据分析

余杭法治指数是由各类主体评估得出的，而法治实践的相关基础数据资料则是整个评估活动的前提和基础。从某种程度上说，余杭法治状况基础数据资料的形成就好比整个评估模型的"前置程序"：虽然这些数据资料并非评估活动的目的和主干，也不直接对应于构成法治条件的每一项具体指标；但是，它却是内部组、外部组以及专家组评分不可缺少的重要参考和辅助性依据，是整个量化评估实践的基石。

这一部分的数据主要包括了主客观两方面的基础资料：一部分是与余杭法治指数密切相关的背景数据，这一部分的统计相对最为客观，经由实际的统计数据反映余杭区该调查年度社会法治发展的实际状况；另外一部分是余杭地区有关部门根据评估体系进行自评得出的数据。这两部分数据的考察期间均和往年一样，截至当年的 12 月 31 日，以确保数据能够最大限度地反映该年的法治情况。

（一）2011 年度"法治余杭"背景数据分析

历年部分背景数据对比与反映情况分析如下。

1. 在过去这一年中，余杭区与民主政治完善方面相关的数据有一点非常令人欣喜（见表 5 - 1），即居委会选举的参与度、居民自治的程度和公民参加各类党派和社团的比率在逐年提升。各类社会组织和团体是党和政府联系人民群众的桥梁和重要纽带，余杭区居民参加各类社团的主动性和积极性不断提高，反映了该区居民主体意识和民主参与意识的增强，这对于余杭的民主法治建设意义十分重大。

表 5 - 1   与民主政治完善相关的部分数据表

历年数据	2007	2008	2009	2010	2011	数据来源
居民参加居委会选举的比率	84.9%	未选举	88.5%	90%	98%	民政局（区）
居委会达到自治标准的比率	100%	100%	未换届	100%	100%	民政局
公民参加各类社团的数量	146 个社团，140405 人次	161 个社团，142037 人次	215 个社团，156349 人次	218 个社团，158003 人次	224 个社团，170271 人次	统战部民政局

2. 与政府依法行政相关的案件数据（见表 5 - 2）表明：第一，2011年度余杭区行政复议与行政诉讼案件的数量与之前一年相比都有一定的减少。① 第二，行政部门工作人员重大违法乱纪案件数有大幅下降，因违法、不当行政行为引发的上访、信访事件数连年保持"零发生"局面。第三，信访案件的总数依旧保持了逐年增加的态势，信访案件基本完成结案的目标，重复信访的比例亦逐年降低。这说明余杭区的依法行政工作得到了较好的贯彻和落实。依法行政要求行政机关在行使行政权力的时候必须要有法律的授权，并且要严格依据法律的规定来进行。要推进余杭的法治进程，政府首先应当以身作则，维护好法律的权威，营造出良好的守法氛围。与此同时，余杭区信访工作的开展依然取得了良好的成效，受到了群众的青睐。这些数据从总体上反映出余杭区政府工作的合法性在一定程度上得到了百姓的认可。

表 5 - 2   与政府依法行政相关的案件数据表

历年数据	2007	2008	2009	2010	2011	数据来源
行政复议案件总数	14	18	14	29	16	区法制办

---

① 同时，2011 年度余杭辖区内行政案件占所有案件比率也较之前下降。具体参见表 4 "与全民素质提升相关的部分数据" 中相应栏目。

历年数据	2007	2008	2009	2010	2011	数据来源
引发行政诉讼的复议案件数	6	6	9	19	6	法院
行政部门工作人员重大违法乱纪案件数	16 人	34 人	13 人	17 人	6 人	监察局
信访案件总数	26031 件 40232 人次	39002 件 39915 人次	47413 件	49364 件 55821 人次	50061 件 57988 人次	信访局
信访案件结案率	99.7%	99.8%	99.13%	99.8%	99.8%	信访局
引发重复信访的信访案件数占全部案件的比率（%）	16.85%	9.9%	3.43%	3.06%	2.83%	信访局

3. 与司法公平正义相关的数据（见表 5－3）显示：首先，该年度余杭区的一审案件数量与前几年相比略有增加，而上诉率、抗诉率和二审改判的比例都较上一年有所下降。其次，在这连续 5 年的时间里，余杭区内没有发生过一起司法赔偿案件。和谐社会是余杭区发展建设的重要目标，而"民主法治"、"公平正义"等和谐社会的重要内容都离不开司法的公正。随着余杭区经济、社会等方面的蓬勃发展，该地区一审案件的数量较上一年略有增加，而在总基数增加的情况下，案件上诉率等均有所下调，且连年未有一例司法赔偿的案件出现，这说明余杭区法院 2011 年的办案质量有所提高，司法更趋公正。

表 5－3　　　　　　与司法公平正义相关的部分数据表

历年数据	2007	2008	2009	2010	2011	数据来源
一审案件数	6579	8223	10678	10023	10779	法院（区）
上诉案件率	5.6%（上诉 368 件）	4.8%（上诉 398 件）	4.3%	6.1%	5.56%（上诉 599 件）	法院

续表

历年数据	2007	2008	2009	2010	2011	数据来源
抗诉案件率	0.05%	0.01%	0.009%	0.05%	0.019%	法院
二审改判率	5.4%	6.0%	8.8%	7.5%	5.8%	法院
司法赔偿案件数量	0	0	0	0	0	法院

4. 在与全民素质相关的数据当中（见表5-4），2007年至2011年余杭地区政府各部门受理并确定成立的案件总数逐年上升是一个最为显著的现象。这一现象反映出余杭人民的法治观念、维权意识在日益增强，这对当地法治的建立健全和社会整体发展水平的提高有着相当重要的作用。它不仅反映了余杭区普法教育工作的成效，也是余杭区依法治理和社会整体建设的成果。另外，从这连续五年的总体情况看，余杭区2011年度各类一般违法行为的比率基本都处于平均线之下，但犯罪率当年有较大反弹，大概与前一年数字偏低、产生递延效应有关。

表5-4　　　　　　　与全民素质提升相关的部分数据表

历年数据	2007	2008	2009	2010	2011	数据来源
政府各部门受理并确定成立的投诉总数	/	/	1677	1693（消保委报送）	1800（消保委报送）	法制办
行政案件占所有案件比率	0.68%	0.40%	0.37%	0.39%	0.25%	法院
每十万人中，不满18岁者违反治安管理法的人数	32	18	11.54	13.46	13.36	公安分局
18岁以上犯罪人数	1354	1554	1778	1358	2013	法院
每十万人中，18岁以上者犯罪人数	118.44	127.22	137.80	95.64	129.24	法院

续表

历年数据	2007	2008	2009	2010	2011	数据来源
18 岁以上接受劳动教养人数	194	118	108	70	119	公安分局
每十万人中，18 岁以上者接受劳动教养人数	16.97	9.66	8.37	4.93	7.64	公安分局

上文结合历年数据对反映余杭法治情况的主要方面进行了对比分析。鉴于法治量化评估在中国内地仍然是一项比较新近的实践，因此有关数据的收集标准和方法也处于不断的完善和调整之中；但就已有的背景数据来看，余杭区的法治状况总体稳中有升，同时仍然存在着较大的发展空间。

（二）2011 年度"法治余杭"考评情况

自 2008 年以来，为更加准确、全面地掌握"法治余杭"建设的成效，余杭区在政府部门内部自我测评的基础上，进一步开展了"法治余杭"建设专项工作组的年度考评。具体由余杭区法治建设办公室负责召集区内与法治工作密不可分的各个单位，根据"推进民主政治建设，提高党的执政能力"等九个具体目标及其所分解出来的主要任务为指引，依据任务内容列示的具体考评指标分项进行统计和核实。余杭区立法、执法、司法等机关人员组成各考核组进行分项考核评测，打出九个方面的得分。2011 年度，该办公室对各考核组人员的审核打分情况进行了汇总统计，最终算出本区法治建设自评考核得分 918 分（见表 5－5）。其中，参加考评的单位既包括区发改委、区国土资源局、区财政局、区民政局、区教育局等区政府组成部门，也包括区人大、区人民法院、区妇联等政府之外的机构。为确保评审的中立性，这部分的数据在测定法治指数时并不直接作为计算依据，而只是作为评审活动的参考。

表 5 - 5 2008—2011 年度 "法治余杭" 考评各项指标实施情况得分情况表

序号	考评目标	标准分	2008 年考评分	2009 年考评分	2010 年考评分	2011 年考评分
1	推进民主政治建设，提高党的执政能力	110	100	108.8	82	79
2	全面推进依法行政，努力建设法治政府	160.	140	133.3	129	137
3	促进司法公正，维护司法权威	130	120	129.7	130	127
4	拓展法律服务，维护社会公平	100	95	96.3	93	96
5	深化全民法制教育，增强法治意识、提升法律素养	100	90	94.2	86	88
6	依法规范市场秩序，促进经济良性发展	100	85	85	97	96
7	依法加强社会建设，推进全面协调发展	100	90	90.9	94	97
8	深化平安余杭创建，维护社会和谐稳定	100	85	90	100	100
9	健全监督体制，提高监督效能	100	90	89.6	98	98

综合 2008—2011 年的考评分数来看：除了在 "推进民主政治建设，提高党的执政能力" 项下的评分相对较低以外，2011 年度的其他各项考评分都达到了标准分的 85% 以上；2011 年度的总评分略高于前一年的得分；"全面推进依法行政，努力建设法治政府" 项下的评分相对之前一年有了一定的增加。由于这些分值数据主要来自于国家机关内部的自我测评，相对来说主观色彩要浓厚一些；因此，对于自评考核得分我们需要谨慎地看待，也可以适当结合客观背景数据来进行分析。例如，"法治余杭" 考评中第二项指标结合表 2 中与政府依法行政相关案件数据的显示，政府部门工作人员重大违法乱纪的案件数有较大的下滑，近年来没有发生一起因违法、不当行政行为引发的上访、信访事件，且当年的行政复议与行政诉讼案件数都有一定的减少，这部分的客观资料同时佐证着第二项指标实施情况自评分的上升，印证了余杭区的法治政府建设有着较好的发展态势。

二 群众满意度调查

生活在余杭地区的普通民众是余杭法治的直接感受者，其满意程度是法治指数中很重要的一个方面，准确统计 2011 年的群众满意度调查数据，再通过与往年群众的满意程度进行对比，得出一些变化，根据这些数据变化我们可以看出这一年来余杭地区在 2011 年度法治大环境下，在"法治余杭"建设中所取得的成绩和有待改进的问题，还有上升空间的地方。

（一）群众满意度问卷调查

群众满意度调查是组织者通过网上民意调查、实地调查和发放调查问卷等社会调查方式，获取当地群众对与"法治余杭"建设密切相关的九项内容（1. 党风廉政建设；2. 行政工作认同度；3. 司法公正；4. 权利救济有效；5. 民众尊崇法治；6. 市场规范有序；7. 监督力量健全；8. 民主政治参与；9. 社会平安和谐）的满意程度，分别对各项进行打分（第10 项为受访者对余杭的法治总体情况的打分评价），通过分类统计，得出本年度群众对"法治余杭"建设给出的客观分数。如图 5 - 1。

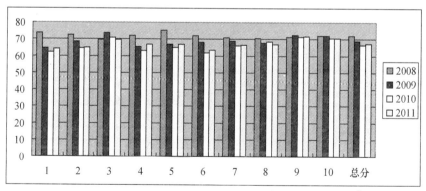

图 5 - 1：2008—2011 年度问卷调查各项得分情况示意图[①]

---

① 鉴于 2008 年后在总结以前的经验、得失基础上，对群众满意度的问卷调查方式和分析方法进行了较多改进，更加客观，信度、反映力增强，故此处只取近四年来的数据。

表 5 - 6   2008—2011 年度问卷调查各项得分表

年份	1	2	3	4	5	6	7	8	9	10	总分
2008	73.77	72.47	69.86	72.08	75.44	72.08	70.70	70.45	71.19	71.99	71.99
2009	64.52	68.52	73.71	65.24	66.83	68.05	69.03	67.85	72.40	71.92	68.79
2010	62.30	64.60	70.70	62.80	65.10	61.70	66.10	68.70	71.20	70.60	66.38
2011	64.30	65.00	69.70	66.80	67.00	63.20	66.40	67.00	71.50	70.60	67.15

调查人员秉承参评面广、客观中立、简便易行的原则，选取不同年龄、不同身份、不同文化程度的社会各阶层民众来开展调研。调查小组共收到有效调查问卷 3311 份，其中包括余杭实地调查的 1541 份以及余杭区统计局调查的 1770 份。调查问卷的数量和调查方式较前四年有了大幅增加（与 2010 年度的 2249 份相比，增幅达 47.22%）。样本容量的增大，能更准确地反映群众的满意度。调查问卷采用了社会统计学通用的 5 个向度，即非常满意、比较满意、一般满意、比较不满意、非常不满意等选项来进行评审，尽可能使测量结果涵盖群众的真实评价，提高精确度，也使群众便于区分评价调查问题的情况。对于一些诸如司法公正、民主政治参与等内涵丰富的指标，调查小组还进行了访谈，更详尽地了解群众实际的看法感受。

（二）调查结果数据分析

总体说来，2011 年度群众满意度调查数据有了较大改观，结束了连年下降的趋势。当年群众满意度呈现反弹上升状态，较 2010 年度上升 1.16%，其中 7 项指标实施情况得分较 2010 年上升，2 项下降。其中权利救济、党风廉政建设、社会法治意识几项得分上升幅度较为明显，分别为 6.37%、3.21%、2.92%；民主政治参与、司法公正两项得分较 2010 年度略有下降，幅度分别为 2.47%、1.41%；法治总体情况得分与 2010 年持平。

通过对历年群众满意度的比较，我们可以得出如下分析结果：

首先，可喜的是，在经历了连续数年下降之后，2011 年度群众满意度首次呈现回升状态，这是一个正面的讯息。从群众的逐步认可可以看出，余杭政府确实做了大量切实有效的工作，余杭地区的法治建设相对进步，人民群众对法治建设的信心有所增加。在权利救济、党风廉政建设、社会法治意识等方面体现得尤为明显。相对于前三年，2010 年度这三个方面的得分上升幅度较大，说明余杭地区在上述方面有了明显的改观，达到了显著效果。

其次，结合访谈以及图 5 - 1 所示我们也可以看出，余杭地区的司法工作满意程度、社会治安水平、法治总体情况得分一直远高于其他指标，并居于较为稳定的水平，说明余杭居民对上述指标实施情况的评价一直是较为满意的。访谈中，大部分群众提到，余杭地区治安水平高，百姓生活很安心，这反映了余杭的社会较为稳定，人民生活和生命安全得到较高程度的保护和尊重。

再次，对于民主政治参与指标，继 2010 年度略有反弹后，2011 年度再度回落，这表明对于人大代表选举、村委选举等民主政治工作，政府一些工作尚不被群众认可，余杭政府在此方面的工作还有很大的提升空间，还需进一步采取制度上的保障措施使选举更加公开透明，百姓可以选出自己称心如意的代表，使百姓的民主政治权利落到实处。此外，针对很多群众对代表是谁采取漠不关心态度的现象，政府还应做好宣传与信息公开工作，使群众重视行使自己的政治权利。

最后，通过对余杭四年总体法治水平群众满意度的数据梳理比较可以发现，2008—2010 年度余杭民众对余杭的法治满意度连续下降，但下降幅度越来越小，2011 年度终于反转，略有回升。由此可以看出，余杭民众的法治意识渐趋理性平和，余杭在法治建设方面也积累了较为丰富的经验；同时也显现了"法治余杭"的评估手段直观地反映了余杭民众对余杭法治建设的态度，这在评估的信度和效度上都是一个很积极的反应，反映了经过五年的探索实践，法治指数的评估方法更为可信和客观，指标设置更为科学，这对于推进余杭地区整个法治建设进程是有积极意义的。

三 内外组评审比较分析

(一) 内部评审组评审结果

内部组的五年来的评审结果总体来说是稳定的,相对于其他评审主体,内部组的评审结果反映了内部组成员高度重视历年的法治指数评审,并且呈现出普遍打分较高的现象。通过对这些数字的分析,我们可以看出内部组成员对余杭地区法治建设努力的充分肯定。下面我们通过对数据的具体分析来考查这些情况。

1. 内部评审组评审人员构成与指标权重确定

内部评审组是由余杭地区的党委、人大、政府以及司法机构中直接参与法律工作的成员随机抽取组成评估小组。主要涉及人民法院、人民检察院、司法局、人大、信访局、公安局、交通局、教育局、城管执法局、民政科、财政局等相关部门,2011 年相较于 2009、2010 年度增加了外经贸局,调查主体有所扩大,共 20 名人员组成。

表 5 - 7　　2007—2011 年内部评审组对九项权重平均赋分情况表

内部组	民主执政优化	建设法治政府	司法公正权威	法律服务完善	市场规范有序	民众尊崇法治	全面协调发展	社会平安和谐	监督力量健全
2011	9.00	9.14	8.92	8.14	7.72	7.78	7.74	8.28	8.53
2010	9.25	9.22	8.58	7.90	7.72	7.24	7.47	8.17	7.99
2009	9.39	9.22	8.78	8.06	8.28	7.94	7.61	8.00	8.44
2008	9.56	9.72	9.11	7.89	8.28	8.22	8.39	9.11	9.11
2007	9.11	8.83	8.28	7.28	7.67	7.50	7.50	8.17	8.67

内部组在据以进行评估的九个指标权重选择上存在着不同的优先次序。通过对图表的观测,我们可以看出,内部组在 2011 年的法治指数的评审中,在民主执政优化、建设法治政府、司法公正权威等方面给予了较大的权重,说明内部组成员认为这三个指标对于余杭地区的法治建设较为

重要。总体来看，5年来内部组成员普遍认识到了民主政治、司法公正、法治政府这样与立法、司法和执法的具体环节有关的方面，对落实法治理想的重要性。但相对于前几年给予民主执政优化更大的权重评分而言，2011年他们更加着眼于建设法治政府对法治的实际推动作用；对民主执政优化的权重评分下调，大概也与他们认为这方面的实际作用或效果有限有关。

2.内部评审组各指标实施情况评分分析

2011年的内部组评估分值考查可从两个角度进行：其一，通过对内部组平均得分进行比较，分析各目标项的发展状况；其二，分析内部评估总分值。九项指标实施情况评分对比状况如表5-8：

表5-8 2007—2011年内部评审组对九项指标实施情况的评分情况表

各项历年得分	民主执政优化	建设法治政府	司法公正权威	法律服务完善	市场规范有序	民众尊崇法治	全面协调发展	社会平安和谐	监督力量健全
2011	76.00	78.61	79.67	74.56	74.67	74.67	76.17	79.33	77.94
2010	82.83	78.44	81.33	81.62	78.00	77.00	78.40	81.61	76.89
2009	81.61	80.22	80.78	79.22	77.11	77.72	78.56	83.22	78.11
2008	75.83	73.33	76.06	73.94	71.00	76.06	74.72	74.83	67.22
2007	68.72	68.00	68.78	67.56	65.17	69.22	67.72	71.44	67.61

2011年内部组对司法公正权威指标实施情况的评分最高，这与群众满意度调查情况大体吻合。同时内部组成员对建设法治政府、社会平安和谐、监督力量健全几项指标实施情况的评分也相对较高，都在77分以上，这与群众满意度调查的结果也大致类似。

通过对连续五年的内部评审总成绩的比较不难看出，内部组成员对余杭法治建设打分较高，总体上呈现乐观态度（如图5-2所示）：2007年内部组成员的平均总分为68.27分，2008年为73.6分，2009年保持了显著增长的势头，为78.91分，2010年度上升幅度较小，为79.66分；2011

年却出现首次下降，下滑到76.93分。可见，在内部组看来，余杭的民主法治建设在2011年并非尽善尽美，尚有一些有待改进的方面。

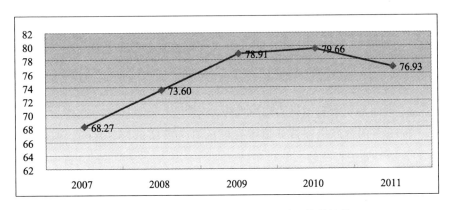

图5-2　2007—2011年内部评审组评分总体统计情况

（二）外部评审组评审结果

1. 外部组评审人员构成与指标权重确定

外部组由不直接参与余杭党委、人大、政府以及司法机关工作，但知晓或者直接、间接参与或者关注余杭法律事务的非政府组织、教育机构、新闻媒体、企业的人员甚至参与过司法诉讼的当事人代表组成，如教师、企业家、新闻记者等。该组成员较社会群众而言，职业、社会地位丰富而多元，相对熟悉法治的理念与实践，对余杭法治的现状也有独特的体会，其评估得分能一定程度上反映余杭法治的进程，与内部评审组的结论相互对照印证，进一步减小结论偏差。

不同的评审指标在外部组评审过程中所占的平均权重可以反映外部组成员对各指标在法治评估时的重视程度与优先次序，进而反映外部组所代表的广泛群体对法治发展方面的基本认识和评价。由外部组的给分，我们可以得出如下认识：

民主执政始终受到外部组成员的重视。对比2010年以前的外部评估数据及资料，可发现外部组成员始终认为第一项、第二项和第三项指标，即民主执政优化、建设法治政府和司法公正权威占据非常重要的地位，历年权重均在 8.5 以上。在 2011 年的外部组权重评审中，上述三项的比重仍然最为突出，尽管总体上随着其他指标权重一起有所下降。这说明在社会转型期间，民主政治、法治政府、司法公正的主题得到充分彰显，一直引发群众代表较多的关注。

2007 年到 2011 年，第四项和第六项指标，即法律服务完善和民众崇尚法治的权重普遍较低，民众崇尚法治的指标权重居 2011 年权重最低，说明外部组成员对余杭地区的法律服务完善程度与民众对于法治的信仰存在着不太满意的现象，或者认为这几项指标对于余杭法治程度的表现力下降，这也反映出今后政府的工作应在树立服务意识与增强民众对法治的信心方面努力加强。

表 5 - 9　　　　2007—2011 年外部评审组对九项权重平均赋分情况表

各项历 年得分	民主执政 优化	建设法治 政府	司法公正 权威	法律服务 完善	市场规范 有序	民众尊崇 法治	全面协调 发展	社会平安 和谐	监督力量 健全
2011	8.64	9.08	8.75	7.62	7.63	7.46	7.98	7.72	8.31
2010	9.28	9.27	9.16	8.01	8.19	8.40	8.18	8.36	8.80
2009	9.00	9.17	8.89	7.89	7.61	7.56	7.78	8.06	8.72
2008	9.17	9.39	9.44	8.06	8.22	7.94	7.44	7.50	9.11
2007	9.28	9.28	9.00	6.78	7.72	7.50	7.17	7.22	8.89

整体而言，各项指标的权重差异较大，反映了来自于社会各个领域的外部组成员对法治核心价值和法治建设认识上的较大分歧。与内部组打分情况类似，2011 年外部组成员也给予建设法治政府指标较其他指标更高的权重。

2. 外部组评审指标实施情况分析

我们对外部组评分情况主要从两个方面分析：其一，通过对比 2007—2011 年五年的单项指标实施情况进行直观检视。其二，总结外部组评分总体情况。

2007—2011 年五年的单项指标实施情况评分如表 5 - 10 所示：

表 5 - 10 2007—2011 年外部评审组对九项指标实施情况的评分情况表

各项历年得分	民主执政优化	建设法治政府	司法公正权威	法律服务完善	市场规范有序	民众尊崇法治	全面协调发展	社会平安和谐	监督力量健全
2011	75. 14	72. 50	73. 94	70. 83	71. 11	72. 78	74. 44	78. 33	72. 69
2010	81. 32	77. 49	80. 53	77. 26	77. 09	77. 01	78. 37	79. 34	75. 84
2009	74. 94	75. 20	75. 65	76. 70	71. 15	75. 65	75. 25	78. 25	71. 70
2008	70. 10	67. 45	69. 50	69. 90	68. 70	71. 70	71. 00	72. 55	63. 55
2007	63. 72	64. 22	62. 06	64. 50	62. 33	67. 22	66. 50	67. 61	60. 89

与前四年持续上升的趋势不同，2011 年外部组所有的单项指标实施情况评分较之前一年都有不同程度的回落，其中法律服务完善、司法公正权威、市场规范有序三项评分下降幅度较大，分别为 8.32%、8.18% 与 7.76%。不过，各项指标实施情况得分都保持在 70 分以上。可见外部组成员在大体肯定余杭地区法治建设取得成果的基础上，认为 2011 年的工作尚存在一些不足。

外部组成员在 2011 年的评估中对于法律服务评价最低，仅有 70.83 分，较 2010 年下降了 8.32%，这说明 2011 年度余杭的法律服务可能出现了差强人意之处，需要特别注意。通过五年的比较可以发现，监督力量健全情况一直处于评分的较低水平，说明余杭地区还应从监督的途径、手段、效果等方面多做文章。

以上是通过外部组成员对各项给出的权重和平均分对比得出的一些分析。总体看来，五年来的外部组评分与内部组评分的趋势基本相同，即 2007 至 2010 年度连年稳步上升，2011 年度出现回落，较 2009、2010 年度得分低，但仍高于 2007、2008 年度水平。2007 年的外部组平均分为 64.18，2008 年为 69.8，2009 年上升到了 75.27，2010 年增长到 78.29，而 2011 年回落至 73.54。虽然与 2009 年度的飞跃相比，2011 年度内外部组的成员满意度下降，但其对于这几年余杭法治发展的体会仍是以正面因素为主的。2011 年是余杭法治指数开展实施的第五年，无论是从课题组指标的设计、调查的展开，还是从人民群众、内外组成员的认知程度、评价方法，各方面都日臻成熟完善，群众的态度也日趋理性审慎，因此出现该现象的原因一方面确实是余杭地区的法治实践与群众的期待尚存差距，有待改进；另一方面也应看到群众对余杭法治建设的认可。

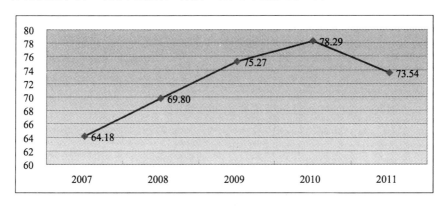

图 5 - 3 2007—2011 年外部评审组评分总体统计情况

（三）内外组评估方式的改进与对比分析

余杭法治评审组 2011 年在内外组总体评审指标的收集过程中，除了注意保持与往年的可比较性和稳定性以外，还在评估方法上进行了尽量客观的改进。这些改进主要体现在对内外组成员的选择和数据有效性的分析上。首先，内部组的名录库有所扩容。在 2009 年扩容一倍的基础上，2010 年、2011 年又进行了扩容和整理，对人员的甄选更为合理。其次，在内外组的成员选择上，采取了更为符合社会统计学的随机原则，尽量增强统计样本的代表性。2010 年、2011 年内外组的评审成员是在 2009 年有回馈的、未回馈的和新增的名录库中各选取适当比例。其中有 30% 是往年参加过打分的，有 70% 是新增成员，这样就较好地保证了评审结果的客观性。

四 专家组评审和最后结果

（一）专家组评审过程和方法

余杭的 2011 年法治指数评估，也少不了专家们的参与。沿用了

2007—2009 年"法治余杭"建设情况实地评审、现场打分的方法，2012 年 5 月份，由余杭法治指数课题组向"法治指数专家评审组"成员——15 位在国内外有较高知名度的法学家①呈送或寄送材料，专家们根据民意调查结果、内外评审组的最后打分和意见反馈，以及余杭有关部门提供的当地法治建设详细陈述，特别是一系列数据，在余杭法治水平评分表上打分，并对每一个条件的打分情况作出书面说明。

相对于内、外部组的评审，专家组的评审能在一定程度上避免法治指数可能出现的不合理、非理性状况，使之能更客观、全面地反映余杭的法治状况，因而更具有公信力，更能让社会群众接受。

评审时，专家组成员就反映余杭法治状况的九个指标项分别给出权重值和得分，由课题组收回统计。在收到的 11 份有效评分表中，每个指标项的 10 个打分去掉一个最高值和最低值后，按照一定的统计方式进行计算，最终得出各项的平均值，最终算出专家组对余杭 2011 年法治情况的总体打分 75.75 分，这个分数占余杭 2011 年法治指数的 30%。

(二) 专家组评审得分及结果分析

相对于 2007 年的 71.61 分、2008 年的 71.77 分、2009 年的 69.83 分，以及 2010 年的 72.02 分，2011 年的专家组评分（75.75）显著提高。各项法治目标的实现得分与前四年的情况对比如表 5 - 11 所示。由之可以看出，2011 年各项评分普遍比往年理想，尤其是"建设法治政府"、"法律服务完善"、"民众尊崇法治"、"全面协调发展"、监督力量健全等几项得分比 2010 年显著增加。这说明，在法学专家心目中，"法治余杭"建设经过五年的努力，法治水平、社会法治氛围近几年有了明显改善，法律服务、社会监督渐趋规范，民众的法治信仰逐步形成，社会的全面协调发展益加彰显。

---

① 专家组人员包括（排名不分先后）：江平、李步云、武树臣、刘作翔、邱本、王公义、吕庆喆、孟祥锋、孙笑侠、林来梵、钱弘道等。

表 5 - 11   2007—2011 年专家组对九项指标实施情况的评分情况表

历年 评分	民主执 政优化	建设法 治政府	司法公 正权威	法律服 务完善	市场规 范有序	民众尊 崇法治	全面协 调发展	社会平 安和谐	监督力 量健全
2011	76.22	75.56	76.11	77.67	74.00	76.56	75.56	76.00	74.00
2010	74.38	71.25	70.63	72.00	71.13	71.50	71.75	74.63	70.75
2009	70.00	72.13	69.00	69.88	67.13	71.13	69.00	70.25	69.63
2008	72.77	72.46	70.85	71.46	71.92	73.23	72.08	71.08	70.15
2007	71.82	71.73	72.09	71.55	73.64	71.27	70.64	72.64	69.09

有专家在评审意见中指出，根据 2011 年的评审材料来看，余杭当年积极开展普法培训活动，组织干部法律知识培训，人均律师、法律服务工作者拥有率较高，法律援助有所提高；实施"服务民生法治行"项目，大力开展城管执法进社区、劳动保障服务进企业活动，成效初显；行政事务公开率较高，备案、审查率、满意率较高，但公开的范围、审查的程度应有所扩大。

五 余杭法治指数的计算

余杭法治指数的计算公式：

$$\bar{\bar{s}} = \sum_{j=1}^{9} \bar{\bar{w}}_j \tilde{\bar{s}}_j。$$

通过上述公式可分别计算出内部评审组、外部评审组以及专家评审组三部分的最后法治指数分值，结合群众满意度调查分值，计算出余杭法治指数最终分值。各部分的分值在余杭法治指数最终分值中所占比率分别为：群众满意度调查分值占 35%，内部评审组与外部评审组的评分共占 35%，专家评审组的评分占 30%。

综合计算，得到 2011 年余杭法治指数：72.56。具体计算过程如图 5-4 所示：

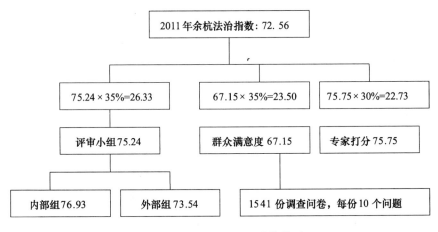

图 5 - 4　余杭法治指数计算模型

与 2007—2010 年的得分 71.6、71.84、72.12、72.48 对比，2011 年的 72.56 分反映余杭法治总体水平稳中有升，但由于基数的提高等多种原因，2011 年的升幅减小。

六　余杭法治指数反映的问题及有关建议

余杭法治水平评估活动开展五年来，当地群众对法治指数有了更为深入的认识，由感性渐至理性，公民权利意识和法治意识在逐步增强，对各方面工作成效的评判更为客观实际；内、外部组代表的地方政法工作人员和知识分子也用更大的热情参与这项活动，所提建议更富有针对性和建设性，他们亲眼目睹了余杭法治进程的逐步推进；法学专家也一直在保持对余杭的关切和注视，通过直接或间接的途径看到了余杭一点一滴的进步，并在不断地给余杭提出颇具启发性的指导意见。国内各种媒体更在不断跟踪着"余杭法治现象"，有肯定，也有质疑。基于各方面的动力和压力，余杭党政、司法等机关和公共服务组织近几年来按照法治精神的要求，特别是法治指数九项指标的要求，做了诸多的努力，取得了不少成效，也仍有一些需要继续加强的地方。分述如下。

（一）监督力量显著加强，但监督实效仍需进一步提高

2011 年余杭监督力量健全这项指数得分有了较大提高，72.85 分，终于高于当年法治指数总分。2009—2010 年的这项得分虽然比之前两年有所提高，但绝对值仍然不够理想，且在 2010 年专家组和内、外部组打分中，成为最低的一项。近四年数据见表 5-12。

表 5-12　　　　　2008—2011 年余杭监督力量健全指数得分表

组别	2008	2009	2010	2011	权重
民意调查	70.70	69.03	66.10	69.40	35%
内部组	67.22	78.11	76.89	77.94	35%
外部组	63.55	71.70	75.84	72.69	
专家组	70.15	69.63	70.75	74.00	30%
总分	68.79	71.20	71.09	72.85	

监督体制的存在，可以杜绝公权力的滥用，规范其在合法合理的轨道运行，使党政机关的廉洁高效得以保证，公民的权益和自由得到有效的保障。有关监督力量包括党内监督、人大及政协监督、政府内部监督、司法监督、媒体监督、公众监督等。要提高法治水平，必须建立健全的监督体系，提高监督效能。而法治水平的高低，也反映在监督体制的是否完善、效能的高低上。

2011 年，"法治余杭"建设最薄弱的链条——监督力量方面之所以能取得较大改观，是源于有关部门做了大量的针对性工作，如：政府对行政部门实行了决策责任追究和评估制度，确保了行政部门的依法履行职责；全面开展行政处罚、许可案卷抽查，提升行政执法质量；全面加强规范性文件合法性审查；认真执行党风廉政建设责任制，监督体制进一步健全；加大了司法的审查监督力度；构建了公共权力监督网络，社会监督，特别是网络媒体的监督，正在发挥越来越大的影响，"势不可挡"（当地评审人语），政府开设的网络平台也正发挥作用。因而，余杭的监督体制相对来说比较完善，来自人大、党委、政府、司法机关、民众等各方面的监督

比较有力。

但据群众反映，余杭的监督实效还存在一些有待继续改进的问题，如：a. 如何提高监督效能仍需做大量的工作；b. 需要长期坚持；c. 监察上，政府部门仍有相互推诿的现象；d. 还需要加强内部监督力量，还有许多政府部门中监察室主任或工作人员仅仅是兼职，很难有效开展工作；e. 希望深化反腐倡廉，加强教育与监督；f. 监督体制创新不够，民众力量介入不足。对于最后一点，其实上一年的民众意见调查已有反映，如：政府监督组织体系要健全，实施多渠道、全方位的监管，如让党员、群众及人大代表、政协委员中的党外民主人士参与，提供网络监督平台等，提高监督效能；行政复议、诉讼尤其必须加强。由此可见，"健全监督体制，提高监督效能"始终是法治建设的一个重点和难点，如何借助包括群众监督在内的外部力量来监督公权力的运行，任重而道远。

（二）民众尊崇法治程度有所提高，但尚待巩固

与前两年尤其是 2010 年相比，余杭民众对法治的尊崇程度 2011 年有所提高，但尚不够稳固，见表 5－13 反映的"深化全民法制教育，增强法治意识、提升法律素养"历年评分数据。

表 5－13　　　　2011—2008 年余杭民众尊崇法治指数得分表

组别	2008	2009	2010	2010	权重
民意调查	75.44	66.83	65.10	67.00	35%
内部组	76.06	77.72	77.00	74.67	35%
外部组	71.70	75.65	77.01	72.78	
专家组	73.23	71.13	71.50	76.56	30%
总分	74.23	71.57	71.19	72.22	

对法治的尊崇程度，体现一个地方的民众法治信仰水平，它是当地法治建设的投影，综合表现具体工作尤其是司法、执法工作和全民法制教育的实效，反映出当地群众的法律素养。

调查问卷显示，对于"您认为余杭公民遵守法律、通过法律途径保

护自己的意识强弱程度如何"，在1541名被调查者中，43.39%的人认为高或者较高，42.55%的人认为一般，14%的人认为低或者较低。（表5－13中的民意调查得分据此算出）这说明余杭民众2011年的法治尊崇程度处合理水平，但据优秀值还有距离。

为了提高民众的法治意识，增强他们的法律信仰，2011年余杭有关部门做了不少努力，如：179个村级组织换届选举阶段，法律服务全程护航；大力实施"服务民生法治行"实事工程建设，甄选群众关心关注的15项内容做好执法工作；大力开展民主法治村（社区）创建考核工作；制定重点对象学法制度，组织开展领导干部、公务员网上学法用法；根据普法规划，做好"法律六进两延伸"活动；组织法制副校长校园安全专题授课；开通余杭区依普办官方微博；组织法制宣传日、纪念日宣传活动；等等。正是上述有力举措将法治理念植入余杭人的内心，使他们对法律有较高的认同度，民众的维权意识比较强。但据内外组评审人员的意见，余杭在如下方面还需切实多下工夫：

a. 法制教育需要开创新的途径、方法、手段，有新的突破，公务员的法律考试采用网络方式是个创新，但考试的可信度值得组织者思考；b. 尤其要增强公职人员的法制观念和依法办事能力；c. 司法局、教育局等部门如何联手开展系列教育活动，这方面的探索和实践不够；d. 学校、社区积极进行法制宣传，但有时走过场。有人认为，"这些年来，余杭群众的法治意识增强很快，但是总体来说人民的法律素养较发达国家而言还有很大差距"。这当然是很难一步到位的。

（三）建设法治政府方面成效显著，制定地方规范性文件水平国内领先，但全面依法行政困局仍待突破

余杭2011年在建设法治政府、推进依法行政方面取得不少成绩，除了表现在评估中总体得分明显增长外，还表现在抽象行政行为屡有突破、制定地方规范性文件水平已在国内领先上。具体如：

（1）规范政府决策行为。根据试点情况，认真总结适合区级机关和乡镇人民政府的行政决策程序模式，出台了《余杭区机关部门行政决策程序

规定（范本）》和《余杭区镇乡（街道）重大行政决策程序规定（范本）》，在全区推广行政决策程序规则，统一规范机关部门和镇街行政决策程序，初步构建起"公众参与、专家论证与政府决定相结合"的行政决策机制。

（2）全面加强规范性文件合法性审查。建立健全行政规范性文件"四个一律"机制，即全区所有规范性文件一律实行网上审查、所有规范性文件未经征求意见一律退回补充程序、所有规范性文件未经合法性审查一律不得提请审议、所有提请区长办公会议或区政府常务会议审议的规范性文件一律由区法制办参会说明。

（3）出台全国首个基层《司法所公共服务标准》。将基层司法所九项职能逐项分解，对服务基层的内容、程序、方法等以标准形式进行规范，使司法所公共服务向服务质量目标化、服务方法规范化、服务过程程序化的目标迈进。

（4）出台全国首个农村社区公共服务地方标准。整合农村公共服务资源，细化公共服务标准，探索符合农村社区发展的基层社会管理的创新模式，为进一步深化全区基层民主法治建设打下基础。

以上这些在全国无疑都是具有标杆意义的。但是依法行政、建设法治政府的内涵并不仅限于此，而有着更为全面的要求。综合来看，余杭区在下列方面仍存在不足：镇乡、街道的规范性文件向人大报备案执行不力；重大事项决策前组织合法性审查论证尚未达到100%；行政部门工作人员违法违纪案件仍时有发生；行政执法案件经行政复议、行政诉讼被撤销、变更、责令履行法定职责，确认违法的现象并非个案；等等。这些情况从内部自评结果不难看出，连续四年的评估分数也显示余杭的建设法治政府工作仍需大力突破（见表5-14）。

表5-14　　　　2008—2011年余杭建设法治政府指数得分表

组别	2008	2009	2010	2011	权重
民意调查	72.47	68.52	64.60	65.00	35%
内部组	73.33	80.22	78.44	78.61	35%
外部组	68.28	75.11	77.49	72.50	
专家组	72.46	72.13	71.25	75.56	30%
总分	71.88	72.80	71.27	71.86	

（四）党的民主执政需要通过更多形式加以优化

总的来说，余杭党组织的民主执政水平在全国同类地区居于前列，对党风廉政建设、提高党的执政能力方面较为重视，如 2011 年按照"集体领导、民主集中、个别酝酿、会议决定"的方针，制定《中共杭州市余杭区委员会工作规则》，促进党委依法决策。连续数年的法治评估也表明，当地的"推进民主政治建设，提高党的执政能力"得到了多数人的认可，评分较高，2010 年尤其如此。2011 年的评分虽然也不算低，但总体逊于 2010 年（见表 5－15）。据评审人员分析，问题主要存在于以下方面：

a. 纪委、反贪局等部门的查处力度、效果比前几年增强，但党员干部的收入"阳光性"还不够；b. 廉洁情况不容太乐观，群众检举途径还不够畅通；c. 民主建设要深入基层，进一步完善，党的执政能力面对新的变化和形势，要不断加强，在制度化、规范化、科学化上不断努力；d. 等额选举，无异于推荐，不利于提高党的执政能力；e. 还需进一步提高依法执政的水平。

表 5－15　　　　2008—2011 年余杭民主执政优化指数得分表

组别	2008	2009	2010	2011	权重
党员干部廉洁从政民意调查	73.77	64.52	62.30	64.30	35%
民主政治参与民意调查	72.40	71.20	71.50	67.00	
内部组	75.83	81.61	82.83	76.00	35%
外部组	70.10	74.94	81.32	75.14	
专家组	72.77	70.00	74.38	76.22	30%
总分	72.95	72.15	74.46	72.29	

(五) 余杭司法公正权威程度尚欠巩固

余杭司法公正权威程度较 2009 年以前有显著提高，但尚欠巩固，今年有小幅下滑。民意调查和内、外组评分均反映出这一态势（见表 5 - 16）。这说明当地司法工作还需做更多的努力。

表 5 - 16　　　　2008—2011 年余杭司法公正权威指数得分表

组别	2008	2009	2010	2011	权重
民意调查	69.86	73.71	70.70	69.70	35%
内部组	76.06	80.78	81.33	79.67	35%
外部组	69.50	75.65	80.53	73.94	
专家组	70.85	69.00	70.63	76.11	30%
总分	71.18	73.87	74.26	74.11	

当地的自评数据和相关材料也反映出余杭司法公正权威指数 2011 年同比小幅下滑的原因。如当年上诉案件中改判、发回重审案件占当年结案数的比例达 0.44%，明显高于 2010 年的 0.39%，更高于 2008—2009 年的不到 0.3%。2010 年余杭司法系统获得的一系列国家级荣誉也增加了各方人士对余杭司法工作的好评率。

(六) 市场秩序得分不及上一年，仍有待着力改善

如表 5 - 17 所示，2011 年余杭"市场规范有序"这项指数得分 69.83 分，明显低于当年总分 72.56 分，在所有指标项中得分靠后；纵向来看，连续四年呈走低之势，历年得分均不算高。这些说明，余杭的市场秩序有待努力整治。群众反映较多的是市场秩序有待继续加以规范，依法取缔"黑作坊"、"黑窝点"的行动还需深入开展，从而保证产品质量、食品安全。

表 5 - 17　　　　　2008—2011 年余杭市场规范有序指数得分表

组别	2008	2009	2010	2011	权重
民意调查	72.08	68.05	61.70	63.20	35%
内部组	71.00	77.11	78.00	74.67	35%
外部组	68.70	71.15	77.09	71.11	
专家组	71.92	67.13	71.13	74.00	30%
总分	71.30	70.37	70.07	69.83	

结　语

经过五年的评审，余杭法治指数已经形成一套比较成熟的评估方法。实践证明，这套方法适合中国国情。相信，它将有助于我国制度文明的演进。各地陆续开展的法治评价实践已在越来越广地彰显法治指数的必要性和生命力。

在此基础上，2012年本课题组进一步推出"司法透明指数"研究，对浙江基层法治的一个方面即司法透明度进行专项评估。这是对中国地方法治评估的又一探索，也可以说是对余杭法治评估项目的深化研究，二者将相得益彰，为国内外学界和实务界提供更多的富有实证意义的参考案例。

后 记

法治白皮书《中国法治指数报告（2007—2011年）——余杭的实验》结集出版了。在我国，法治指数研究具有填补空白的意义，本书也是国内第一本正式出版的法治指数研究报告。今后，课题组计划每年出版法治白皮书《中国法治指数报告》。

法治指数评估是发生在杭州余杭的一项持续的实验。2006年启动法治余杭研究，2007年年底完成全国首个县区法治评估体系的设计，2008年完成中国内地第一个法治指数的测定，至今完成5年计划的阶段性法治指数实验。余杭法治指数被评为"浙江省改革开放30年百件典型事例"、获评"首届浙江省公共管理十佳创新奖"。法治指数已成为法治余杭系统工程的枢纽。余杭荣获全国首批法治先进县市区。

2008年，余杭区委以正式文件形式发布《余杭法治评估体系》。2008年，司法部副部长张苏军专门赴余杭召开现场办公会，称余杭是"全国法治试验田"。2008年，浙江省委书记赵洪祝、时任杭州市委书记王国平对余杭法治指数实践做出批示，要求推广余杭经验。

"法治指数"这一关键词，引发了学者们的广泛讨论、媒体的大量报道以及网民热议，被称之为"法治指数现象"。

五年来，余杭法治指数年度研究报告连续在《中国司法》或《法治蓝皮书》发布。

2008年1月7日，《人民日报》发表《"法治指数"将成当地发展晴雨表》，报道余杭将出台国内首个法治指数的情况。

2008年2月13日，《人民日报》发表《量化法治的"余杭实验"》，对余杭法治量化评估实践进行深度报道。

2008 年 7 月 22 日，《人民日报》发表《余杭"法治指数"再出炉》、《法治试验不作秀》，整版报道余杭法治指数的实践进展及其对余杭法治发展的有力推动。

2008 年 7 月 30 日，《人民日报》发表《法治政府建设"增长点"在哪?》，文章介绍了国务院法制办召开的"深入贯彻落实科学发展观与加快法治政府建设"理论研讨会上与会学者的观点：法治评估是未来中国法治的增长点之一，中国法治建设须尽快完成从理论到实践的跨越，应抓紧建立法治评估体系，推出法治指数。

2012 年 7 月 18 日，《人民日报》发表《法治建设的浙江探索（见证）》一文，认为浙江"率先尝试发布一个县域范围内的法治指数，率先创新设立司法透明指数……"等"一系列耀眼数据和创新举措，勾勒出'法治浙江'建设 6 年多来的稳健步伐"。这一评价也出现在浙江省委书记赵洪祝的讲话中。

在此期间，《人民日报》、《光明日报》、《经济日报》均以内参形式将法治指数的实践情况报送有关领导。

《法治评估及其中国应用》发表于《中国社会科学》2012 年第 4 期，此文是对五年来法治评估实践的理论总结。《法治评估的实验——余杭案例》、《中国法治增长点——学者和官员畅谈录》将分别由法律出版社和中国社会科学出版社出版。

法治评估研究尚处于初创阶段，法治指数测定方法还有许多不够成熟的地方。今后课题组的努力方向是：继续打造法治指数理论，不断完善法治指数测定方法。坚实的法治指数理论和科学化的法治指数测定方法是课题组矢志不渝的目标。本书仅是一个阶段的总结，课题组正在酝酿新的研究计划和行动。

参与法治指数创新研究的不是几个人，而是一个团队。

在借鉴中国香港法治指数以及国际上其他指数测定方法的基础上，余杭法治指数在测定方法上有所改进和创新。香港大学戴耀廷教授受邀加盟课题组，在课题研究过程中给予了直接而有力的帮助。

江平、李步云等一批法治评估课题组或法治指数评审组的学者专家给予了诸多有益的指导和建议。没有他们的参与，研究工作不会进行得这么顺利，也不会取得这样大的成功，更不会获得如此积极而广泛的影响。

余杭司法局毛新利、马其镖、郑红、马永年、陈建六、唐文薇等同志虽然不参加法治指数评审，但提供了许多工作便利。

浙江大学等高校的教师、博士后、博士生、硕士生、本科生参与收集资料、民调、报告写作及修改等项目研究的各个环节，做了大量细致的工作。每份年度报告中都注明了参与工作的人员，在此，再次提及：

吴亮、滕之杰、金卓、王帅、钱无忧、裘璐米、邵佳、姜斌、聂瑜、胡淑丽、吴文超等参与了 2007 年法治指数研究工作。

吴亮、姜斌、王帅、钱无忧、金卓、滕之杰、郭楠楠、童心、蔡尔金、邵佳、胡淑丽、郑少尉、郁甲利、聂瑜、王晓茹、董晓杰、吴耀俊、张辉等参与了 2008 年法治指数研究工作。

戈含锋、赵骏、姜斌、王帅、路驰、何博、梁燕妮、张辉、范凯文、钱国玲、吴海燕、于晓琴、刘大伟、王朝霞、武威、钱无忧、姚艺文、邵佳、侯望、刘君斌、王晓茹、汪真燕等参与了 2009 年法治指数研究工作。

段海风、王梦宇、刘君斌、钱无忧、范凯文、钱国玲、吴海燕、于晓琴、戈含锋、王朝霞、梁燕妮、王帅、何博、姜斌、武威、柯海雅、冯沈驹、项欢、王丛、陶枫、杨楠等参与了 2010 年法治指数研究工作。

段海风、王梦宇、杨楠、徐博峰、钱无忧、柯海雅、项欢、陶枫、单轶、张珊珊、胡军、张夏子等参与了 2011 年法治指数研究工作。

段海风从事出版工作多年，审订、校读书稿，工作认真；王梦宇、肖建飞、钱无忧、杨楠参与了全书文字整理校对工作，提出了很好的建议，多有辛劳。还有其他人也作出了直接或间接贡献，后记中不能一一提及姓名。

中国社会科学出版社的有关领导和本书责任编辑、校对人员，他们对于本书的出版给予了大力支持和悉心投入，与课题组默契合作，使本书最终能够以让人信赖的质量出版。

在此，一并提及，表示诚挚的感谢！

特此为记。

中国法治指数课题组

钱弘道

2012 年 10 月 23 日于弘道书院